प्रभा खेतान

प्रभा खेतान का जन्म 1 नवम्बर, 1942 को कोलकाता में हुआ था। उन्होंने दर्शनशास्त्र में एम.ए., पी-एच.डी. की उपाधि प्राप्त की। उनकी प्रकाशित कृतियाँ हैं—'आओ पेपे घर चलें!', 'छिन्नमस्ता', 'पीली आँधी', 'अग्निसंभवा', 'तालाबंदी', 'अपने-अपने चेहरे' (उपन्यास); 'अपरिचित उजाले', 'सीढ़ियाँ चढ़ती हुई मैं', 'एक और आकाश की खोज में', 'कृष्ण धर्मा मैं', 'हुस्न बानो और अन्य कविताएँ', 'अहल्या' (कविता); 'अन्या से अनन्या' (आत्मकथा), 'उपनिवेश में स्त्री', 'सार्त्र का अस्तित्ववाद', 'शब्दों का मसीहा : सार्त्र', 'अल्बेयर कामू : वह पहला आदमी' (चिन्तन); 'साँकलों में कैद कुछ क्षितिज' (कुछ दक्षिण अफ्रीकी कविताएँ), 'स्त्री : उपेक्षिता' (सीमोन द बोउवार की विश्व-प्रसिद्ध कृति द सेकंड सेक्स) (अनुवाद)।

उन्होंने 'एक और पहचान', 'हंस का स्त्री विशेषांक', 'पितृसत्ता के नए रूप : स्त्री और भूमंडलीकरण' का सम्पादन किया।

निधन : 20 सितम्बर, 2008

छिन्नमस्ता

प्रभा खेतान

राजकमल पेपरबैक्स

पहला पुस्तकालय संस्करण
राजकमल प्रकाशन प्राइवेट लिमिटेड द्वारा
1993 में प्रकाशित

राजकमल पेपरबैक्स में
पहला संस्करण : 1997
तेरहवाँ संस्करण : 2024

राजकमल पेपरबैक्स : उत्कृष्ट साहित्य के जनसुलभ संस्करण

राजकमल प्रकाशन प्रा.लि.
1-बी, नेताजी सुभाष मार्ग, दरियागंज
नई दिल्ली-110 002
द्वारा प्रकाशित

शाखाएँ : अशोक राजपथ, साइंस कॉलेज के सामने, पटना-800 006
पहली मंजिल, दरबारी बिल्डिंग, महात्मा गांधी मार्ग, प्रयागराज-211 001
1, अनमोल सोराबजी संतुक लेन, धोबी तलाव, मरीन लाइंस, मुम्बई-400 002
वेबसाइट : www.rajkamalprakashan.com
ई-मेल : info@rajkamalprakashan.com

बी. के. ऑफसेट
नवीन शाहदरा, दिल्ली-110 032
द्वारा मुद्रित

मूल्य : ₹299

CHHINNAMASTA
Novel by Prabha Khetan

ISBN : 978-81-267-0253-4

'प्लेन में बैठे-बैठे कमर अकड़ गई। सर दर्द से फटा जा रहा है। गलती मेरी है। इतनी लम्बी फ्लाइट नहीं लेनी चाहिए थी।' प्रिया ने दोनों हाथों से सर को दबाते हुए सोचा। बगल में, लगता है, कोई पूर्वी यूरोपियन है...शायद हंगेरियन होगा...,प्रिया के नथुनों से हंगेरियन गोलाश सूप की महक टकराई। 'उफ्, कुछ लोग कितने आराम से सो लेते हैं...मुँह खुला हुआ और नाक बजती हुई। इसकी इस घर-घर बजती शहनाई से तो आती हुई नींद भी उचट जाए। लेकिन यह एयरलाइन नहीं लेनी चाहिए थी। अब यह विमान बेलग्रेड उतरेगा। फिर घंटे-डेढ़ घंटे का ट्रांजिट...इसके बाद सीधे कलकत्ता। सीधे कलकत्ता पहुँचने का ही ज्यादा बड़ा आकर्षण था...नहीं तो पूरा एक दिन दिल्ली या बम्बई में खराब करो। आधी रात को हमारे ही देश में, बारह से दो-ढाई के बीच ही, सारी फ्लाइट्स क्यों रुकती हैं? फिर या तो वहीं एयरपोर्ट पर बैठो और नहीं तो एयरपोर्ट होटल में चार-छह घंटे के लिए पन्द्रह सौ रुपए फूँको। एक्सपोर्ट के काम में इतनी रईसी तो चलती नहीं। यों भी ये यात्राएँ क्या कम महँगी होती जा रही हैं?...' दोस्तों को आधी रात को उठाना प्रिया को कभी अच्छा नहीं लगता, पर तबीयत ठीक नहीं लग रही। कैसे तो जी मिचला रहा है? प्रिया ने एयरहोस्टेस की बत्ती जलाई और खुद से ही मानो पूछा, 'प्रिया! इन यात्राओं का कभी अन्त होगा?...' "यस मदाम!" मुस्कुराती हुई एयरहोस्टेस थी।

"क्या आप मुझे कोकाकोला दे सकती हैं?"

"जरूर।"

कोकाकोला का स्वाद न जाने कैसा लग रहा है। अब की तो कलकत्ता जाकर बिस्तर पर दो दिन पड़े रहना होगा। दो बार डिस्प्रिन खा चुकी। सर का दर्द कम ही नहीं होता।

विमान धीरे-धीरे उतर रहा था। प्रिया की आँखें खिड़की से बाहर सुबह की रोशनी में दिखते हुए बेलग्रेड विमानपत्तन पर ठहर गईं। पश्चिमी यूरोप पार करते ही गरीबी की बखिया उधड़ने लगती है। क्या हुआ यदि बीच में दुबई या कुवैत के एयरपोर्ट चमकते हुए नजर आएँ। न्यूयार्क, लन्दन या फ्रैंकफर्ट के एयरपोर्ट का मुकाबला तो नहीं कर सकते?...''ट्रांजिट के पैसेंजर पहले उतर जाएँ, अपना-अपना सामान प्लेन में ही छोड़ सकते हैं। हाँ, पासपोर्ट लेना न भूलें।'' एयरहोस्टेस की आवाज थी।

प्रिया ने अपने हाथवाली अटैची उठा ली। ट्रांजिट में घंटे-भर का समय लगेगा। शायद हाथ-मुँह धोने से कुछ ताजगी मिले। पता नहीं तबीयत इतनी क्यों गिरी जा रही है? ट्रांजिट लाउंज में बाएँ घूमना था। एक बार कदम लड़खड़ाए। प्रिया ने हिम्मत करके दो-चार गहरी साँसें लीं, दीवार के सहारे पीठ टेककर खड़ी रही...दो कदम और बढ़ाए। चक्कर आ रहा है। वह कुछ और सोचे, इसके पहले आँखों के सामने काला अँधेरा था। दीवार का सहारा लेते-लेते वह वहीं बेहोश होकर गिर पड़ी।

होश आने पर उसने आँखें घुमाईं। अंग्रेजी में एक युगोस्लावियन डॉक्टर पूछ रहा था, ''आप कैसा महसूस कर रही हैं?''

प्रिया ने बोलने की कोशिश की, पर अगल-बगल की दीवारें ऊपर-नीचे होती दिखीं। ओह! फिर वही आँखों के सामने अँधेरा...और फिर बेहोशी। डॉक्टर ने एयरपोर्ट स्टाफ से 'इमरजेंसी' कहा, तब तक एम्बुलेंस...और आधे घंटे में अस्पताल।

इस बार होश आने पर सफेद दीवारों और सामने सफेद पोशाक पहने नर्स को देखकर प्रिया ने समझ लिया कि वह अस्पताल में है। हाथ जकड़े हुए लगे। हाथ खींचने की कोशिश की। नर्स का प्यारा-सा चेहरा झुक आया। शुद्ध अंग्रेजी में उसने कहा, ''आप बेलग्रेड सरकारी अस्पताल में हैं। अपने हाथों को वहीं रहने दीजिए। आपको ग्लूकोज चढ़ाया जा रहा है।''

''मुझे क्या हुआ है?''

''अभी डॉक्टर आकर बताएँगे। वैसे आप चिन्ता मत कीजिए।''

''मुझे खबर करनी है कलकत्ता, अपने घर।''

''मदाम का पासपोर्ट देखकर फोन कर दिया गया है।''

"ओह! वह तो ससुराल...क्या आप इस नम्बर से मुझे बात करवा सकती हैं?" प्रिया ने उसे हालैंड में फिलिप का नम्बर दिया।

फिलिप सात घंटे में बेलग्रेड पहुँच गया था। फिलिप को देखते ही प्रिया के मुर्झाए होंठों पर हल्की मुस्कान दौड़ गई। आगे बढ़कर प्रिया का माथा चूमते हुए फिलिप ने कहा, "प्रिया! तुम बिलकुल ठीक हो। मैंने डॉक्टर से बात कर ली है, चिन्ता की कोई बात नहीं। और अब मैं हूँ न यहाँ...!"

"धन्यवाद फिलिप! पर मुझे हुआ क्या है?"

"कुछ नहीं...थकान, कुछ ज्यादा ही। शियर एक्जॉशन। प्रिया! सुनो, तुमने सच में अपने आपको काम के चक्कर में तोड़कर रख दिया है।"

"फिर भी साफ बताओ, कहीं हार्ट की तकलीफ...?"

"ओ...नो...जैट लैग (हवाई यात्रा में बैठे-बैठे पैरों का अकड़ जाना) में...और वह भी कोई खाए-पीए बिना उड़ता ही रहे...तो बहुत बार 'वैसोवैगल-एटैक' हो जाता है। अच्छा, सच बताओ, तुमने आखिरी बार खाना कब खाया था?"

"शिकागो में।"

"यानी दो दिन से तुम भूखी हो और प्लेन में कोकाकोला के अलावा तुमने कुछ पिया ही नहीं होगा, मुझे पता है। पिछले पन्द्रह वर्षों से देख रहा हूँ। पागल औरत हो, बिलकुल पागल!"

"फिलिप! प्लीज!"

"नहीं प्रिया! मेरा मन करता है तुम्हें डाँटूँ, ठीक उसी तरह जैसे मुझे इलोना को डाँटना पड़ता है।"

"इलोना कैसी है? पढ़ाई कैसी चल रही है? और जूडी?"

"जूडी तुम्हारे लिए चिन्तित है। इलोना कॉलेज में जोरों से पढ़ाई कर रही है। ऐसा वह मुझसे कहती है।"

"नीना से बात कर लेना फिलिप...और कहना परेशान न हो। और कहीं वह यहाँ चली न आए।"

"तुम चिन्ता मत करो। ये सारे काम मैं जूडी के जिम्मे लगा चुका हूँ। वह शाम को तुमसे फोन पर बातें करेगी। जूडी आना चाह रही थी। एक बार तो खबर सुनकर हम दोनों सन्नाटे में आ गए।"

फिलिप शाम को फिर आने के लिए कहकर वापस जा चुका है, और मैं सोना चाह रही हूँ। हालाँकि नींद से पलकें बोझिल हैं, पर बहुत चाहने पर भी मैं सो नहीं पा रही।

नर्स ने एक दवा दी और हॉट चाकलेट। मैंने दिमाग पर जोर डालने की कोशिश की। पर अब मैं ज्यादा सोच नहीं पा रही थी। दिमाग में छोटे-छोटे बादलों के टुकड़े तैर रहे थे। मैं सचमुच पिछले कुछ दिनों से बहुत ज्यादा काम कर रही थी और शिकागो की इस प्रदर्शनी के लिए तो पिछले पन्द्रह दिनों से मैं शायद चार-छह घंटे ही रात को सो पाती थी। नीना रोज कहा करती थी—'भाभी! आप थोड़ा आराम कीजिए। वहाँ शिकागो में तो इससे ज्यादा खटनी होगी।'

'नहीं नीना। ऐसा मौका कब मिलता है? स्पिलवर्ग ने स्टाल का ऑफर खुद दिया है।'

'हाँ, नीना भी तो तीस से ऊपर की हो गई; मेरा दाहिना हाथ, मेरा सबसे बड़ा सहारा। पर नीना शादी क्यों नहीं कर लेती? शायद अब कर ले।'

प्रिया की आँखें धीरे-धीरे बन्द हो गईं। एक गहरी नींद थी। सुबह जब नींद खुली, नजर सामने के कैलेंडर पर पड़ी। आज अट्ठाईस अप्रैल है। गुड मार्निंग कहते हुए नर्स भीतर कमरे में आई।

"क्या मैं बहुत देर तक सोती रही?"

"हाँ। आप पहले नाश्ता करेंगी या नहाएँगी?"

"क्या मैं पहले नहा सकती हूँ?"

"हाँ, हाँ, क्यों नहीं? आपको कमजोरी तो नहीं लग रही?"

"नहीं, बिलकुल नहीं।"

"बहुत अच्छा।" कहते हुए नर्स ने प्रिया को पलँग से उतारा। गरम पानी से नहाकर एकदम से ताजगी आ गई। फिर गरम क्रोसा, मक्खन, जैम और दूध के साथ ब्लैक कॉफी, सन्तरे का रस। पश्चिम का यह नाश्ता...प्रिया को हर होटल में इसी तरह खाने की आदत थी। वह सोचने लगी—कितने वर्ष हो गए चमड़े का यह व्यवसाय शुरू किए हुए? और यह यायावरी की जिन्दगी? देश-विदेश घूमते रहना। आखिर यह एक्सपोर्ट का काम मैंने शुरू क्यों किया? किस दुख को भूलने के लिए? मगर सुख? क्या कभी सुख था? कहीं कुछ खो गया? याद नहीं आ रहा। मन में कहीं बड़ी कोमलता है, प्यार है, किसी खास व्यक्ति से नहीं, रिश्तों से नहीं, पर इन सबसे अधिक नीना। छोटी माँ। मेरा स्टाफ जो रात-दिन मेरे साथ जहाज पर माल चढ़ाने के लिए मेरे हाथों को मजबूत करने में लगा रहता है, जो न दिन देखता है, न रात। कहाँ हैं वे सब? मेरी बीमारी की खबर से सब कितने चिन्तित हो जाएँगे? और भी कुछ लोग हैं, खबर उन लोगों तक पहुँची जरूर होगी। छोटी माँ का स्वभाव मैं जानती हूँ। उनका पारम्परिक मानस? उन्होंने जरूर नरेन्द्र को फोन किया होगा। संजू और निधि को भेजने का आग्रह भी और एक ठंडी

मनाही सुनकर अपनी ठाकुरबाड़ी में बैठी रोती रही होगी। यहाँ, विदेश की इस जमीन पर मेरे दोस्त हैं, बड़े निजी और मेरे अगल-बगल चलनेवाले—फिलिप और जूडी।

अस्पताल में यह मेरा दूसरा दिन है, लेकिन भीतर कुछ है बिलकुल अछूता, मेरी अपनी संवेदनाओं की स्मृतियाँ...स्मृतियों के वे क्षण जिन्हें मैंने हमेशा के लिए दफना दिया था, आज क्यों बार-बार सतह पर तैरते नजर आ रहे हैं? मैंने तो भूल जाना चाहा था, ठीक उसी तरह जैसे अजनबी शहर में अजनबी लोगों के चेहरे बस चेहरे लगते हैं...हम उन्हें देखते हैं, उनके साथ ट्यूब रेल में सफर करते हैं और स्टेशन के अँधेरे से बाहर निकलकर साफ रोशनी में अपनी-अपनी दिशाओं में दौड़ जाते हैं। हमारे सामने फैला होता है दिन का उजाला। उजाले में चमक रही होती है एक और दुनिया...हमें उस दुनिया में पहुँच जाने की जल्दी होती है। अँधेरी सुरंगों में धड़धड़ाती हुई ट्यूब रेल में हिलते हुए चेहरे। सब चुप। एक दूसरे से असम्पृक्त। मेरी स्मृतियाँ भी ऐसी ही सुरंगों में दिन-रात दर्द का बोझ लिए दौड़ती रही हैं...मैंने समझ लिया था। यह बिलकुल निश्चित था कि ये चाहे कितनी भी दौड़ लगाएँ, पर पाताल के अँधेरे में कैद रहेंगी, बाहर नहीं निकल सकतीं। नहीं, कभी नहीं।

फिर यह क्या हुआ है मुझे? यह सब मुझे क्यों याद आ रहा है? वह भी एक साथ नहीं, टुकड़ा-टुकड़ा। कमरे में दवा की गन्ध, फिलिप के लाए हुए ट्यूलिप की महक के साथ घुलकर एक अजीब-सी गन्ध...सफेद झक कमरे में ये रंग-बिरंगे ट्यूलिप। फिलिप कह रहा था, 'मौसम के पहले ट्यूलिप हैं। यूरोप में अभी पूरी तरह बर्फ पिघली नहीं है, इसलिए अप्रैल के मौसम में ट्यूलिप के रंग हल्के होते हैं...बिलकुल हल्के, दूधिया गुलाबी, पीले और नए रंगों में फूटने को आतुर सफेदी...हरे पत्ते।''

मैंने दुख झेला है। पीड़ा और त्रासदी में झुलसी हूँ। जिस दिन मैंने त्रासदी को ही अपने होने की शर्त समझ लिया, उसी दिन, उस स्वीकृति के बाद, मैंने खुद को एक बड़ी गैर-जरूरी लड़ाई से बचा लिया। कुछ के प्रति यह मेरा समर्पण था। सारे जुल्मों के सामने...सलीब पर लटकते मैंने पाया कि मैं अब पूरी तरह जिन्दगी की चुनौतियों का सामना करने के लिए तैयार हूँ।

स्मृतियाँ हल्के से मेरे कन्धों पर हाथ रखती हैं और मेरे सामने मेरा मैं खड़ा होता है, पूरा-का-पूरा साबुत...मैं, बिलकुल शान्त और निर्विकार। पिछली यादें वापस लौट आती हैं।

उस दिन मेरे सामने रुपयों से भरी ब्रीफकेस उलटते हुए नरेन्द्र चीखा था, "तुम्हें रुपए चाहिए ना? बोलो कितने रुपए? लाख, दस लाख, करोड़? रुपए...रुपए... रात-दिन रुपए के पीछे भागती रहती हो। चुप क्यों हो? बोलो, जवाब दो। लो, यह लो!"

...और उसने दस-दस हजार की गड्डियाँ मेरे ऊपर फेंकनी शुरू कर दी थीं। मैं नीचे फर्श पर बैठी अपना बक्सा पैक कर रही थी। डायरी में लिखे सामानों की लिस्ट मिला रही थी—कोट, कार्डिगन, नाइटी, ब्रा, पैंटी, शर्ट्स, पैंट, सलवार-कमीज, साड़ियाँ...कितनी साड़ियाँ लूँ? नहीं, दो से काम चल जाएगा। और दवाइयाँ? और इसके बीच यह कैसा तूफान? मैंने सीधी निगाहों से नरेन्द्र की ओर देखते हुए कहा था, "नरेन्द्र, मैं व्यवसाय रुपए के लिए नहीं कर रही। हाँ, चार साल पहले जब मैंने पहले-पहल काम शुरू किया था, मुझे रुपयों की भी जरूरत थी। पर आज मेरा व्यवसाय मेरी आइडेंटिटी हैं। यह आए दिन की विदेशों की उड़ान...यह मेरी जिन्दगी के कैनवास को बड़ा करती है। नित्य नए लोगों से मिलना-जुलना, जीवन के कार्य-जगत को समझना। मुझे जिन्दगी उद्‌देश्यहीन नहीं लगती।"

"तुम यह क्यों नहीं कहतीं कि तुम्हें अकेले मौज करने की आदत पड़ गई है।"

"यह तुम क्या कह रहे हो, नरेन्द्र!"

"हाँ, हाँ, मैं कह रहा हूँ और ठीक कह रहा हूँ। तुम वहाँ क्या करती हो, क्या मैं कोई देखने जाता हूँ? और देखो प्रिया! जिस दिन तुमने काम शुरू किया था, उसी दिन मैंने कह भी दिया था—काम करो पर यह मत भूलो कि तुम विवाहिता हो, एक बच्चे की माँ हो, अग्रवाल हाउस की बहू हो।"

"सुनो नरेन्द्र, बिना वजह इल्जाम लगाने के बदले तुम साथ क्यों नहीं चलते? तुम्हें पता चल जाएगा कि मैं मौज करती हूँ या काम?"

"मैं, और वह भी तुम्हारे साथ चलूँ? तुम्हारे पीछे-पीछे? तुम्हारे सैंपलों का बक्सा ढोता हुआ? वाह! क्या कहने हैं हमारी श्रीमतीजी के? क्या खाका खींचा है अपने पतिदेव का!"

मैं खामोश अपनी फाइलों को उलट रही थी। कहीं कोई कागज छूट गया तो वहाँ प्रदर्शनी में आफत हो जाएगी। अभी तक श्यामल ने कॉस्टिंग पेपर्स नहीं भेजे हैं। सैंपल्स भी पूरे नहीं आए और शाम के पाँच बजे हैं। रात बारह की फ्लाइट है—एयर इंडिया की। सीधे लन्दन जाएगी। मैंने कनखियों से देखा, नरेन्द्र का चेहरा घृणा से विकृत हो रहा था। हे भगवान! यह कम-से-कम अभी कोई उत्पात

न मचाए। यों भी विदेश-यात्रा के समय और खासकर व्यापारिक कामों से जाना पड़े तो तनाव से माथा फटने लगता है। कभी लगता है—अरे, यह चीज नहीं मिल रही, कभी कुछ...और इसी समय नरेन्द्र का...मगर नहीं, वह चुप क्यों होता। आँखें चार होते ही फिर चीखने लगा—

"दरअसल तुम्हें इतनी खुली छूट देने की गलती मेरी ही थी। मुझे पहले ही चिड़िया के पंख काट डालने चाहिए थे। पर मैं तुम्हारी बातों में आ गया। तुम्हारे इस भोले चेहरे के पीछे एक मक्कार औरत का चेहरा है।"

"नरेन्द्र!" मैंने आहत होकर उसकी ओर देखा।

"हाँ, मुझे कह लेने दो। तुम केवल मन लगाने के लिए ही तो काम करना चाहती थीं? और चार साल में तुम इतना बदल गईं कि काम के अलावा अब तुम्हें और किसी बात का होश ही नहीं? कभी तुमने रो-रोकर कहा था—नरेन्द्र, मुझमें आत्मविश्वास की कमी है। मैं कोई काम करने लगूँ तो मेरी आधी बीमारी दूर हो जाएगी। सब ठीक हो जाएगा।"

"तो क्या ठीक नहीं हुआ? मैं क्या पहले से ज्यादा सन्तुलित नहीं हूँ?"

"सन्तुलन और वह भी तुममें? तुम तो सदा से वन ट्रैक माइंड की हो। पागलों की तरह अब दिन-रात इसी के पीछे। सुबह आठ बजे घर से निकलती हो और रात आठ बजे शक्ल दिख जाए तो भाग्य हमारे। मैं कहीं चलने को कहूँ तो तुम थकी हुई हो, सर में दर्द हो रहा है, और अभी कोई तुम्हारा व्यापारी आ जाए तो तुरन्त उसे लेकर तुम रात बारह बजे तक बाहर। तब खूब चहकने लगती हो, कहाँ से हँसी आ जाती है चेहरे पर?"

"नरेन्द्र! काम से जाती हूँ, कोई मुहब्बत की बातें तो नहीं करती?"

"यही तो मैं पूछ रहा हूँ कि तुम क्यों इतनी मशीन होती जा रही हो? व्यक्तित्व में जरा भी रस नहीं। जरा-सा शरीर पर हाथ लगाओ तो ऐसे बिदकती हो मानो बिजली का करंट छू गया। एकदम फ्रिजिड...होपलेस। तुमने कहा था—नरेन्द्र, मैं घर में हर वक्त रही तो पागल हो जाऊँगी।"

"हाँ, कहा तो था!"

"फिर अब क्या हुआ? कहाँ गए वे सब वायदे?"

"नरेन्द्र! वायदों पर क्या तुम भी चले? और कौन चल पाता है? हम सभी तो अपनी-अपनी सुविधानुसार वायदों को तोड़ते-मरोड़ते रहते हैं।"

"यानी आपसी ईमानदारी, वफादारी, प्यार, समर्पण...यह सबकुछ नहीं?"

"कुछ नहीं। सच कहूँ नरेन्द्र, ये शब्द भ्रम हैं। औरत को यह सब इसलिए सिखाया जाता है कि वह इन शब्दों के चक्रव्यूह से कभी नहीं निकल पाए ताकि

युगों से चली आती आहुति की परम्परा को कायम रखे।''

''मुझे तुम्हारा फलसफा नहीं सुनना और न ही तुमसे बहस करनी है। तुम बस एक बात सुन लो। यदि आज तुम लन्दन गईं तो लौटकर फिर इस घर में कभी मत आना, कभी नहीं।''

''ठीक है।''

मैंने भरसक अपने को संयत रखा। आँसुओं को वापस पी गई। इस वक्त इससे उलझना ठीक नहीं। यों ही काम का इतना तनाव है और इसके बीच में यह बखेड़ा? बेवक्त की झक-झक। गलती मेरी ही थी। मैंने सोचा था कि शनिवार को जाने से कम-से-कम एक दिन, रविवार को, लन्दन में आराम कर लूँगी, फिर वहाँ से शिकागो जाऊँगी। पर यह भी तो नहीं सोचा था कि पैक होता बक्सा देखकर नरेन्द्र इतना उत्पात मचाएगा। मगर नरेन्द्र चुप कहाँ हुआ था। उसने फिर लगभग चीखते हुए कहा, ''तुम सुन रही हो प्रिया? मैं सीरियस हूँ...आई मीन इट...तुम इस घर में मत लौटना।''

''क्यों? यह घर क्या केवल तुम्हारा है?'' मैंने हँसते हुए बात हल्की करनी चाही थी।

''हाँ, यह घर मेरा है, और सुनो, संजू भी मेरा है। कानून की नजर में बेटे की कस्टडी बाप को मिलती है।''

''क्या बकवास कर रहे हो नरेन्द्र! कमरे से बाहर कोई भी सुने तो क्या समझेगा?''

''जिसको जो समझना है, समझ लेने दो। मैं तुम्हें तलाक देना चाहता हूँ।''

''जालिम!'' अनजाने में मैं किटकिटा उठी थी।

''मैं जालिम हूँ और तुम? तुम बड़ी मासूम हो? परले सिरे की धूर्त हो। नहीं तो इतना बड़ा व्यापार खड़ा कर लेतीं? आई हेट यू...आई रियली हेट यू।''

''व्यापार मैंने अपनी मेहनत से खड़ा किया है नरेन्द्र! कोई विरासत तो मिली नहीं मुझे?''

''ओह! तो विरासत का नाम मुझे सुनाया जा रहा है! यह मत भूलो प्रिया कि मैं पुरुष हूँ, इस घर का कर्ता। यहाँ मेरी मर्जी चलेगी; हाँ, सिर्फ मेरी।''

''तो चल तो रही है। मैं कौन तुम्हारे सुख में बाधा डालती हूँ। चुपचाप अपना काम ही तो करती हूँ।''

''नहीं, तुम काम नहीं करतीं। पैसा कमाना अब तुम्हारी हवस है। प्रिया! तुम नारसिसिस्ट हो। अपनी ही मूरत को सजाती रहती हो। तुम्हारी महत्त्वाकांक्षाएँ दिन-दूनी रात-चौगुनी बढ़ती जा रही हैं।''

"क्या महत्त्वाकांक्षी होना अपराध है? क्या तुम रुपया नहीं कमाते? दिन-रात कान के पास फोन लगाए शेयरों के भाव। इसको लिया, इसको बेचा। तुम्हें मेरे रुपए से क्यों जलन हो रही है नरेन्द्र? तुम साल में एक करोड़ कमाते हो जबकि मैं पाँच से सात लाख! क्या तुम फिक्की के प्रेसीडेंट नहीं होना चाहते, क्या, सभा-सोसायटी के मंच पर बैठकर गले में हार नहीं पहनते?"

"ओह! तो तुम मुझसे जलती हो? इसीलिए क्या इंडिया टुडे में सज-धजकर अपनी फोटो निकलवाई थी? ए ग्रेट बिजनेस इंटरप्राइजर मिसेज प्रिया अग्रवाल!"

"नरेन्द्र! तुम अभी गुस्से में हो।"

"नहीं, मैं सीरियस हूँ। फिर कहता हूँ, यदि आज तुम लन्दन गईं तो मेरे घर में तुम्हारी जगह नहीं। यह भी साली कोई जिन्दगी हुई? जब देखो तब बिजनेस। कल कस्टमर आ रहे हैं तो आज सैम्पल बनवाने में फैक्ट्री में ही रात के दस बज गए। फिर रात को साली फोन की घंटी बजती रहती है। घर न हुआ, पागलखाना हो गया!"

"तुम्हें परेशानी न हो, इसीलिए तो मैंने अपना कमरा भी अलग कर लिया। और पापा के देहान्त के बाद..."

"हाँ, बोलो! रुक क्यों गईं...बोलो...यही ना कि मैं लड़कियों को अब घर भी ले आता हूँ?"

"चीखो मत नरेन्द्र! बस इतना सुन लो कि मैं लन्दन जाऊँगी।"

"तो तुम जाओगी? तुम...तुम्हारी इतनी हिम्मत?"

मैं भीतर ही भीतर दहल उठी। ओह! उन आँखों की हिंसा!

"फिर सुन लो, यहाँ मत आना। आओगी तो मैं धक्के देकर बाहर निकलवा दूँगा।"

कमरे से बाहर हॉल में सोफे पर सर पकड़े सासूजी बैठी थीं—प्रस्तर-प्रतिमा-सी। आँखों से झरते आँसू। कमरे के दरवाजे के पास खड़ा-खड़ा संजू सबकुछ सुन रहा था। पैर पटकता हुआ नरेन्द्र कमरे से बाहर निकल गया। मुँह बाए नरेन्द्र का ब्रीफकेस पलँग पर बिखरे रुपयों को देख रहा था। संजू मुझसे लिपट गया।

"माँ...।"

"हाँ बेटे!"

"माँ, क्या तुम्हारा लन्दन जाना बेहद जरूरी है?"

"हाँ, बेटे! काम को काम की तरह ही किया जाता है।"

"पर पापा को पसन्द नहीं। और माँ...हम लोगों को रुपए की तो जरूरत नहीं।"

"मुझे तो है बेटा।"

और मैंने मन-ही-मन सोचा--इन सारे समझौतों के बाद तो यह हाल है पतिदेव का।

संजू मेरे गले में बाँहें डालकर रो पड़ा। उसे अपने से अलग करते हुए मैंने भरसक संयत स्वर में कहा था, 'बेटे! रोओ मत। जिन्दगी इतनी रहमदिल नहीं हुआ करती...'

और मैं लन्दन चली गई थी।

फिलिप का चेहरा दिखा। हाथों में ट्यूलिप का ताजा गुच्छा लिए हुए। पास आकर उसने धीरे से माथे पर हाथ रखते हुए कहा, "कैसी हो प्रिया?"

"बिलकुल ताजा।"

"इन फूलों की तरह?"

हम दोनों हँस पड़े थे।

"जूडी तुम्हें याद कर रही थी प्रिया! तुमको कम-से-कम दस दिन के लिए आराम की जरूरत है। मैंने तुम्हारे लिए डूयब्रवनिक में होटल बुक कर दिया है। एकदम देखने लायक जगह है। सेतीस्टेफा में दुनिया के मशहूर लोग छुट्टियाँ बिताने आते हैं।"

"महँगा होगा?"

"प्रिया! यू कैन एफोर्ड इट।"

"फिर भी?"

"पता नहीं तुम भारतीय स्त्रियाँ अपने को प्यार क्यों नहीं कर पातीं! तुमने अपना पैसा खुद कमाया है। क्या सुख का इतना भी अधिकार तुम्हें नहीं, और खासकर उस वक्त, जब तुम बीमार हो?"

"ओह फिलिप! तुम्हें किन शब्दों में धन्यवाद दूँ?"

"क्या इसकी जरूरत है? क्या पिछले पन्द्रह वर्षों की दोस्ती में हम इतना भी एक-दूसरे के काम नहीं आ सकते? असल में जूडी का मन था कि हम तुम्हें अपने घर वालवाइक में रखते। मगर मैं जानता हूँ कि तुम ज्यादा वक्त अपने साथ बिताना चाहोगी और हाँ, जब मन ऊब जाए तो हालैंड आ जाना।"

मेरी आँखें छलछला आईं। इतने वर्षों की दोस्ती, फिर भी साल में कितनी बार हम मिल पाते हैं? पर जब भी मिले, आधी-आधी रात तक कॉफी पर बातें और बातें--फिलिप और जूडी मेरे अतीत और वर्तमान में पूरी तरह घुले हुए थे।

संजू पिता की ही सम्पत्ति बनकर रह गया था। बीच-बीच में मुझसे मिलने आता जरूर था, पर जैसे सहमा हुआ-सा। मैं ही नहीं चाहती थी कि हम दोनों की इस दोगली राजनीति में यह लड़का पिसता रहे। मेरा मुँह देखे तो मुझे खुश करने की चेष्टा करे और नरेन्द्र? वह तो बिना जूता रगड़ाए इसे चवन्नी भी नहीं देता था। धीरे-धीरे संजू नरेन्द्र की मुट्ठी में बन्द होता गया और बाप के डर से मुझसे दूर। नरेन्द्र हमेशा ही मुझे एक हेल्दी एनिमल लगा।

मैं लन्दन से लौटकर कहाँ गई थी?

अस्पताल में यह मेरा तीसरा दिन है। सुबह काफी देर बगीचे में टहलती रही। डॉक्टर ने आज दिन-भर और रहने को कहा है। कल सुबह डूयब्रवनिक चली जाऊँगी। नीना से भी बात हो गई। बार-बार लड़की यही कह रही थी कि भाभी आप चिन्ता न करें, मैं सब सम्हाल लूँगी।

खिड़की के सफेद पर्दों पर शाम की धुँधली छाया। एक उदास, फीका माहौल। आकाश के उजाले पर रात की स्याही ने अपने दाँत गड़ा दिए हैं। अतीत की हिलती-डुलती परछाइयाँ...मैं करवट बदलती हूँ...आँखों के सामने बचपन की एक शाम तैर जाती है।

मैं स्मृतियों की पगडंडी पर सम्हाल-सम्हालकर कदम रख रही हूँ। कभी आँचल झाड़ियों से उलझता है, कभी पैरों में नुकीले पत्थर चुभते हैं...कभी सामने कोहरे के बादल...सामने कुछ भी दिखाई नहीं पड़ता...और कभी पैरों के नीचे ठंडी ओस की बूँदें, मुझे मेरे आँसुओं की याद दिलाती हुई।

कहीं दूर पीछे छूटा हुआ अतीत ठंडी साँसें भर रहा है। साढ़े नौ साल की एक छोटी लड़की शाम से जँगले पर चुपचाप बैठी हुई है। आज वह खेलने भी नीचे नहीं उतरी। सहेलियाँ आईं, उसने झिड़क दिया। खामोश निगाहें दीवार पर बड़ी होती छायाओं को चुपचाप देख रही हैं। सूरज डूब गया। वह वहीं बैठी हुई है। हवा में ठंडक बढ़ गई है। दाई माँ स्वेटर पहना गई। उसने पहन लिया। खाने के लिए पूछा तो फिर मना कर दिया। सामनेवाले मकान में अपनी दोस्त चित्रा के घर भी खेलने नहीं गई।

कौन है यह लड़की?

हाँ, यह मैं हूँ। हाँ, यह मैं हूँ।

अपना बचपन मुझे याद आ रहा है। बचपन की वह घटना क्या मैं भूल पाऊँगी? रात के साढ़े नौ बजे थे। अब सोने का समय था। मेरी माँ के घर, गुप्ता हाउस में सबकुछ रूटीन से बँधा होता था। दाई माँ मेरी नाइटी, पैंटी, बदन पोंछने

का तौलिया, पावडर, सब चीजें एक-एक कर रखती जा रही थी। ऐसे समय मैं बहुधा चुपचाप बैठी रहती थी। कपड़े रखकर दाई माँ दूध और टोस्ट लेकर आ गई, "ले बिटिया, तनी दूध पी.ले तो, अउर अब चलो, सोने का टैम हो गया।"

दूध पीकर मैं बाथरूम में घुसी। ब्रुश किया। पता नहीं क्यों मैं माँ के सामने शमीज पहनकर भी नहीं जाती थी, पर दाई माँ से मुझे कभी शर्म नहीं आई। मैंने फिर पैंटी बदली। नाइटी के लिए हाथ आगे बढ़ाया, तब तक दाई माँ की नजर मेरी पैंटी पर पड़ी। सफेद पैंटी में खून के धब्बे!

"अरी दइया री, ई का भइल? इ खून कहाँ से? अभईं तो दसवाँ बरस लगा है...अरे भगवान! हमार बिटिया का ई का किए?"

"दाई माँ! यह अम्मावाला खून नहीं है, वह जो हर महीने होता है!"

"तब?" दाई माँ की आवाज में दहशत थी।

"बड़े भैया ने आज मुझे..."

"अरे जालिम, अरे कसाई, अपन सगी बहन को भी नहीं छोड़ा! हम तो ओकर हाल सब जानत हई। बहूजी का डर से कुछ बोला नहीं जात।"

"दाई माँ! भैया ने यह क्यों किया? मैं नहीं चाहती थी दाई माँ, विश्वास करो। मना करने पर उन्होंने ऐसे जोर से थप्पड़ मारा कि...दाई माँ! मैं अम्मा से बोलूँगी, जरूर बोलूँगी।"

"अरी मोर बिटिया, नाहीं! तोहार क्वारपन खतम हो गईल...कच्ची कली... नाहीं बिटिया, नाहीं, ई बात किसी से कभी जिन कहियो।"

कहते-कहते दाई माँ ने मुझे छाती से लगा लिया। उनकी आँखों से टपटप आँसू गिर रहे थे। दाई माँ की ममता ने मानो जमी हुई बरफ की डाली को खौलते हुए पानी में डाल दिया। रोए जा रही थी। मुझे अचानक समझ में आया। मानो मुझसे कहीं कोई भयंकर गलती हो गई हो। अपराध...पाप...हाँ, जिन्दगी में पाप का बोध पहली बार हुआ।

"दाई माँ!...अम्मा मुझे क्यों मारेंगी? भैया जबरदस्ती बाथरूम में ले गए, फिर कहा, पैंटी उतारो।"

"मैंने पूछा, क्यों? मैं नहीं उतारूँगी। उन्होंने बहुत जोर से तमाचा मारा। दाई माँ! बाबूजी के जाने के बाद घर के बड़े तो भैया हैं। अम्मा हमेशा भैया की तरफदारी करती हैं। अम्मा कहती हैं--यदि भैया नहीं होते तो हम सब भूखों मर जाते। मैं हुमक-हुमककर रोती जा रही थी...और टूटती हिचकियों में टुकड़ा-टुकड़ा बातों की माला...मेरी गलती नहीं दाई माँ! भाभीजी जब भी पीहर जाती हैं, भैया इसी तरह छेड़ते रहते हैं। पिछली बार जब भाभीजी पीहर गई थीं तब भैया ने

मेरे सामने अपनी पैंट का बटन खोला था। मैं कमरे से भाग गई थी।'' दाई माँ ने मुझे कलेजे से लगा लिया।

''सुन बिटिया! हमार कहा मान और जिन्दगी में ई सब बात कभी किसी से जिन कहियो। आपन पति परमेसर से भी नाहीं। अउर सब समय हमारा साथ रहो। ना बिटिया, हम तोहके छोड़कर कहीं नहीं जाउब।''

''अपने देश भी नहीं दाई माँ? सच बता, मेरे पास ही रहेगी ना दाई माँ? इस घर में खाली तू ही तो मुझे प्यार करती है और कोई प्यार नहीं करता या फिर बाबूजी मुझे प्यार करते थे। बाबूजी इतनी जल्दी क्यों चले गए दाई माँ?''

''का जानी बिटिया, ऊपरवालन की मर्जी।''

मेरा छोटा-सा दिमाग सोचने में व्यस्त हो गया। पलँग पर पड़ी-पड़ी सोच रही थी—बाबूजी ऐसे कैसे चले गए? अब भी कभी-कभी लगता है मानो वे खड़ाऊँ पहने हॉल में चहलकदमी कर रहे हैं। बाबूजी उस दिन ऑफिस गए और लौटकर नहीं आए। रात बारह बजे खाली गाड़ी लेकर ड्राइवर लौटा था और फुटपाथ पर चीखते हुए गिर पड़ा था, 'बड़ा बाबू अब नहीं रहे। उनका हार्ट फेल हो गया।' दाई माँ ने मुझे नींद से उठाया था, 'अरे मोर बचवा, बड़ा अनर्थ हो गईल, बड़ा बाबू का ऑफिस में हार्ट फेल हो गईल। हमार देवता जैसन मालिक नाहीं रहिले... अरे भगवान! ई का जुलुम करिले रे...?' दाई माँ ज़मीन पर सर पटक रही थी। अम्मा के कमरे से रुलाई की आवाज आ रही थी। मैं दौड़ती हुई अम्मा के कमरे में गई। वहाँ अम्मा दीवार पर अपना सर टकराए जा रही थी। सरला जीजी रोते-रोते अम्मा से कह रही थीं, 'अम्मा, हिम्मत रखिए। आपके अलावा हम लोगों का और कौन है?'

बड़े भैया काम से रंगून गए हुए थे। कल सुबह ही लौटनेवाले थे। भैया की रईसी बाबूजी को अच्छी नहीं लगती थी। रोज सिलाए जानेवाले नए-नए सूट, सेंट से महकता हुआ रूमाल, बालों में ब्रिल क्रीम। अबकी जिस दिन भैया जा रहे थे, उसी दिन बाबूजी ने अम्मा से कहा था, 'विजय की माँ, तुम समझ लेना—यह रुपया कमाएगा, तो रख नहीं सकेगा। इसके रईसी बहुत है।' और अम्मा उफन पड़ी थीं, 'आप तो रात-दिन छोरे के पीछे पड़े रहते हैं, जाते वक्त शुभ-शुभ तो बोलिए।'

बाबूजी हमेशा कम बोलते थे। जब अम्मा का प्रलाप शुरू होता तब वे धीरे से उठकर अपने कमरे में चले जाते। बाबूजी का कमरा हम बच्चों के लिए हमेशा खुला रहता था। बाबूजी की नेवारवाली खाट पर बड़ा-सा मोटा गद्दा। बाबूजी के पीछे-पीछे हमेशा छोटे भैया चलते। फिर सरोज और मैं तथा बड़ी जीजी के

दोनों बच्चे, रवि जिसको हम लोग बुल्ली पुकारते थे और नीलू। बुल्ली और नीलू प्रायः हमारे यहाँ ही रहते थे। हम चारों—सरोज, बुल्ली, मैं, फिर नीलू। सबमें साल-साल भर का फर्क था। अम्मा का दाहिना हाथ थे बड़े भैया और बायाँ हाथ थीं सरला जीजी, जिन्हें घर में सल्लो कहकर पुकारा जाता।

सल्लो जीजी बड़े घर में ब्याही थीं। जीजाजी काले और बदसूरत थे। बाबूजी का मन नहीं था पर रिश्ता मामाजी लेकर आए थे। खानदानी घर, जूट मिल, कॉटन मिल, बैरकपुर में लोहे का कारखाना, चाय का बागान। मामाजी अम्मा को समझा रहे थे, 'तुम समझकर देख बाई, अपने तो घर बैठे लॉटरी उठ गई। सरला का भाग्य, नहीं तो कहाँ वे और कहाँ हम!'

बाबूजी भड़क उठे थे, 'उस सटोरिये की कितनी गुण-गाथा गाओगे जयकुमार? कल सट्टे में उसके जूट मिल, कॉटन मिल सब बिक जाएँगे। और उसने कैसे पैसे कमाया, क्या मैं नहीं जानता? और मैं अपनी दूध परी-सी बेटी उस काले कव्वे से ब्याह दूँ? क्या कमी है मेरे घर में? थोड़ा धन ही तो कम मिलेगा? आखिर हमारा खानदान?' खानदान की बात सुनकर अम्मा भड़क उठी थीं, 'बस रहने दीजिए अपने खानदान की गुणगाथा। शऊर भी है किसी को यहाँ? सासुजी को मैं समझा-समझाकर हार गई कि धोती के नीचे पेटीकोट पहन लिया कीजिए, पर नहीं, वह क्यों मानने लगीं? अभी उस दिन भागवत की कथा सुनने रूँगटा हाउस गई तो जमुना मौसी ने टोक ही दिया—कस्तूरी! तेरी तो सास बहुत ही फूहड़ है, धोती के नीचे पेटीकोट भी नहीं पहनती।'

मामाजी के चेहरे पर एक तिकोनी मुस्कान खिंच गई थी। बाबूजी ने हथियार डाल दिए थे।

'ठीक है, तुम बेटी की माँ हो, यदि तुम्हें और तुम्हारे भाई को यह रिश्ता पसन्द है तो ठीक है। बस भैया, उनसे कह देना—मैं एक लाख लगाऊँगा, चाहे जैसे खर्च करवा लें, बाद में मेरी इज्जत नहीं लें।'

'अरे जीजाजी, आप भी क्या बात कर रहे हैं? अगले के घर में क्या कमी है? सेठानी चवन्नी के साइज के पाँच-पाँच हीरे पहनती है।'

पाँच हीरेवाली करोड़पतियों की बात मैं प्रायः अम्मा से सुना करती। दोनों कानों में दो चवन्नी के बराबर हीरे, एक नाक की कील और दो अँगुलियों में। मुझे तो पता नहीं क्यों शुरू से ही मोटे-मोटे हीरे भद्‌दे लगते। पर मामीजी पहनती थीं और जमुना मौसी भी। पाँच हीरे अम्मा के बदन पर भी थे पर छोटे-छोटे साइज के। अच्छा, उस समय जो एक लाख रुपया लगाया गया था, चालीस वर्ष बाद आज उसकी कितनी कीमत है? यानी करोड़ों से ऊपर का दहेज बाबूजी ने दिया था।

मैं पलँग पर लेट गई। फिर वही सोच का सिलसिला। इतने वर्षों बाद भी बाबूजी की याद आते ही आँखें भर आती हैं। हाँ, उस रात भी जब भैया ने मुझे बरबाद किया था, मैं चुपचाप पाप की बोझिल चट्टान अपनी नन्ही छातियों पर रखे रोती रही थी...'काश! बाबूजी वापस आ जाते...क्या मरा आदमी फिर से जीवित नहीं होता!'

'सो जा मोर बिटिया, अब सोच करके का भई...' दाई माँ की ठंडी ममता भरी हथेलियाँ मेरी आँखें पोंछ रही थीं।

हम लोग छह भाई-बहन थे। बड़ी जीजी का नाम था सुमित्रा। उनकी चौदह की उम्र में शादी हो गई थी और तेईस की उम्र तक चार बच्चे। बड़ी जीजी की शादी के वक्त अम्मा की उम्र अट्ठाईस की थी। फिर थीं मँझली जीजी सरला, उसके बाद बड़े भैया विजय, फिर छोटे भैया अजय, और सरोज मुझसे एक वर्ष बड़ी। पता नहीं मेरा नाम प्रिया किसने रखा? हाँ, अब याद आया। दाई माँ कह रही थी--डॉक्टर अमृता कौर ने। मुझसे बड़ी सरोज चुलबुली और शैतान। उसका चेहरा और रंग अम्मा पर गया था। सभी भाई-बहन तो गोरे थे, पता नहीं क्यों मेरा ही रंग साँवला हुआ? बाद में कॉलेज में मेरी सहेलियाँ मेरे रंग को उज्ज्वल श्याम वर्ण बोलती थीं और तीखे नाक-नक्शवाली प्रिया नाम की इस लड़की को पहले-पहल मिठास और लुनाई का कॉम्प्लिमेंट कॉलेट में ही मिला था। हाँ, तो सरोज जब मर्जी हो, भैया या जीजी लोगों की चुगली बाबूजी के सामने कर दे। उससे सब डरते थे। कब रो-रोकर आसमान सर पर उठा लेगी, कोई नहीं जानता। 'देखने में भोली-भाली गुड़िया। पर एक नम्बर की चुगलखोर, जहर की पुड़िया', भैयालोग सरोज को चिढ़ाते। सरोज की तुलना में मैं थी एक सीधी-सादी भली लड़की।

डूयब्रवनिक में होटल सेतीस्टेफा। मेरे कमरे का नम्बर 211 है। मैं दरवाजा खोलती हूँ और खुद को एक बेहद आरामदेह कमरे में पाती हूँ। बड़ा-सा बाथरूम, खिड़की से सटी हुई बालकनी, कमरे में दो पलँग। डबलरूम को ही सिंगल चार्ज किया गया है। ईस्टर की छुट्टियों में होटल टूरिस्टों से भर जाता है। रोज के कितने डॉलर खर्च हो रहे होंगे? अपनी इस बेचैनी पर मैं हँस पड़ती हूँ। फिलिप ने ठीक ही कहा था--तुम खुद से प्यार नहीं करतीं। भूख लगी है। कहीं भीतर कुछ बेहद खाली महसूस हो रहा है। क्या करूँगी यहाँ...? मगर यह चुनाव तो मेरा ही था। मैं ही अकेले रहना चाहती थी। और इससे अच्छी जगह और कौन-सी हो सकती है? रूम सर्विस को फोन करके चाय और टोस्ट का ऑर्डर देती हूँ।

"मदाम, आप क्रोसा लीजिए, अभी-अभी बेकरी से आया है।" मैं मन-ही-मन मुस्कराई, होटलवाले मेहमानों का काफी खयाल रखते हैं या यों कहूँ, उन्हें सुझाव भी देते रहते हैं। मैं पलँग पर लेट जाती हूँ। चिड़ियों के पंखों से भरा हुआ मुलायम तकिया मुझे बहुत अच्छा लग रहा है। घंटी बजी। बेयरा चाय लेकर आ गया। मगर चाय न जाने क्यों इतनी बेस्वाद लग रही है और क्रोसा भी अच्छा नहीं लग रहा। अचानक क्या हुआ मुझे? अजीब तरह जी मिचला रहा है। मैं जैसे-तैसे आधा क्रोसा और चाय निगलती हूँ।

अब मैं सड़क पर हूँ। खुद को सहना बड़ा कठिन होता है। मैं वापस होटल की ओर लौट पड़ती हूँ। कुछ नहीं सोचना चाह रही, कुछ नहीं। पलँग पर लेटकर नींद की प्रतीक्षा करती रही। नींद कब आई पता नहीं।

सुबह उठकर मैंने सोचा—अपने वक्त को ऑर्गनाइज करना पड़ेगा। सुबह-शाम इसी होटल में खाना है। यों भी खाने का महत्त्व मेरे लिए कम है। रोज का घूमना घंटे-दो घंटे, कभी-कभी चार घंटे तक और वह भी कैसा घूमना? दिशाहीन। लक्ष्यहीन। और वर्तमान के झरोखे से बार-बार झाँकता हुआ अतीत? सिलसिलेवार तरीके से नहीं, बिलकुल बेढब अपनी चाल से। इनको लिखूँ भी तो कैसे? लेकिन यों अकेले रहने का एक लाभ है। भीतर जमी बर्फ पिघली है और तरल पारदर्शी चेतना, घटी हुई घटनाओं को देख पा रही है। बहुत कुछ भीतर ऐसा है, जिसकी अब मैं उपेक्षा नहीं कर सकती। मेरा यह निजी कोना काम की व्यस्तताओं के मुखौटों के पीछे छुपा हुआ था। लेकिन अब यों खुद को छलने से फायदा? अकेले होने की पीड़ा, त्रासदी, आतंक, मैं क्या नाम दूँ इसको? पर इतना प्रभाव तो मेरे मन पर पड़ा ही है। आँसुओं को मैं तेज रफ्तार से दौड़ते हुए सुखाती रही। पिछले दस वर्षों से काम की व्यस्तताओं में उलझकर इस प्रश्न को मैंने बार-बार पीछे ढकेला है...यदि मेरे पास काम न होता, यह भाग-दौड़ न होती, तब क्या मैं जी पाती? और पिछले दस दिनों से यह प्रश्न अपनी पूरी अस्मिता के साथ सामने खड़ा है...हाँ, जवाब दो, खोजो। जिन्दगी जीने के और तरीके भी होते हैं। मगर कौन-सा तरीका? जूडी हमेशा से कहती रही, "प्रिया! तुम अपनी डायरी लिखती रहो। औरत आज भी मूक है। उसके आँसुओं को दुनिया देखती है। उसके हिस्टिरिया के दौरे, उसके चीखने-चिल्लाने पर लोग कानों पर हाथ रख लेते हैं... उसकी शिकायत भरी निगाहों को देखकर भी पुरुष अनदेखा कर जाता है। मगर शब्दों का अपना इतिहास होता है...और यदि ये छप जाएँ तब क्या उनकी यों उपेक्षा करना सम्भव होगा?"

"मगर जूडी, ऐसा तो मैं कुछ भी नहीं लिख पाऊँगी।"

"जब लिखोगी तब अपनी जैसी हजारों-लाखों के साथ संवाद स्थापित कर पाओगी। तुम्हें क्या पता कि तुम्हारे शब्दों को पढ़कर कौन-कौन अपने घावों को सहलाएगा? किस औरत की गूँगी जुबान अचानक बोल उठेगी--हाँ, हाँ, यह सच है, बिलकुल सच है। मेरे साथ भी ऐसा ही घटा है।"

आज यहाँ, अपने परिचित माहौल से दूर, सारे सहारे जब निचुड़ जाते हैं, जब प्याज के छिलकों की तरह कोई पर्त-दर-पर्त खोलता चला जाता है, तब हमारा अपना वास्तव, वह जो कुछ भी बाहरी दुनिया के साथ संघात के दौरान मैंने आत्मसात किया था, सतह पर तैर आता है। जरूरत है उसे पहचानने की। परिस्थितियों का प्रभाव मुझ पर पड़ा और वापस मैंने अपनी जिन्दगी की जरूरत के अनुसार नई परिस्थितियाँ गढ़ लीं। कितना चमत्कृत करता है अपनी खुद की नियति का स्वीकार उस समय, जब आपको लगता है कि अब आप परिस्थितियों के हाथों की कठपुतली मात्र नहीं हैं? उस विराट की प्रक्रिया में कैसे हमारे छोटे-छोटे प्रयास मिलते चले जाते हैं, यह भाव ही हमें कितना बड़ा आत्मविश्वास देता है? जिन्दगी, कम-से-कम मेरी जिन्दगी विरोधाभासों का बंडल रही है। उलझे हुए धागे, पड़ी हुई गाँठें, जानती हूँ सुलझा नहीं पाऊँगी, पर इनके साथ जीना तो मैंने सीख लिया है। और यह समझ ही मेरी जिन्दगी के प्रति लगाव को जिन्दा रखती है। यह एक ऐसा पुलक है, जिसका शब्दों में वर्णन करना प्रायः असम्भव है। और आज तक यों अपने बारे में सोचते हुए न मैं अपने से कभी इतनी दूर गई और न कभी अपने इतने करीब आ पाई। एक ही पल में दोनों घटनाओं का घटना? जिन्दगी के अचम्भे कम नहीं होते।

दो, बड़े-बड़े काले कौवे फड़फड़ाते हुए सर के ऊपर से निकल गए। अचानक एक खामोशी चुपचाप पत्तों पर ठहर गई। मेरी आँखें चौंककर कौवों का पीछा करती हैं। वे होटल के गेट के पासवाली गुमटी पर बैठ गए हैं। धूप की सुनहरी किरणें ओस की बूँदों को सुखाने लगी हैं। मेरी बगल से जर्मन बुड्ढे-बुढ़िया का जोड़ा मुस्कुराता हुआ निकल गया। जब से यहाँ आई हूँ, तब से मेरी आँखें इस वृद्ध दम्पती का पीछा करती रहती हैं। 'प्रेम' यह शब्द अपने-आपमें आदमियत की पूरी परम्परा को टंकारता है...क्या यह अब भी बचा है? हाँ, इस जोड़े को देखकर तो लगता है कि प्रेम अब भी बचा है। कितने प्यार से बुड्ढा जर्मन अपनी पत्नी को कॉफी का प्याला पकड़ाता है। बार-बार उसके पैरों के पास पड़ी शाल को ठीक करता रहता है। दोनों पूर्वी जर्मनी से हैं। वे अंग्रेजी नहीं जानते। मैं जर्मन नहीं जानती। सुबह ब्रेकफास्ट टेबल पर दुभाषिये का काम स्टिवार्ड जोसेफ ने किया। पता नहीं क्यों, जोसेफ ने मेरा परिचय लेखिका के रूप में दिया जबकि

मैं लेखिका हूँ नहीं। ओह! अब याद आया। सारी कारस्तानी फिलिप की है...मुझे एकान्त चाहिए था और लेखक का इस देश में विशेष आदर है। इस वृद्ध दम्पती को देखकर लगता है—प्रेम की कोई सीमा नहीं। एक सुखी वैवाहिक जीवन से अच्छा कुछ नहीं, मगर कितने लोगों को यह नसीब होता है? फिर मरे हुए सम्बन्धों को ढोने की जरूरत? उठाकर फेंक देना चाहिए। बड़ा हल्का लगता है जब जिन्दगी स्वयं किसी और रस से अपना प्याला लबालब भर लेती है।

कमरे की खिड़की से सटा हुआ अंजीर का पेड़ और उसके बीच से झाँकता हुआ नीला आकाश। कमरे से सटी हुई बालकनी, जहाँ बैठकर समुद्र को दूर-दूर तक देखा जा सकता है, अनन्त के इस विस्तार में क्षितिज महज कल्पना है। लहरों की इस दुनिया की न शुरुआत है और न अन्त। मेरे साथ मेरा अकेलापन है, पर यह अकेलापन मुझे जीवन का अर्थ समझा रहा है। कैसे मैंने अपने-आपको बचाया है, अपने मूल्यों को जीवन में सँजोया है। हाँ, टूटी हूँ; बार-बार टूटी हूँ...पर कहीं तो चोट के निशान नहीं...दुनिया के पैरों तले रौंदी गई, पर मैं मिट्टी के लोंदे में परिवर्तित नहीं हो पाई हूँ। अड़तालीस की इस उम्र में एक पूरी-की-पूरी साबुत औरत हूँ, जो जिन्दगी को झेल नहीं रही बल्कि हँसते हुए जी रही है, जिसे अपनी उपलब्धियों पर नाज है। दोस्ती का हाथ बढ़ाकर जिसकी गर्म हथेलियाँ हर किसी को अपने करीब खींच लेती हैं।

नहीं, मैं आज अकेली नहीं, पहले कभी थी। मेरे लिए आज इस नीले आकाश का एक अलग अर्थ है—कभी तुमने इसके विस्तार को अपनी दोनों आँखों से नापने की कोशिश की? नहीं नाप पाए न? इसी को अपना-अपना नजरिया कहते हैं।

बचपन से ही मुझे बरामदे में बैठे-बैठे चिड़ियों से संवाद या एकालाप करना अच्छा लगता था। मैं खुद ही प्रश्न करती, खुद ही उत्तर देती। एक दिन रेलिंग पर बैठी गौरैया से मैं न जाने क्या-क्या बातें किए जा रही थी। मेरी उम्र रही होगी पाँच-छह वर्ष। सड़क की ओर खुलनेवाले बरामदे में मोढ़े पर बैठी गौरैया से बतिया रही थी, 'अले अले गौलैया! बता तो, तू आज कहाँ-कहाँ होकर आई? औल उस कौवे को देखकल क्यों डल गई थी? कुछ खाया तूने? क्या खाती है तू? बोल न मेली चिड़िया, मेली अच्छी-सी गौलैया? अले बोल न भाई? तू भी नहीं बोलती...और इतने में जोरों का ठहाका—हो-हो-ही-ही! पीछे छोटे भैया, सरोज, नीलू और बुल्ली।

"देखो-देखो, इस पागल को!" छोटे भैया सबसे बदमाश, किसी की नकल करने में नम्बर एक। हो-हो करते हुए मुझे चिढ़ाते हुए बोले, 'अले अले बोल ना मेली चिड़िया! मेली दंतोलानी...इसीलिए तो तेले भी दाँत बाहल निकले हुए हैं

चिड़िया के चोंच जैसे!'

मैं फफक-फफक रो पड़ी। मैं रोए जा रही थी और मेरे भाई-बहन पेट पकड़कर हँसे जा रहे थे। तब तक सल्लो जीजी आ गईं, मुझे रोता देख उनका मन पिघला। आगे बढ़कर पुचकारा, फुसलाया। मैं जरा-से स्नेह से तुरन्त चुप भी हो जाती थी। जीजी कितनी अच्छी हैं। फिर याद आया, महीने-भर में जीजी की शादी होनेवाली है। मेरी सबसे प्यारी बहन सल्लो बाई चली जाएँगी। मेरी आँखें फिर भर आईं। जोरों की तैयारियाँ चल रही थीं। वह धर्मशाला मुझे अब भी याद है। सारा परिवार—बाबूजी के पाँचों भाई, दादी जिन्दा थी तब तक।

मुझे चौक में और सीढ़ियों के कोने में ठंडक के लिए बिछाई गई बर्फ की रंगीन सिल्लियाँ अभी तक याद हैं। सब सिल्लियों में भीतर तरह-तरह के फल जमाए गए थे। किसी में आम दिख रहे थे तो किसी में फालसे। बाद में बुल्ली ने मुझसे कहा—ये सब फल नकली हैं, मोम के बने हुए। सजावट के लिए रखे गए हैं।

बाई का ब्याह गर्मियों का था। 1949 का साल। बाबूजी की कमाई जोरों पर थी। दिल खोलकर उन्होंने खरच किया। समधियाने से सल्लो जीजी के लिए जो गहना आया, उसे देखकर ताई-चाचियों की आँखें खुली रह गई थीं। हीरा ही हीरा था। पहली बार गुप्ता परिवार में बेटी की ससुराल से हीरा आया था। नानीजी बहुत खुश। माँ बड़ी बाई से कह रही थीं, "ताई की तो आदत है जलने-कुढ़ने की...जटिया जैसा घराना खोज लाए ना अपनी बेटी के लिए!" बाबूजी अपने भाइयों में सबसे अलग चमकते थे। उनका रुआब ही अलग था। बालीगंज के अलग पॉश मकान में हम लोग रहते थे। मेरा जन्म भी इसी मकान में हुआ। दाई माँ बोला करती थीं कि माँ का जापा डॉ. अमृता कौर ने कराया था। डॉ. अमृता ने मुझे देखते ही दाई माँ से कहा, "तुम्हीं जाकर सेठजी से कहो कि लड़की हुआ है। हम बोलेगा तो हमारा प्रेक्टिस खराब हो जाएगा। सब कहेंगे कि डॉ. अमृता से जापा करवाने से लड़की ही होती है!"

दाई माँ के बाहर निकलते ही दादी ने पूछा, "के होयो?"

"लड़की हुई है माँजी! कार्तिक की नवमी में घर में लक्ष्मी आई है, लक्ष्मी!"

"आ पड़ी ऊपर से...भाया साँवर, अभी तो दो को ब्याह बाकी हैं...या तीसरी और तैयार होगी। तेरे तो खर्चो ही खर्चो है।"

बाबूजी सर झुकाकर बोले, "माँ, सब अपना-अपना भाग्य लेकर आती हैं। जैसी राम की मर्जी।"

"हे रामजी! चार-चार बेटियाँ आ पड़ीं! कठ बेटा पड़या है।"

"ठीक है माँ।"

"चोखो भाया, म तो जाऊँ सोने, आधी रात से ऊपर होगी।"

दादी, माँ के कमरे में झाँकने भी नहीं गई थीं। हाँ, हाँ, अमृता कौर मुझे दाई माँ की गोद में देकर चली गई। बड़ी बाई अम्मा के सिरहाने जाकर बैठी।

"सुमित्रा, अपने बाबूजी को खाना खिला दे बेटा! सुबह से भूखा है।"

अम्मा की निराशा उनके रोम-रोम में उतर गई थी। पलँग से नीचे पैर रखने में उन्हें तीन महीने लगे। इधर सल्लो जीजी की शादी थी। अम्मा पलँग पर ही पड़े-पड़े ऑर्डर देती रहती थीं। सारी तैयारी सुमित्रा बाई ने की। खैर, जन्म के बाद से मैंने अम्मा को कभी स्वस्थ देखा ही नहीं।

मुझे कभी अम्मा की गोद की याद भी नहीं आती है। न मालूम क्यों शुरू से ही अममा को मुझसे चिढ़ थी या फिर यह घोर निराशा की एक प्रतिक्रिया थी, जिसे वे मुझ पर आरोपित कर रही थीं। मुझे दाई माँ ने ही पाला-पोसा। अपने तीन साल के भोला को छोड़कर वह विधवा औरत भूख और गरीबी कब तक झेलती? नानीजी के यहाँ जो दाई काम करती थी, वह रिश्ते में दाई माँ की फूफी सास लगती थी। दाई माँ को उसी ने अम्मा के पास रखवा दिया था। मुझे गोद में लेते ही दाई माँ के स्तनों में दूध उतर आया था। मेरा रंग साँवला था, पर सेहत अच्छी थी और उस पर से दाई माँ का पालन-पोषण। वही मेरा सर्वस्व थी। मैं उसका पल्ला एक मिनट के लिए नहीं छोड़ती। वह बेचारी बाथरूम भी जाती तो मेरा रोना शुरू हो जाता। मेरे लिए माँ, यानी दाई माँ। मुझे अपनी माँ की न गोद याद है, न उसका कोई स्पर्श। मेरा नाम ही था दाई की बेटी, वैसी ही काली। सुमित्रा बाई मुझे पागा (बछेरी) कहती। बड़े से हॉल को मैं चार छलाँग में यहाँ से वहाँ पार कर जाती। मेरा एक और नामकरण हुआ—मिलिट्री घोड़ा! मेरी सेहत अच्छी थी और माँ की लाडली सरोज उतनी ही रोगली थी। हाँ, वह घटना मुझे याद है। इतने वर्षों बाद मानस के किसी कोने में ज्यों-की-त्यों धरी हुई-सी।

कुछ स्मृतियों पर काल का असर नहीं होता। क्यों नहीं होता उनका क्षय? मैं बरामदे में बैठी खेल रही थी। बाबूजी मुझे गोद में लेकर अम्मा की बगल में लिटा गए। मुझे अम्मा का चिल्लाना याद आ रहा है, "ओ हो! एक तो मैं ऐसे ही मरी जा रही हूँ और दूसरे इसे और मेरी छाती पर लाद गए!". अम्मा की क्रिश्चियन नर्स राधा वहीं खड़ी थी।

"ऐ राधा! जा पटककर आ इसे चमेलिया की माँ के पास।"

"तुम भी विजय की माँ इस लड़की से इतनी क्यों चिढ़ती हो?" बाबूजी की आहत आवाज थी।

"क्या करूँ, मुझे नहीं सुहाती यह। जबसे जनमी है, मेरा तो शरीर ही टूट गया। खाट पकड़ ली मैंने।"

बाबूजी ने मुझे गोद में उठाते हुए कहा, "मेरी तो यह लक्ष्मी बेटी है। जबसे जनमी है, पैसा ही पैसा बरस रहा है। देखो, अपने घर के मकान में यह पहला बच्चा जनमा है।"

"तो क्या करूँ? मेरे से तो नहीं सम्हलती।"

अम्मा का वह कर्कश स्वर न जाने क्यों आज भी कानों में बजता रहता है, "ले जाओ, इसे ले जाओ...पटको इसकी दाई माँ के पास..." बाबूजी के पास एक कनकटा ज्योतिषी आया करता था। उसने बाबूजी से कहा, "यह लड़की नाम करेगी, बहुत मेधावी होगी।" अम्मा ने सुना तो कहा, "कर चुकी नाम! भाटा पत्थर तो है, मुँह में बोली तो है नहीं। जिसका मन हो मार जाता है, जिसका मन हो चोटी खींच लेता है।" बात भी सही थी। सरोज को, मजाल है कोई छेड़ दे या भैया लोग जरा-सा गाल भी छू दें। वह रोना, वह चिल्लाना कि अरे बाप रे, सारा घर सहम जाता। जब तक कि बाबूजी शाम को घर नहीं आ जाते और अपराधी को सजा नहीं मिल जाती, वह एक घूँट पानी भी नहीं पीती और एक मैं थी।

बुल्ली तो खैर बराबर का था, मारपीट कर लेता, मगर छोटे भैया सदा के उत्पाती। सिवाय हम चारों छोटे बच्चों को सताने के खाली वक्त में उनके पास कोई और काम ही नहीं रहता था। बाबूजी के लाडले भी वे बहुत थे। सरोज से वे भी डरते थे कि अभी सारा घर सर पर उठा लेगी। नीलू कोमल थी और माँ की लाडली दुहिता। बुल्ली उनका शागिर्द था। अतः आधा घंटा मुर्गा बनाकर भैया मुझे ही खड़ा कर सकते थे। मैं सोई रहती और चोटी का फीता पीछे खिड़की के ग्रिल से बाँधकर भैया चल देते। नींद से उठते ही चीख-पुकार..."अरी दाई माँ, दाई माँ...देखो मेरी चोटी बँधी हुई है!" भैया मजे से टेबल पर पैर रखे किताब पढ़ रहे होते, "रो, और रो। तेरी दाई माँ तो नहाने गई है।"

"भैया खोल दो, खोल दो भैया! तुम्हारे पैरों पड़ती हूँ। भैया जो बोलोगे, मैं वही करूँगी।"

"ठीक तो?"

"हाँ भैया, प्रॉमिस।"

"प्रॉमिस। तब चलो मेरे साथ छत पर।" भैया के पीछे-पीछे छत पर। तमाशबीनों में सरोज और बुल्ली। छोटे भैया ने दोनों हाथों से मुझे उठाया और पानी से भरे हॉज में डाल दिया। मैं निकलने की कोशिश करूँ, ऊपर से फिर दबा

दिया जाए। बुल्ली और सरोज हँसे जा रहे हैं। तालियाँ बज रही हैं और नाटक के चरम पर दाई माँ आ गई।

"हाय, हाय रे...हमार बिटिया को मारोगे क्या अरे अजय बाबू! आज हम मालिक से बोले बिना नाहीं मानब। तुम सब बड़े अत्याचारी होते जा रहे हो।"

दाई माँ की डाट से सब रफूचक्कर। दाई माँ ने उल्टा लिटाकर पेट से पानी निकाला, तब जाकर साँस लौटी। मुझे भीगे कपड़ों में गोद में लिए दाई माँ रोए जा रही थी, "का जाने काहे सब हमार बिटिया क पीछे लगत रहत हई। उ सरोज बाई और बुल्ली बाबू को कोई कभी नाहीं छेड़ते। सारा दोष तो बहूजी का है। कहाँ से पियार करिहे, खाट पकड़ राखिन हैं। बेटा के बदले बेटी जो हो गईल।"

"दाई माँ! हमें कोई प्यार नहीं करता? खाली तुम और बाबूजी।"

"बाबूजी तो देवता मनई। उनका बात कउन बराबरी?"

"पर तुम भी तो इतनी अच्छी हो दाई माँ। तुम मुझे छोड़कर नहीं जाओगी ना दाई माँ? राधा कह रही थी, तुम अगले सोमवार को देश जाओगी, तुम्हारे बिना मुझे कौन दूध पिलाएगा? कौन खाना खिलाएगा दाई माँ?"

दाई माँ ने एक ठंडी साँस भरकर मुझे कलेजे से लगा लिया था।

मैं स्कूल से लौटी थी। बुल्ली सीढ़ियों पर ही खड़ा था। तालियाँ बजाता हुआ बोला, "तेरी दाई माँ नहीं है, तेरी दाई माँ चली गई।"

"हरिया! मेरी दाई माँ कहाँ है?"

"पिरिया बाई, तोहार दाई माँ देस गईल।"

मेरी आँखों से आँसुओं की टपटप गिरती बूँदें, फिर जोरों की बरसात। हिचकियाँ बँध गईं। दूध का गिलास उठाकर हरिया के ऊपर फेंक दिया। राधा आई, उसके गाल पर दनादन चपत। भयंकर क्रोध, एकदम रौद्र रूप। "मेरी दाई माँ कहाँ है? मेरी दाई माँ को बुलाओ!" मेरा इतना गुस्सा और जिद कभी किसी ने नहीं देखा था। दाई माँ बेचारी सात बरस बाद अपने घर जा सकी थी। उसके भी छोटे-छोटे बच्चे थे। यों घर में खचिया-भर दाई-नौकर थे। रसोइया यानी गोविन्दा महाराज, नथुनीसिंह, दरबान बलिया जिले का, पहाड़िया रामसिंह ड्राइवर, कालूरामजी मुनीम, और नौकर, एक नर्स, एक आया। कुल मिलाकर चौदह जनों का स्टाफ। दक्षिण कलकत्ता की शानदार कोठियों में एक हम लोगों की भी कोठी। आधुनिक मारवाड़ियों का परिवार इसी अंचल में आकर बसता जा रहा था। मकान ऐसा सुन्दर कि लोग देखने आते। उस वक्त तक हमारे चाचा, ताऊ, सारा गुप्ता परिवार बड़े बाजारवाली पुरानी कोठी में रहते थे। नानी का घर भी बड़ा बाजार में था, हैरिसन रोड के पास। सरोज तो बड़ा बाज़ार जाने के नाम से कतराती,

"अम्मा हम नहीं जाएँगे। वहाँ बाथरूम सड़ता है।" बड़े बाजारवाले पुराने मकान में बीच में बड़ा-सा चौक था। चारों ओर कमरे बने हुए थे और बाथरूम आदि कॉमन। चौका चार तल्ले ऊपर, छत पर। बस चाचियों के पास एक-एक कमरा था। उसी में सोना, उठना-बैठना, चार-पाँच बच्चों के साथ।

हाँ, तो उस दिन शाम को सात बजे बाबूजी ऑफिस से आए। मैंने दोपहर तीन बजे से पानी का घूँट तक नहीं पिया था। अम्मा ने गुस्से से दो तमाचे भी लगाए थे। मैं मुँह घुमाकर बैठ गई थी।

"मर जाकर उसी चमेलिया की माँ के पास। चंडाल कहीं की, जैसे मेरे पेट से तो पैदा ही नहीं हुई! आने दो अबकी चमेलिया की माँ को देस से, मैं खबर लेती हूँ उसकी। बिगाड़कर और रख दिया।"

"चलो बेटा, खाना खाओ।" बाबूजी ने कहा। मैंने हिचकियों में कहा, "बाबूजी, मेरी दाई माँ..."

"हाँ बेटा! बुलवाते हैं तेरी दाई माँ को।"

"नथुनीसिंह!" नथुनी बाबूजी का बलिया जिले का खास दरबान था। "सुनो, अभी रात को गाड़ी पकड़ो और इसकी दाई माँ को लेकर आओ। और हाँ, चमेलिया को भी लेते आना, कहना हम यहाँ इलाज कराएँगे।"

अम्मा ने कहा, "देखिए दरबानजी, कोई छूत की बीमारी हो तो उसको वहीं रहने दीजिएगा।"

"अम्मा! चमेलिया के बिना तब दाई माँ कैसे आएगी?"

"चुप रह मरणजोगी...मेरी जान खा गई तब से।"

अम्मा की आवाज की कड़क से मैं सहमकर चुप हो गई थी, पर बड़ी कातर दृष्टि से बाबूजी की ओर देखती हुई उनका कुर्ता पकड़े रही थी। खैर, चौथे दिन दाई माँ चमेलिया को लेकर आ गई। उसे निमोनिया का बुखार था, टी.बी. नहीं निकली। फैमिली डॉक्टर गांगुली ने कहा, "चिन्ता की कोई बात नहीं। पेनिसिलन के इंजेक्शन से ठीक हो जाएगी।" चमेलिया की उमर बड़ी जीजी से कुछ ज्यादा थी। दाई माँ के एक ही बेटी चमेलिया थी और बाकी तीन लड़के—छेदी, मंगल और भोला। भोला दस बरस का था। मुझे देखते ही दाई माँ ने छाती से लगा लिया। मेरा सारा शरीर बुखार से तप रहा था। डॉ. गांगुली ने बाबूजी से कहा, "गुप्ता साहेब, आर माँ तो एई मेये मानुष, ओके आर जेते देबेन ना। सेठानीजीर तो शोरीर भालो थाके ना। एई निरीहमेये के आर के देखबे?"

अम्मा सच में बीमार रहती थीं। मैंने उन्हें आजीवन पलँग पर लेटे या गद्दे पर अधलेटे या कुर्सी पर बैठा हुआ ही देखा। सुना, मेरे पैदा होने के बाद तीन

महीने तक ब्लीडिंग होती रही थी। बन्द ही न हो। उन दिनों शायद युट्रेस निकालना जोखिम का ऑपरेशन माना जाता था। अम्मा परेशान न हों, इसलिए हर बच्चे के पीछे एक नौकर या आया। हरिया के जिम्मे था बच्चों का खाना-पीना सम्हालना। राधा अम्मा के अलावा सरोज और नीलू को भी सम्हाल लेती थी। बच्चों के जरा से शोर से अम्मा बेहोश हो जातीं। अम्मा को सारी कसक शायद इसी बात की थी कि एक बेटा और नहीं हुआ। वो बड़े घर की बेटी थीं। नाना खानदानी रईस, कोलकिंग माने जाते। अम्मा का शरीर और मिजाज दोनों ही रईसाना। बाबूजी अम्मा पर जान छिड़कते थे—"डॉ. गांगुली, विजय की माँ को यदि कुछ हो जाएगा तो मैं कैसे इन बच्चों को सम्हालूँगा? कोई उपाय कीजिए।" बड़े-से-बड़े डॉक्टर आते रहते थे। महीनों अंग्रेज डॉ. वाटकिन और नलिनीरंजन दत्ता का इलाज चला, कोई फायदा नहीं। महीने में बीस-बीस दिन ब्लीडिंग होती रहती। आखिर में आए थे डॉ. विधानचन्द्र राय जो बंगाल के मुख्यमन्त्री भी थे। विधान बाबू के आने पर सारे घर को ऑर्डर हुआ था—"साइलेंस प्लीज!" विधान बाबू अम्मा की नब्ज पकड़े, पाँच मिनट तक सोचते रहे। फिर कहा, "रेडियम थेरेपी दी जाए।" दादी ने कहा, "साँवर भाया तेरा तो सारा रुपिया लुगाई के ऊपर खरच होवे जाव! म्हे भी तो सात-सात पैदा किया...इकई ज्यादा नखरो ह। तू जित्तो सहारगो बित्तो ही या नखरानली नार तने नचावगी।"

अम्मा तो सुनकर आग हो गईं। अब वे कभी दादी के घर जाती ही नहीं। जिस दिन त्यौहार आदि पर जाना पड़े, आकर पन्द्रह दिन खाट ही पकड़ लें। विधान बाबू की रेडियम थेरेपी काम कर गई थी। ब्लीडिंग बन्द हो गई, मगर अब अम्मा के टानसिल बढ़ गए थे। इसी बीच भैया की शादी तय हो गई, बाबूजी के जिगरी दोस्त बालूरामजी केडिया के भाई की बेटी से। एक दिन सुबह-सुबह बालू ताऊजी हमारे घर आए। जाड़े के दिन थे। बाहर गद्दीवाले कमरे में बादाम का हलवा खाते-खाते बोले, "भैया साँवर, अपने दोस्त हैं, दोस्ती के सम्बन्ध को स्थायित्व देना चाहिए।"

"वह कैसे?"

"देख, तेरा तो बेटा है और मेरे भतीजे रघु की बेटी है। रुपया मैं पूरा गिनकर दो लाख रख दूँगा, पर तुम हाँ करो।"

"बालू! जरा सोचने दो। लड़की कितनी पढ़ी-लिखी है?"

"तुमको कोई ऑफिस भेजनी है? घरसारू लड़की है।" कहते हुए बालूरामजी ने अपनी पगड़ी बाबूजी के पैरों के पास रख दी। बाबूजी चुप हो गए। अब क्या पूछते?

हम सब लोग विक्टोरिया मेमोरियल के पीछेवाले गेट में होनेवाली भाभी को देखने गए। साथ में अम्मा ले गईं डॉक्टर गांगुली को। अम्मा के हमदर्द दोस्त, सबसे बड़े साइको थेरापिस्ट, हर घरेलू मसले में सलाहकार। डॉ. गांगुली ही थे जिनके बड़े भाई अमल गांगुली बाबूजी के सालिसिटर थे। गांगुली बाबू भी घराने के आदमी। अम्मा के अनुसार वक्त-जरूरत पर तीन ही आदमी काम आते हैं—पुलिस, वकील और डॉक्टर। गांगुली परिवार के बड़े बेटे अमल बाबू पुलिस में ऊँचे ओहदे पर थे, दूसरे नम्बर अनिल बाबू वकील। तीसरे नम्बर आशिष बाबू डॉक्टर और चौथा नम्बर उदयन, जो 'किच्छू कोरेना शुधु गान करे आर कोबिता लेखे।' भाभी को देखकर अम्मा ने डॉक्टर गांगुली से पूछा, "गांगुली बाबू! लड़की थोड़ी कमजोर नहीं लग रही क्या?"

"आरे नाहीं सेठानीजी। शादी के बाद तो आप सब लोग ही मोटा हो जाता।"

"रंग सावला है गांगुली बाबू?"

"ओ तो श्यामा माँ का रंग भी कालो। हम बांगाली लोग चोख नाक देखता, सफेद मयदा का बस्ता नहीं।"

बड़े भैया शौकीन मिजाज के, देखने में खूबसूरत। उस जमाने में ग्रेजुएट। बाबूजी समझ रहे थे कि बेटे के लायक बहू नहीं आ रही, पर दोस्ती की आन कैसे तोड़ें?

मामाजी ने पूछा, "बाई, लड़का राजी है ना?"

"हाँ।" अम्मा का उत्तर था।

"तब अपने को क्या करना, आप तो जीजाजी कभी व्यावहारिक नहीं रहे। अभी सरला के ब्याह पर इतना खर्चा हुआ है। अगला मोटा आसामी है। बिणनी पर बाद में अपने अंग्रेज गवर्नेस रख देंगे। पढ़-लिख लेगी, पूरी ट्रेनिंग हो जाएगी।"

यह आखिरी तर्क बाबूजी को समझ में आ गया। ठीक ही तो कह रहे हैं जयकुमार। पन्द्रह वर्ष की बच्ची तो है। पढ़ा-लिखाकर स्मार्ट बनाई जा सकती है। सरला बाई को सास ने मैट्रिक की परीक्षा नहीं देने दी थी। उस जमाने में बेटी की सास पर बोलने का हक नहीं था। बाबूजी चुप लगा गए। बाबूजी मेरे और सरोज के लिए प्रायः कहा करते, "देखना अजय की माँ! मैं अपनी तोता-मैना को बहुत पढ़ाऊँगा।" बाबूजी खुद चौथी क्लास पास थे पर फर्राटे से ऐसी अंग्रेजी बोलते कि कोई क्या बोले? जीनियस व्यक्ति थे। मगर अम्मा अपने को बाबूजी से ज्यादा बुद्धिमान मानती थीं, ज्यादा पोलिश और सोफियाना। आखिर नाना कोलकिंग जो थे। नानी के घर के चौक में चाँदी की सिल्लियाँ रखी रहतीं। मामा

अकेले बेटे थे। बाकी और चार मामा ताऊ-चाचा के लड़के थे। मगर अम्मा की सभी भाभियाँ पाँच हीरोंवाली थीं, जबकि गुप्ता परिवार में पहला पाँच हीरा अम्मा ने पहना, फिर सल्लो जीजी के पास तो साबुत हीरों की नेकलेस भी थी। बड़े भैया की शादी धूमधाम से हुई। पन्द्रह दिन तक उत्सव चला। बाबूजी ने दिल खोलकर खर्च किया। खूब दान-धर्म किया। हर नौकर के गाँव का कर्ज चुकाया। मुझसे कहा, "तेरी दाई माँ को क्या दें बिटिया?"

"सोने की चेन और कंगन।"

राधा नर्स जल उठी थी, "उह! चमेली की माँ सोना पहनेगा...? मछरी न कुछरी...दीवारी पर उछरी!" पर दाई माँ को दो भर की चेन और तीन भर का एक जोड़ा कंगन मिला! मैं खुश, "दाई माँ, तुम भी राधा की तरह लाल साड़ी पहनकर बारात में चलना।"

"हरे राम! राम! ई बात हमार लिए जिन बोल बिटिया...हम विधवा मानुस। आज हमार भतार होत..." एक ठंडी साँस। मुझे लगा—मैं कुछ गलत बोल गई हूँ।

भाभीजी आईं। उनके आने के बाद से बड़े भैया बीमार रहने लगे। जितना आज मुझे समझ में आ रहा है, मन लायक पत्नी न मिलने के कारण उनका नर्वस ब्रेकडाउन हो गया था। लेकिन अम्मा का कहना था कि ताई ने फेरे के वक्त उन पर जो रुपया वारा था, उसमें कुछ टोटका किया था। बाबूजी बड़े दुखी। यह क्या खेल हुआ बेटे की जिन्दगी से? भाभीजी बिलकुल अंग्रेजी नहीं जानतीं और न ही पढ़ने-लिखने का शौक था। छह महीने तक सुबह से शाम तक मिसेज विल्किन माथा पचाती रहीं। कोई परिणाम नहीं निकला। भाभीजी का मन ही नहीं लगता था। "मिस्टर गुप्ता, शी इज ए रौंग मैच फार योर सन...दे आर पोल्स अपार्ट।"

उतरती हुई पीली शाम नीली समुद्री लहरों के साथ घुलकर हरी होती जा रही है। अभी, बस अभी कुछ ही क्षणों में यह सारा परिदृश्य काला हो जाएगा। दूर पुराने किले के बुर्ज पर नारंगी रोशनी जल उठेगी। पता नहीं इन लोगों ने फोकस लाइट कहाँ पर फिट कर रखी है? यहाँ अपने बरामदे से देखने पर लगता है मानो कोई गुच्छा-गुच्छा रोशनी समुद्र की लहरों से निकालकर किले की दीवारों और बुर्ज पर फेंकता जा रहा है। पता नहीं क्यों, मुझे इतनी दूर से रोशनी के इस जादुई माहौल में डूयब्रवनिक की यह काली समुद्री रातें इतनी खूबसूरत लग रही हैं? सितारे कैसे चटख-चटखकर खिलते जा रहे हैं? दूर नारंगी रोशनी में डूबती हुई लहरें! होटल की डेकी से बँधे हुए पाँच-छह मोटरबोट, लहरों की गोद में मचलते हुए। मैं फिर

आँखों से सारे दृश्य को पीने लगती हूँ। यह पीना जरूरी है क्योंकि इसी नशे में मैं अपने अतीत के छिलके उतार पा रही हूँ...कभी-कभी दूर घुमावदार सड़क पर कोई गाड़ी फर्राटे से निकल जाती, लेकिन गजब की शान्ति है यहाँ। बस छपाक से एक मछली लहरों के ऊपर कूदती हुई कहीं दूर निकल गई। खयालों को एक झटका लगता है। क्या सोच रही थी अब तक?

मैं सोच रही हूँ। सोचती जा रही हूँ। मेरे चारों ओर रात का कुहासा और घना हो गया है। यह दर्द? मुझे पता है, मेरी हड्डियों के भीतर तक धँसे इस दर्द का, पर इसका कोई इलाज नहीं। मैं याद करने की चेष्टा कर रही हूँ पर बार-बार कोई अदृश्य वहशी पंजा मेरे मुँह को दबोच लेता है। मैं दर्द से बिलबिला उठती हूँ। नहीं, मैं चुप नहीं रहूँगी। मैं कहना चाहती हूँ...इससे, उससे...सबसे। अपनी माँ के लिए दुखी होना, उनकी याद आना...पर इसका यह अर्थ तो नहीं कि मैं उनसे प्यार करती हूँ? उन्होंने कभी मुझे प्यार नहीं किया, कभी गोद में लेकर चूमा नहीं। मैं चुपचाप घंटों उनके कमरे के दरवाजे पर खड़ी रहती। शायद अम्मा मुझे भीतर बुला लें। शायद...हाँ, शायद अपनी रजाई में सुला लें। मगर नहीं, एक शाश्वत दूरी बनी रही हमेशा हम दोनों के बीच। अम्मा मेरी बातों को समझ नहीं सकतीं। मेरी स्मृतियों में दाई माँ की ममता भरी हथेलियाँ तैर जाती हैं। पाड़वाली सफेद साड़ी, ढीला कुर्ते जैसा ब्लाउज, सीधे पल्ले की, गाँठ में बँधी हुई खैनी और कभी-कभी अधजली बीड़ी के टुकड़े। सुबह दाई माँ के कमरे में आते ही मेरी जिन्दगी शुरू हो जाती, "उठो, जल्दी करो ह मोर बचवा, सात बज गईल...अभी स्कूल का टैम हो जाईल..." और दाई माँ के हाथ से दूध का गिलास लेकर गट-गट पी लेना, फिर दौड़-भाग। फ्रॉक का बटन खुला है, चोटी का फीता नहीं मिल रहा। मेरी बेल्ट कहाँ? "दाई माँ! मेरा मोजा? मेरा नयावाला मोजा कहाँ...? दाई माँ! सरोज ने मेरा नया जूता पहन लिया। सरोज! निकाल मेरा नया जूता। मैं पहनूँगी।"

"नहीं देती, जा, जो करना है कर ले।"

"दाई माँ?" मैं रोने बैठ जाती। "पुराना जूता पहन ले बिटिया! का फरक?" सरोज, अम्मा की लाडली। उसको तैयार करती अम्मा की नर्स राधा। उसकी चोटियाँ ठीक से गूँथी हुई होतीं, फीते का फूल सुघड़ तरीके से बुना हुआ होता। मेरी चोटियाँ एक ऊपर एक नीचे। जीजी लोगों के पास जाने की हिम्मत नहीं। अभी मार पड़ेगी...और दाई माँ को चोटी ठीक से गूँथना नहीं आता। साटन का फीता तुड़ा-मुड़ा रहता। बालों में दाई माँ ढेर-सा तेल चुपड़ देती और आँखों में मोटा-सा काजल। स्कूल में मधु चिढ़ाती, "मिसरानी लगती है!" पर वह भी ठीक

था। राधा सरोज के बाद नीलू को तैयार करती, बिल्लू को हरिया...हम लोगों को स्कूल खाना खाकर जाना पड़ता। वही दाल, चावल, आलू की सूखी सब्जी... जल्दी-जल्दी, बस आ गई। दौड़ो लड़कियो! सरोज और नीलू सबसे पहले तैयार। लेकिन सारी गड़बड़ मेरे ही साथ क्यों होती थी? सफेद फ्रॉक पर बचाते-बचाते भी चावल गिर गया था। दाग छुड़ाने में दाई माँ ने फ्रॉक और गीला कर दिया। कल जूतों पर पालिश करना भूल गई थी। "अईसे ही पहने आओ।" और नीचे दौड़ते-दौड़ते यह लो, बस हॉर्न बजाती हुई निकल गई। मैं रुआँसी ऊपर लौट आती। अम्मा बीमारी की वजह से आठ के पहले कभी नहीं उठ पातीं। बाबूजी सुबह छह बजे जूट मिल चले जाते। मुझे देखते ही अम्मा का पारा सातवें आसमान पर–"फिर बस छूट गई ना? पड़ी रह घर में, अब कौन छोड़कर आएगा स्कूल तक?"

"तनी दरबानजी से कह दो ना बहूजी! अभ्भी टैक्सी में छोड़ अइहें।"

"पैसे नहीं लगते क्या टैक्सी के?"

दाई माँ की चिरौरी, मेरा उदास चेहरा, खैर, किसी तरह स्कूल पहुँच जाती।

मैं कुछ सोच नहीं पा रही। बाहर रोशनी, आवाजें, नीचे डाइनिंग हॉल में बीथोवन की सिम्फनी बज रही है। यहाँ बरामदे में रात का सन्नाटा। सन्नाटा कब नहीं रहा? तमाम लोगों के बीच मैं अकेली रही। बड़े घर की बेटी और बड़े घर की बहू, फिर भी कितना अभाव? दर्द के खौलते पानी में कोई उबालता रहा, फिर भी क्या हुआ? मैं मर नहीं गई। साबुत बची हुई हूँ।

साल-भर बाद भाभीजी को लड़की हुई। बाबूजी ने नाम रखा–गुड्डी। गुड्डी सच में प्यारी गुड़िया थी। गुड्डी को अपनी दादी का गोरा रंग मिला था और अपनी माँ के तीखे नाक-नक्श, अपने पापा का जहीन दिमाग। पर दो साल की लड़की, भाभीजी बरामदे में लिए खड़ी थीं। रेलिंग से नीचे झुकी हुई–'आ कागा... आ कागा...' बुलाती हुई अपनी माँ के हाथों से फिसल गई। तीन तल्ले से गुड्डी को जैसे काल ने धरती पर जाकर लिटा दिया था। गुड्डी का वियोग बाबूजी को तोड़ गया। वे भूल नहीं पाते थे अपनी लाडली को। दस महीने बाद भाभीजी को लड़का हुआ। अम्मा बहुत खुश थीं। चाँदी के थाल बजाए। उधर बाबूजी गुड्डी की याद में रोते रहे थे। शायद बाबूजी का चमड़ियों के साथ साझा भी उन्हीं दिनों टूटा था। गुड्डी के मरने के बाद बाबूजी को व्यापार में जोरों का घाटा लगा। बाबूजी को सेठिया के यहाँ वर्किंग पार्टनरशिप स्वीकारनी पड़ी। बड़े चाचा ने व्यंग्य किया, "भैया! आप सेठ से बाबू हुए और अब बाबू से नौकरी पर उतर आए।"

खैर, सेठिया के यहाँ वह कहने को ही नौकरी थी। बनवारी लालजी सेठिया ने बाबूजी के किसी निर्णय में कभी दखल नहीं दिया। उनके अनुभव पर जूट के काम में सेठिया ने कसकर पैसा बनाया, पर रुपए की हिस्सेदारी में सेठिया की नीयत डोल गई। बात गरमागरमी पर आ गई थी। जूट बाजार को भी यह खबर थी। मामाजी खुद जूट मिलवाले थे। उन्होंने अम्मा से कहा, "बाई, जीजाजी से कहो, जल में रहकर मगरमच्छ से बैर कर रहे हैं। परिणाम अच्छा नहीं होगा।" आखिर हुआ वही। बाबूजी को उनके जिगरी दोस्त और समधी बालूरामजी और बनवारी लाल सेठिया ने जहर देकर मार डाला। दूसरे दिन अखबार में सुर्खियाँ थीं—'प्रसिद्ध उद्योगपति श्री साँवरमलजी गुप्ता की मृतदेह...रहस्यमयी मौत। लाश सोनागाछी के बाथ हाउस में मिली।' अम्मा तड़क उठीं, "जालिमो! एक तो मेरे पति का खून किया, फिर ऐसे देवता जैसे आदमी पर यह इल्जाम...?" न मालूम अम्मा में कहाँ से इतनी ताकत आ गई थी! तीज-त्यौहार या शादी-ब्याह के अवसर के अलावा हमेशा खाट पर पड़ी रहनेवाली अम्मा, जिनके लिए हर दूसरे दिन डॉ. गांगुली को चेक-अप के लिए आना पड़े। कोई बच्चा यदि गलती से भी उनके सर को हाथ लगा दे तो सैरिडान खातीं। वही अम्मा शेरनी-सी दहाड़ उठीं, "नहीं, वे मरे नहीं, उन्हें मार डाला गया। मेरा घर उजाड़नेवालो! तुम सब भी तड़प-तड़पकर मरोगे।"

शायद ऊपरवाला हिसाब ठीक ही करता है। बालूरामजी अन्धे होकर मरे और बनवारी लालजी सेठिया अपने कमरे से बीस बरस तक बाहर नहीं निकल पाए। उनको फेफड़े की कोई खतरनाक बीमारी हो गई थी। उन्हें प्रायः ऑक्सीजन पर रहना पड़ता था।

दहशत भरी वह रात कभी भूली नहीं जा सकती। अम्मा एक-एक कर अपने पाँचों हीरे खोल रही थीं। पास में केवल सल्लो बाई थी।

"ले, ये गहने उठाकर रख। ताई को मालूम नहीं पड़ जाए कि मैंने गहना खोला था।"

मैं हक्की-बक्की अम्मा के सामने खड़ी सरोज से पूछ रही थी, "क्या हुआ? सरोज? हार्ट फेल क्या होता है?" उत्तर मिला, "चुप रहो अभी।" सुबह बड़े भैया भी आ गए। अखबार की सुर्खियों को पढ़कर सारा मारवाड़ी समाज स्तब्ध रह गया था। जो आदमी मुँह में सुपारी भी नहीं रखता था, उसकी ऐसी मौत! चाचा लोग पोस्टमार्टम से लाश दोपहर तक ला पाए। जहर से बाबूजी की मौत हुई थी। मझले चाचा गरजे, "हम भाईजी की मौत का बदला लेंगे।" पर कौन बदला ले पाता है? और किसके अपराध का? मुझे वह दिन कभी नहीं भूलता जब बाबूजी का

शव ले जाया गया। वे अपने चारों भाइयों के कन्धे पर थे। पीछे-पीछे दोनों भैया और जीजाजी लोग। इतनी भीड़! सैकड़ों गाड़ियाँ। मैं खिड़की की सलाखें पकड़े स्तब्ध, सबकुछ देख रही थी। हम लोगों में कुँआरी लड़कियाँ श्मशान घाट नहीं जातीं। मैं और सरोज पीछे अकेली रह गई। मैं खुद से कह रही थी, 'नहीं, यह बाबूजी नहीं, बाबूजी नहीं ले जाए गए। यह? यह तो और किसी की मृत देह थी, चेहरा भी तो ढका हुआ था।'

"दाई माँ! दाई माँ! बाबूजी लौट आएँगे? दाई माँ! जरूर वे लोग किसी और की लाश ले गए हैं। झूठी खबर है दाई माँ..." दाई माँ खुद रो-रोकर बेसुध हो रही थी।

"अरे भगवान! ई का किए? हमार देवता क ले गए? ई का न्याय किए?"

दाई माँ ने मुझे और सरोज को नहलाया। रोते-रोते मैं सो गई थी। फिर रुलाई की आवाज से नींद खुली। देखा, घाट पर से सब लौट आए हैं। डॉ. गांगुली अम्मा की नब्ज पकड़े बैठे थे और अम्मा बोलती जा रही थीं, "हम बोलता है गांगुली बाबू! उनका खून किया गया। वे देवता थे। मार डाला जालिमों ने। कसाइयों ने मेरा सुहाग लूट लिया।"

"भाभी! शान्ति रखिए। हम लोग बदला लेंगे।" छोटे चाचा बोले।

"क्या बदला लोगे देवरजी? मैं अब अपने बच्चों का पेट भरूँ या फिर घर-द्वार बेचकर मामला-मुकदमा लड़ूँ?"

हाँ, बहुत दिनों बाद कभी बातों ही बातों में सल्लो जीजी ने मुझे बताया कि उस दिन अम्मा की आलमारी में कुल पाँच सौ रुपए थे। बाबूजी अचानक गए। सारा रुपया तो बालू ताऊजी की गद्दी में जमा था। और कितने रुपए कहाँ-कहाँ पड़े थे, किसे मालूम? बालू ताऊजी सारा रुपया डकार गए।

"क्या होगा? कल क्या होगा? कैसे मेरे बच्चे पलेंगे?" अम्मा बस एक ही बात सोचती रहतीं। बड़े चाचा ने कहा, "भाभी! अब यह रईसी नहीं चलेगी। बड़े बाजार चलकर रहो। यह दाई-नौकरों का ठाठ नहीं चलेगा।"

अम्मा ने घूँघट की आड़ से कहा, "मैं उनकी इज्जत मिट्टी में नहीं मिलाऊँगी। सबकुछ ऐसे ही चलेगा।"

"आएगा कहाँ से?"

"देनेवाला देगा। स्वर्ग में बैठे हुए क्या वे अपने बच्चों का इतना भी खयाल नहीं रखेंगे?"

"अब तुम जैसी फूहड़ औरत को कौन क्या समझाए?" बड़े चाचा नाराज होकर चले गए।

"मामला-मुकदमा के लिए भी तो रुपए चाहिए?" ताऊजी बोले। ठंडे स्वर में अम्मा ने कहा, "मैं घराने की बेटी हूँ, कोई देहातन नहीं। मुझे अपने बच्चों को पालना है। मेरा अनमोल रतन लौटेगा तो नहीं? कसाइयों से बदला लेने के लिए मुझे कोर्ट-कचहरी में पैसा नहीं फूँकना।"

"अरे भाभी! हम लोगों के पास सारे सबूत हैं। उस साले सेठिया को फाँसी की सजा दिलवा सकते हैं। भाईजी हमारे खानदान की नाक थे!"

"देवरजी! वे मेरे देवता थे, पर मामला-मुकदमा मैं नहीं लड़ूँगी। क्या पता मेरे विजय पर वे लोग हाथ उठा दें?"

"विजय अकेला है क्या? क्या हम लोग उसके साथ नहीं? ठीक है, अब मैं बीच में नहीं बोलूँगा।" बड़े चाचा भी चुप हो गए। मामाजी ने अम्मा को सलाह दी, "बाई, बगलवाली जमीन खाली पड़ी है। तू अपने हीरों को तो बेच और मकान खड़ा करके किराए की व्यवस्था कर ताकि महीने के महीने रोटी-खर्चे की तो तुम्हें चिन्ता नहीं करनी पड़े।"

"भैया, इतना रुपया मैं कहाँ से लाऊँगी?"

मामाजी चुप।

"बाई, सलाह तो लाख रुपए की मैंने दी। रुपया तो मेरे पास भी नहीं। तुम तो जानती हो, सोधपुर का कारखाना बन्द है।"

"भाया! मैंने आपसे रुपया माँगा थोड़े ही था।"

उस रात भैया को सपने में बाबूजी दिखे और बोले कि बड़ीवाली तिजोरी का दाहिना ड्रॉअर खोलकर देखो। भैया हड़बड़ाकर उठे। अम्मा के पास आए। बड़ीवाली तिजोरी खोली गई। दाहिने ड्रॉअर में एक बैंक की पासबुक थी, जिसमें दस लाख रुपए जमा की रसीद थी और जिसमें बड़े भैया की सही भी चल सकती थी। सुबह पहले भैया ने बैंक से रुपया निकालकर चुपचाप दूसरे बैंक में जमा कर दिया। अम्मा ने अपनी हीरे की चारों चूड़ियाँ बेचीं। श्राद्ध और छमाही तक कोई कसर नहीं रखी गई।

वह एक उदास दिवाली थी, और दिवाली के बाद ही बगलवाला मकान बनना शुरू हो गया था।

कल रात एक अजीब-सा सपना देखा। रात बारह बजे तो जाकर आँख लगी थी। शायद सोचते-सोचते मैं गहरे अचेतन में उतरती चली गई।

मैंने सपने में देखा—जैसे मैं एक बड़े कमरे में बन्द हूँ। शायद कोई मेरी ओर झपटता है। मैं एक छलाँग में कमरे से बाहर लॉबी में भागती चली जा रही हूँ। अचानक मुझे एक्जिट दिखता है। मैं धड़धड़ाती हुई घुमावदार सीढ़ियाँ उतरती

चली जा रही हूँ, मानो दसों मंजिलें एक मिनट में मैंने तय कर लीं। बुरी तरह हाँफ रही हूँ। नींद में भी गहरी पीड़ा। लगता है जैसे सीने को कोई रस्सियों से बाँध रहा हो... फिर एक स्वीमिंग पूल...नहीं, यह तो गंगा नदी है। पछाड़ खाती हुई लहरें, तेज बहाव, कोई ठहरा हुआ पानी नहीं। अचानक मुझे एक छोटी लड़की दिखती है...चार-पाँच साल की। उसे तैरना नहीं आता। डुबकियाँ ले रही है। अरे! यह तो डूब रही है! बड़े हौले से मैं उसे अपनी दोनों हथेलियों पर उल्टा लिटा देती हूँ। मैं उसे तैरना सिखा रही हूँ। धारा के तेज प्रवाह में मेरे अपने पैर उखड़ रहे हैं...मैं सोचती हूँ—क्या यह हरद्वार की गंगा है? नहीं, यह तो बंगलादेश की पद्मा है। पद्मा का ही प्रवाह इतना तेज हो सकता है...पानी बहे जा रहा है...पर वह बच्ची तैरना सीख गई। अब वह खिलखिलाकर हँसती है, 'आंटी! देखो मैं तैर रही हूँ।' मुझे एक अद्भुत आनन्द मिलता है। सुख की एक साँस लेकर कहती हूँ, 'हाँ बेटे! ऐसे ही तैरा जाता है, तुम पहले गलत तैर रही थीं।'

सुबह नींद खुल जाती है। खिड़की से बाहर दूर-दूर तक अनन्त, अथाह समुद्र और रात को देखा गया सपना। मुझे अपने भीतर के द्वन्द्व से निकलना होगा। क्या करूँ? कलकत्ता जाकर फिर उसी काम के चक्कर में फँस जाऊँगी। ब्रेकफास्ट के बाद मैं अकेले वापस बरामदे में डेक चेयर पर अधलेटी हो गई। फिलिप ने जबरदस्ती मुझे समुद्र किनारे भेज दिया। मैं तो समुद्र की निरन्तर हलचल से कभी-कभी घबरा जाती हूँ। मुझे पहाड़ अच्छे लगते हैं। कल रात का सपना फिर याद आ रहा है। क्या अर्थ हो सकता है इस सपने का? कभी जूडी से मिली तो जरूर पूछूँगी कि तुम्हारी साइक्रियाट्री में इस सपने का कौन-सा विश्लेषण होगा?

फिलिप और जूडी। भारत से इतनी दूर रहते हुए भी मेरे कितने करीब हैं? शायद कलकत्ता में तो एक भी दोस्त नहीं बचा। कल रात बचपन की ही बातें सोचती-सोचती सो गई थी, और वह भी कैसी बातें—बाबूजी की मृत्यु की?

हाँ, बाबूजी की मृत्यु के समय मैं साढ़े नौ साल की थी। उनके जाने के बाद घर की गिरती हुई आर्थिक अवस्था। ऊपर से दिखावे के सारे आवरणों को, झालरों को, तोरणों को सजाकर यथास्थिति बनाए रखने की जी-जान से कोशिश में लगी हुई अम्मा। वे कहीं और कठोर और तिक्त हो गई थीं, तो कहीं अपने बच्चों के लिए बड़ी स्नेहिल भी। राधा नर्स को अम्मा ने छोड़ दिया था। अब वे आए दिन डॉ. गांगुली को नहीं बुलातीं। अम्मा को अब दाई माँ सम्हालती। दाई माँ अम्मा की सलाहकार, सेविका, हमदर्द, सबकुछ थी। मुझे अम्मा का बड़ा-सा पलँग बाबूजी के बिना सूना लगता। दाई माँ मुझे जमीन पर गद्दा बिछाकर सुला देती। सरोज,

बुल्ली और छोटे भैया बाबूजी के कमरे में। नीलू कभी-कभी ही नानी के घर रहती, मगर ज्यादातर जीजी के पास ही। मैं बाबूजी के कमरे में जाते ही रोने लगती थी। घंटों चुपचाप बरामदे के कोने में बैठी रहती। धुएँ भरा नीला आकाश बड़ा धुँधला लगता। मैं अपनी गौरैया से बातें किया करती पर मन ही मन। क्या पता फिर भैया लोग सुन लें। और फिर ये बातें तो मैं किसी से कर भी नहीं सकती थी। गौरैया आकर रेलिंग पर बैठ जाती। मैं पूछती, "अरी मेरी चिड़िया बोल ना...मेरे बाबूजी आएँगे क्या?" कभी स्कूल से लौटकर सीढ़ियाँ चढ़ती हुई सोचती—अभी बाबूजी गद्दीवाले कमरे में कान में टेलीफोन लगाए मिल जाएँगे। पर नहीं, छह महीने में मुझे विश्वास होने लगा था कि बाबूजी सच में चले गए। उसके बाद बड़े भैयावाली घटना? पैंटी में लाल खून के धब्बे? दाई माँ ने बिना कहे मेरा बिस्तरा अम्मा के कमरे में लगाना शुरू कर दिया था। दाई माँ देर रात तक अम्मा के पैरों में मालिश करती रहती, जब तक अम्मा को नींद न आ जाए। और दोनों की बातें खाली बाबूजी को लेकर होतीं। मैं जगे रहने की भरसक चेष्टा करती ताकि पूरी बात सुन सकूँ। एक दिन आधी रात को पता नहीं क्यों नींद टूट गई। अम्मा धीरे-धीरे सुबक रही थीं पर अम्मा के पास जाने की हिम्मत नहीं हुई। मैं दबे पाँव धीरे-धीरे रेंगती हुई दाई माँ के पास गई।

"दाई माँ! दाई माँ! अम्मा रो रही हैं..."

दाई माँ की आँखें भी झरने लगीं, "अरे बिटिया, कैसे नहीं रोएँ बहूजी? ई दुख को कउन औरत बरदाश्त कर पाए?"

"पर दाई माँ! दिन में तो अम्मा को कभी मैंने रोते नहीं देखा?"

"अरे बहूजी का कलेजा मरद का कलेजा है। बड़ा बाबूजी के जाने के बाद एकौ रात नाहीं ठीक से सो पावत, पर कहत रहत हैं, 'चमेलिया की माँ! मैं रोऊँगी तो मेरे बच्चों का क्या होगा? उनका बना-बनाया घर कैसे बिखेर दूँ?' तू जाकर चुपचाप सो जा बिटिया!" थोड़ी देर बाद मैंने देखा—दाई माँ अम्मा के पास बैठी पैरों में तेल मल रही थी। दोनों धीमे-धीमे बतिया रही थीं। मैंने यह बात दूसरे दिन सरोज को बताई। वह सदा की चुगलखोर, जाकर बड़े भैया और भाभीजी के कानों में उड़ेल आई। भाभीजी ने दोनों जीजी लोगों को फोन पर बताया। सबने एक ही बात अलग-अलग स्वर में, "अम्मा! आप रोएँगी तो हम लोगों का क्या होगा?" सल्लो जीजी बोलीं, "अम्मा! मैं छह महीने आपके पास रह जाती हूँ।"

"नहीं बेटे! मैं कहाँ रोती हूँ? मेरे तो चारों धाम सातो तीरथ तुम्हीं लोग हो। मेरा घर मेरा मन्दिर है। तेरे बाबूजी गए कहाँ...यहीं तो हैं हम लोगों के बीच।"

हाँ, यह जरूर हुआ कि अम्मा ने हुक्म दिया कि प्रिया को भी बच्चोंवाले कमरे

में सुलाओ और अब एक कमरे में मैं और सरोज सोतीं तथा एक में छोटे भैया और बुल्ली। तब भी दाई माँ मुझ पर नजर रखतीं। उस घटना को घटे छह महीने हुए थे। सल्लो जीजी ससुराल से पीहर आई हुई थीं। शादी के दस वर्ष हो गए थे, लेकिन गोद नहीं भरी थी। यह पहला जापा था। लड़का हुआ। अम्मा ने चाँदी का थाल बजाया। बधाइयाँ भेजीं, रसगुल्ले बँटे। पर भीतर-भीतर एक चिन्ता—खिचड़ी का बड़ा नेग, इतने रुपए आएँगे कहाँ से? कैसे क्या होगा? आज बाबूजी होते तो कम-से-कम पच्चीस हजार की खिचड़ी देते। बिल्लू के समय क्या शानदार नेग भेजा गया था। ढाई सौ आदमी का परोसा भेजा था। आज से पैंतीस वर्ष पहले पच्चीस हजार रुपए बहुत होते थे। हालाँकि बगलवाला मकान बन चुका था, महीने के दस हजार का किराया बँधा-बँधाया आने लगा था। घर खर्च की चिन्ता नहीं थी। लेकिन ये ऊपर के खर्चे? बाबूजी के जाने के बाद अम्मा बेहद चिड़चिड़ी और गुस्सैल हो गई थीं।

लेकिन आज इस उम्र में मैं क्यों अम्मा की चिन्ता की लकड़ियाँ गिन रही हूँ? कभी-कभी एक असह्य यन्त्रणा से दम घुटने लगता है। कितना क्रूर लगता है अपनी ही माँ की आलोचना करना। लेकिन अम्मा मुझे कभी प्यार नहीं कर सकीं। क्या कारण था? क्या बेटी होना और वह भी चौथे नम्बर की? मेरा होना उनकी जिन्दगी में सरप्लस था, लेकिन क्या गुप्ता हाउस में जन्म लेना...इन भाई-बहनों का चुनाव करना मेरे वश में था? कभी-कभी अम्मा पर दया आती है। उनको भी जीवन में क्या मिला? संघर्ष और संघर्ष। पर कभी-कभी बड़ी चिढ़ उठती जब मैं देखती कि कैसे वह अपने सुखों के पंख नोच-नोचकर फेंक देतीं। अम्मा एक जिद्दी और अहंकारी बच्चे की तरह लगतीं जो भरी थाली को परे सरकाकर हाथ पर हाथ धरे भूखा बैठा रहता है। पीड़ा और त्रासदी, क्या उन्हें इन्हीं में सुख मिलता है? मंच पर एक सफल निर्देशक की भाँति वे हम सबको अपनी त्रासदी का भागीदार बनाकर ही मानतीं। कभी अपने को सतातीं तो कभी बेहद पर-पीड़ा पर उतर आतीं। वाणी की आक्रामकता, शब्दों के चाबुक तड़ाक-तड़ाक पीठ पर, नीले-नीले निशान रह जाते, दर्द से कराहते हुए।

और अम्मा के क्रोध का शिकार छोटे भैया और मैं सबसे अधिक होते। कभी मुझे लगता—स्त्री होना मात्र अम्मा की नजर में पाप है, एक हीन स्थिति है, गुलामों का जत्था है जो बिना मालिक के जी नहीं पाएगा। एक मालिक असमय चले गए। सिंहासन खाली था। युवराज, बड़े भैया को युवराज के रूप में ही सबके सामने रखा था। अम्मा को मेरा चेहरा, मेरे लम्बे-लम्बे बाल, मेरा बढ़ता हुआ कद, शरीर पर उभार और दसवाँ लगते ही पीरियड्स का शुरू हो जाना। "ठीक से चलो, क्या

पैरों की धम-धम आवाज करती चलती हो? शऊर से बैठ...कूबड़ क्यों निकाल लेती हो? क्या खो-खो लगा रखी है? खाँस रही हो तो खाँसे ही जा रही हो..." और यदि मैं खाँसी दबाने की कोशिश करती तो, "क्या गाय की तरह गरगरा रही है...?"

मुझे आज भी याद है। अम्मा की पानी पीने की काच की एक केटली थी, बड़ी नफीस-सी...जो मेरे हाथों गिरकर टूट गई। उनका चिल्लाकर पूछना, "अरे क्या तोड़ा?" और तब तक मैं भागकर पीछेवाले बरामदे में, एकदम रेलिंग के ऊपर। एक पैर इस ओर और एक पैर उस ओर। दूसरा उठाने की तैयारी में। मैंने नीचे झाँककर देखा, पथरीली जमीन थी। गुड्डी की तरह मैं भी मर जाऊँगी...? यह अच्छा होगा...लेकिन मेरे मरने पर कौन रोएगा? खाली दाई माँ... शायद सरोज और बुल्ली भी। अम्मा नहीं, वे तो बेहद खुश होंगी। बरामदे की रेलिंग पर बैठी एक पैर बाहर की ओर झुलाती हुई मैं सोचे चली जा रही थी। अच्छा, मरने के बाद मुझे कैसे पता चलेगा कि मेरे लिए कौन-कौन रो रहा है? दाई माँ कहती हैं कि जो असमय मरते हैं, वे ही प्रेत हो जाते हैं, तब तक...।

"अरी दइया री, ई का करत हो मोर बिटिया...?" दाई माँ ने दौड़ते हुए आकर मुझे खींचकर उतारा।

आज सोचती हूँ तो लगता है कि कैसा अनाथ और असहाय बचपन था। वैधव्य स्त्रियों में हीनभाव ले आता है। अम्मा दिन पर दिन और चिड़चिड़ी तथा कुंठित होती जा रही थीं।

अम्मा बहुत अकेली हो गई थीं। इसलिए शायद निरन्तर बातें करती रहतीं। वे अकेली बैठ ही नहीं पाती थीं। दिन में चार-पाँच घंटा बातें और केवल बातें। पहले जीजी लोग, फिर बड़ी भाभीजी, जमुना मौसी, कमला मौसी, ताऊजी की बड़ी बेटी राधा बाई आदि-आदि। कुछ से रोज...जैसे दोनों जीजी लोग और बड़ी भाभीजी से, कुछ से सप्ताह में दो-तीन दिन। एक ही घटना को, बिना मौका, खड़ी पाई के मेरी प्यारी अम्मा बिजली के तारों से सबके कानों में फेंकती रहतीं और बातें करने के लिए विषय की कोई कमी नहीं थी। हरिया देश जाकर बैठ गया। गोविन्दा महाराज? इस बार आने पर बस नौकरी से निकालना ही पड़ेगा...बाजार में फलों के दाम बहुत बढ़ गए हैं। सब बच्चों को मौसमी का रस देना सम्भव नहीं है। फिर बड़े भैया की मातृभक्ति...उनके श्रवणकुमार...ऐसा बेटा न होता तो हम सब फुटपाथ पर होते...ताई का जादू-टोना...चाचियों का खोटा स्वभाव—एक बड़ी चाची को छोड़कर, जो ताई जी के खेमे से अलग यानी निर्दलीय थीं। अम्मा केवल उनके बारे में नहीं बोलती थीं। बुआजी खाली लेने के लिए आ जाती हैं

पर बड़ाई तो दिन-भर जेठजी की करती हैं और अन्त में अम्मा को जिन्दगी में क्या मिला? हर दसवें महीने बच्चे ही तो पैदा करती रहीं। बच्चों के कारण औरत का शरीर खोखला हो जाता है। पहले बच्चों का करो, फिर उनके बच्चों का करो। अम्मा का इशारा नीलू और बुल्ली की ओर होता। आए दिन के तीज-त्यौहार, बेटियों के ससुराल नेग भेजना...आज यह तो कल वह। खर्चे का कोई अन्त नहीं और जब टेलीफोन खतम हो जाता तब भाभीजी लोगों की ड्यूटी। और घर के कामों के लिए या बच्चों के लिए कभी उन लोगों को उठना पड़े तो कभी हरिया, कभी लछमनिया, कभी सीताराम को। हमारे घर में पिछले पचास वर्ष से नौकर बदली होते गए, पर अम्मा ने यह नाम भगवान के चुन रखे हैं और वही नाम नए आनेवालों के ऊपर चिपका दिए जाते हैं। राम से राम, लक्ष्मण से लछमनिया, सीताराम से सीताराम। खैर, बेचारा सीताराम तीन वर्षों तक चौके में बर्तन ही माँजता रह गया। हरी से हरिया। हरिया चालीस वर्ष बाद जब रिटायर होकर गया तो बेचन आया और उसका नाम भी हरिया चल रहा है। दाई माँ के अलावा अम्मा की दो नौकरानियाँ और थीं। राधा नर्स के बदले इन दिनों अम्मा के ऊपर राधा नौकरानी है जिसे कभी गुस्से में अम्मा राधली राँड कहती हैं। और पिछले तीस वर्षों से दाई माँ के जाने के बाद कृष्णा है। अम्मा को आज 86 की उम्र में राधा-कृष्णा ही सम्हालती हैं, और साक्षात् राजलक्ष्मी-सी छोटी बहूरानी। अम्मा का कहना रहता था कि भगवान का नाम इसी प्रकार लिया जाता है, फिर मेरा नाम प्रिया किसने रखा? डॉ. अमृता कौर ने...? नहीं, राधा नर्स ने। कृतज्ञ हूँ राधा नर्स की। सुमित्रा, सरला, सरोज के बाद यदि वे सावित्री रख देतीं तो क्या होता? नहीं, राधा ने कहा था कि अब 'स' से नाम मत रखिए, कहीं पाँचवीं भी लड़की हो जाएगी तो!

हाँ, तो अम्मा को यदि दो मिनट भी अकेली रहना पड़ता तो घंटी पर घंटी बजनी शुरू हो जाती। उनके हाथ के पास भैया ने कालिंग बेल लगवा दी थी। दोनों भाभीजी में से कोई एक दौड़ती हुई आकर पूछती, "क्या हुआ माँजी? कोई चीज चाहिए?"

"कुछ नहीं बेटा...या राधली राँड तो टिके ही नहीं और तुम लोगों को टाबरी (बच्चे) चैन नहीं लेने देते, खा जाते हैं। मेरे तो सर में दर्द हो रहा है। जी भी घबरा रहा है..."

"कौन-सी दवा लेंगी माँजी?"

सैरिडान और एक हार्टवाली दवाई यानी लिब्रियम की माँग होती। दवा लेकर यदि भाभीजी वापस लौटतीं तो अम्मा बोलतीं, "अरे कोई एक तो मेरे पास बैठो।

मेरा तो जी घबराता है।" और बड़े भैया को ऑफिस से लौटने में आधा घंटा भी देर हो जाए तो...अरे भगवान! गजब हो जाता, आकाश में बादल गरजने लगते... "बिणनी मेरा तो कलेजा जगह छोड़ रहा है। कहीं एक्सीडेंट हो गया होगा!"

"नहीं माँजी, ऐसे क्यों बोल रही हैं?"

और यदि रात का वक्त होता तो अम्मा का कहना रहता—"जमाना बहुत खराब हो गया है, रास्ते में चोर-डाकुओं ने घेर लिया होगा। भैया आ जाते तो तबीयत ठीक। पल्थी मारकर बैठी हुई अम्मा के पास बड़े भैया लेटे-लेटे बातें करते रहते। वह समिट कॉन्फ्रेंस का वक्त होता। उसमें कोई शामिल नहीं हो सकता था। केवल माँ-बेटे साथ खाना खाते, तब बड़ी भाभीजी जाकर बैठ सकती थीं। बाबूजी के पूरक बड़े भैया हो गए थे। बाकी सब लोग अपने-अपने कमरे में सहमे-सहमे रहते थे। न जाने किसकी पेशी हो जाए? किसको डाँट पड़े?

एक शाम मुझे याद है। वैसे बचपन में अनेक शामें इसी तरह बीतती थीं। छुट्टियों की हर दुपहरिया अम्मा को समर्पित करनी पड़ती थी। बैठो, पहरा दो। कब किस बात की जरूरत पड़ जाए? हाँ, तो शाम हो रही थी। पीछेवाले बरामदे में अम्मा अपनी कुर्सी पर बैठी थीं। बगल में मोढ़े पर बैठी सल्लो जीजी स्वेटर बुन रही थीं। नीचे से सरोज, नीलू और बुल्ली की आवाज आ रही थी। साथ में पड़ोस के और बच्चे। हवा के झोंकों के साथ आवाजें कानों से टकरा रही थीं... "आलकी पालकी जय कन्हैया लाल की..."

"अम्मा! मैं खेलने जाऊँ?"

"क्या एक दिन खेले बिना जान निकल जाएगी? देख तो सल्लो अलग बैठी है, यानी पीरियड्स में। कुछ उठा-रख तो सकती नहीं। राम का मारा यह भी महीने का महीना आ जाता है। और बड़ी (यानी बड़ी भाभीजी) पीहर गई है। हर पन्द्रहवें दिन पर मावड़ी (माँ) का बुलावा आ जाता है—जी, पारो को भेज दीजिए। मन तो करता है कि कहूँ—अजी आप ही रख लीजिए अपनी पार्वती को।"

"अम्मा, आप भी कैसी बातें करने लगती हैं?"

"और क्या? अपने जाती है तो जाए पर साथ में मुन्ने को भी ले जाती है। घर और सूना हो जाता है। और वहाँ कुछ-न-कुछ खिला-पिला लाएगी, छोरा बीमार और हो जाएगा। तब डॉक्टर की फीस नानी क्यों नहीं भेज देती? भला वह चोरबागान कोई जाने लायक जगह है? गन्दगी भरी पड़ी है।" फिर अम्मा मेरी ओर पलटीं, "प्रिया! बाल सँवारनेवाला मेरा ब्रश लेकर आ तो।" मैं उठकर जाने लगी तब तक पीछे से अम्मा का स्वर कानों में पड़ा, "सल्लो! यह तो ऊँट जैसी लम्बी होती जा रही है और जरा भी शऊर-सलीका नहीं। बोकी है।"

अम्मा का ब्रश लेकर लौटी। उनके हाथों में पकड़ाते हुए ब्रश को कुर्सी के हत्थे पर पटकते हुए झल्लाकर उन्होंने कहा, ''शीशा नहीं लाई?''

''अम्मा! आपने खाली ब्रश...?''

''तो अक्ल पर पत्थर पड़ा था? बिना शीशे के खाली ब्रश से कैसे बाल सँवारूँ? सल्लो बेटा! तू ही इस छोरी को ट्रेनिंग देकर लाइन पर ला। रामजी ही मालिक हैं...न जाने इसको कौन पसन्द करके ले जाएगा?''

मैं दौड़ती हुई जब शीशा लेकर लौटी तब तक अम्मा ने फिर बड़बड़ाना शुरू कर दिया, ''मरणजोगी, उधरवाले कमरे में गई थी, तो पूछकर जाती? हाथ पोंछनेवाला छोटा तौलिया तो ले आती।''

मैं उलटे पैरों लौटने लगी तब तक वे फिर चीखीं, ''कहाँ जा रही है?''

''तौलिया लाने।''

''तौलिया गया भाड़ में। पहले जरा 'यूडीकोलोन' की शीशी तो ला। माथा दुख रहा है।''

यूडीकोलोन की शीशी लेकर लौटी तो हुकुम था—''सर में लगा।'' और अम्मा के सर में यूडीकोलोन लगाते ही हुकुम हुआ, ''थोड़ा सर दबा।'' उसके बाद ही, ''कैसे दबा रही है? हाथ में जोर नहीं? ढाई सेर से कम तो खाती नहीं।''

मेरी छलछलाई आँखें जीजी से मिलीं। मगर क्या जीजी की भी हिम्मत हो सकती थी कि अम्मा को कुछ कह दें? फिर, ''कैसे जोरों से दबा रही है? हाथ है कि लोहा...? सर में उँगलियाँ सलाखों-सी गड़ रही हैं। अच्छा जा, टेंलीफोन लेकर आ और जमुना मौसी से बात करा।''

फोन लेकर मैं नम्बर लगाने लगी, ''अम्मा! ऑपरेटर कह रही है लाइन एंगेज है।''

''गधी है तू तो, मुँह में बोली नहीं। डाँटकर कह नहीं सकती कि अर्जेंट बात करनी है? लाइन देती है कि नहीं?''

तब तक उनकी नजर मेरे कपड़ों पर थी, ''और यह सफेद कमीज इतनी मैली कैसे हो गई? हल्दी का दाग कहाँ से लगा? खाना खाकर फिर कमीज में हाथ पोंछा न? सुगली कहीं की। कितनी भी समझा दो, यह नहीं सुधरेगी, जो ब्याह कर ले जाएगा न, उसके करम खुल जाएँगे।''

''अम्मा! मैंने हाथ नहीं पोंछा। बुल्ली ने बदमाशी की। उसी ने मेरे कुर्ते से हाथ पोंछ लिया।''

''तो तूने पोंछने क्यों दिया? जा बदलकर आ कपड़े। भंगन-सी लग रही है।''

भाटा, पत्थर, बोकी, गधी, भंगन उपाधियों से विभूषित होकर मैं कपड़े बदलने

गई। समझ में आया कि पीरियड्स हो गए हैं। हाय! अभी यदि अम्मा को जाकर बोलूँगी तो वापस चार बोल और सुनने को मिलेंगे। पर एक राहत थी कि चलो आज का दिन पहला दिन कहलाएगा और परसों तीसरे दिन सर से नहा लूँगी। कुल मिलाकर कल का ही दिन तो अलग बैठना होगा? डरते-डरते अम्मा से कहा, "अम्मा! मुझे पीरियड्स..."

बस, भयानक विस्फोट। "मरणजोगी! आज ही होना था...? कल तेरे बाबूजी की बरषोदी (वार्षिकी) है। ताई-चाची सब आएँगी और ताई की गिद्ध दृष्टि से कुछ छिप नहीं सकता—सल्लो, यह तो साढ़े दस की उमर में ही चौदह की लगने लगी।" अम्मा ने असहाय भाव से जीजी की ओर देखा। जीजी धीमे स्वर में अम्मा से कुछ कह रही थी। उनकी बातें मेरे कानों में नहीं उतर रही थीं। मैं कुछ नहीं सुन पा रही थी। बस भीतर कुछ उमड़-उमड़कर पूछ रहा था। इसमें मेरा अपराध क्या है अम्मा? तुम बोलो मेरा अपराध क्या है? पर बिना अपराध के भी अपराधबोध। और यह कैसी निर्मम सजा मुझे मिल रही है? दूसरे दिन, सुबह दस से शाम पाँच तक पीछेवाले बरामदे में बन्द रहना पड़ा। बीच में एक बार दाई माँ चुपचाप आकर खाने की थाली सरका गई, "खा ले बिटिया, अउर इ तनिक चूल्हा के राख ले, इसमें मल दियो, अब पाँच बजे आऊब।"

"दाई माँ! बाथरूम जाना है।"

"अरे मोर बिटिया, एतना लोगन के बीच हम कईसे तोहके ले जाई? बहूजी तो हमके चीरकर रख देइहँ। तनिक धीरज धर बिटिया। तोहर ताईजी अउर बुआजी के जाते ही हम तोहके छत पर ले जाऊब।"

वह भादों की उमस भरी दुपहरिया और चुपचाप बैठे रहना। सारा अस्तित्व हिचकोले खा रहा था। अम्मा मेरा अपराध क्या है? क्या महीने के महीने टाँगों के बीच रिसता हुआ खून मुझे अच्छा लगता है? और इसके कारण कैसी अजीब-सी आत्मग्लानि, अपराधबोध, यन्त्रणा? सरोज को तो अभी तक नहीं हुआ। सल्लो जीजी को भी चौदह की उम्र में हुआ था, फिर मुझे ही क्यों? पाँच बजे शाम को दाई माँ ने बरामदे का दरवाजा खोला। अम्मा ने धीरे से हिदायत दी, "सब पूर पल्ला धोकर फेंकना, किसी की नजर नहीं पड़े।" सरोज, बुल्ली, नीलू और छोटे भैया मोनोपली खेल रहे थे। बुल्ली ने मुझे देखते ही चिढ़ाया, "हे हे अछूत कन्या... अछूत कन्या!" शर्म से सारा शरीर झुक गया। तो इन लोगों को भी मालूम था! छत पर फिर एक करमकांड। खून से सने कपड़े को धोना पड़ता था।

"दाई माँ! यह मेरे शरीर से हर महीने खून क्यों निकलता है?"

"तू जरा जल्दी बड़ी हो गई बिटिया!"

"क्यों दाई माँ?"

"अब हम का बताई?" दाई माँ की असहाय ठंडी साँस थी।

उस दिन की उस घटना से भी तो पैंटी में खून लगा था? हाँ, उसी के दो महीने बाद तो यह चक्कर शुरू हो गया था। तो मेरे इस दुर्भाग्य के कारण हैं बड़े भैया। मेरा सारा शरीर थर्रा उठा। सर के ऊपर से एक झोंक कव्वों का काँव-काँव करता हुआ निकल गया। मैं खामोश, नल के नीचे रखे हुए खून से भरे हुए कपड़े को देख रही थी। पानी के साथ नाली की ओर बहता हुआ गाढ़ा खून। और अब इस कपड़े को साबुन से धोकर सुखाना होगा।

"दाई माँ! अम्मा मुझसे चिढ़ती क्यों हैं? क्या इसीलिए...?"

"ई तो कहो कि शहर है, हमार गाँव में तो बियाह के पहिले कवनों लड़की का ई महीना सुरू हो जाए तो माँ-बाप का सर पर पाप का बोझ बढ़त है।"

पाप? क्या हर लड़की, हर महीने पाप का बोझ बढ़ाती है? उस दिन पूरी बात समझ में नहीं आई थी। बस जीवन में कहीं कुछ बहुत गलत घट गया। अपराध? पाप? नहीं तो अम्मा मुझसे इतनी नफरत नहीं करतीं। उन्हें मेरा कुछ भी क्यों नहीं अच्छा लगता? जरा-सी हरारत, हल्की-सी खाँसी और उनके दिमाग से चिनगारियाँ फूटने लगती हैं। कहीं कुछ शार्ट सर्किट हो जाता है। भगवान! मेरी माँ मुझसे क्यों इतनी घृणा करती हैं? मेरा कद लम्बा क्यों होता जा रहा है? मेरे दाँत बाहर क्यों निकलते हुए हैं? अम्मा इतनी गोरी, बाबूजी इतने गोरे थे। दोनों भैया लोग, जीजी लोग भी गोरे, फिर खाली मेरा रंग साँवला क्यों? हाँ, बड़ी जीजी का रंग भी थोड़ा दबता हुआ था, पर मुझसे साफ थीं। बाहरवालों को चाय का कप पकड़ाते हुए मेरे हाथ काँपने क्यों लगते हैं? चलते समय पैरों की धमधम आवाज क्यों होती है? मैं हमेशा उस परी की कल्पना करती जो अपनी जादुई छड़ी से मुझे छूकर सिंड्रेला बना देगी। मगर नहीं, याद नहीं आता कि बचपन में मैं कभी अम्मा के सामने रोई होऊँ। याद नहीं आता कि उनकी गोद में सर रखकर सोई हूँ। भूख लगती, पेट में दर्द होता, कहीं गिर-पड़ जाती, घुटने छिलते...अम्मा की एक ही आवाज चमेलिया की माँ को पुकारती हुई, "जा, ले जा अपनी बेटी को। तू ही कर इसकी दवा-दारू।" यह दाई माँ का काम था कि मुझे खाना खिलाए, खाँसी हो तो पान का रस पिलाए। यह दाई माँ थी जो बुखार होने पर रात-रात-भर मेरे सिरहाने बैठी रहती और यदि दो-तीन दिनों में बुखार नहीं उतरे तो जाकर अम्मा के सामने रिरियाए, "ए बहूजी! तनिक गांगुली बाबू को बुलाय देव। हमार बिटिया के लिए तोहार मन में तनिको दरद नाहीं? अभी सरोज बाई के जरा-सी

खाँसी हो जहिए तो तुम मिनट-भर में डॉक्टर बुला लेत हो।''

''तो क्या करूँ? तेरी बेटी तो घोड़े-सी मजबूत है। ठीक हो जाएगी। मुफ्त में आते हैं क्या डॉक्टर गांगुली? फीस नहीं लगती?'' दाई माँ पल्लू से आँखें पोंछती हुई सिरहाने आ बैठती। यूडीकोलोन की पट्टियाँ बदलती। नजर उतारती। काली मइया की मनौती मानती। और साथ ही उनका आत्मालाप चलता रहता—''का जानी बहूजी का आपन ई बेटी पर तनिको ममता नहीं। जबसे बड़ा बाबू गए हैं, अऊर चिड़चिड़ी हो गई हैं।''

मैं चुपचाप खड़ी सोचती। अम्मा को खुश करने की चेष्टा करती। हाँ, मैं अपने बचपन को कुचलकर एक वयस्क नर्स की तरह उनकी सेवा करती। पर धीरे-धीरे लगने लगा था कि यह प्रयास व्यर्थ है। वे कभी ठीक नहीं हो सकतीं, कभी नहीं। एक दिन मैं अपनी दोस्त कुमकुम से फोन पर बातें कर रही थी। उधर से अम्मा आ गई। हाथ से टेलीफोन का चोंगा लेकर जमीन पर दे मारा। खींचकर तार तोड़ दिए और तड़ाक से गालों पर एक थप्पड़—''यह क्या दिन-भर सहेलियों का चक्कर लगा रखा है? जब देखो तब फोन से चिपकी रहती है।'' पीछे-पीछे बड़ी भाभीजी थीं। होंठों पर हाथ रखकर उन्होंने चुप रहने का इशारा किया। बाद में मालूम पड़ा कि बगलवाले मकान से एक किराएदार फ्लैट छोड़कर जा रहे हैं, यानी जब तक नया किराएदार नहीं आ जाता, तब तक महीने के दो सौ रुपए का नुकसान। पर इसमें मैं क्या कर सकती थी? और अम्मा के गुस्से का शिकार हमेशा मैं ही क्यों होती थी? अम्मा सरोज को भी तो मार सकती थीं? क्या सरोज फोन पर बातें नहीं करती? क्यों? आखिर क्यों?

एक दिन दाई माँ से पूछा, ''दाई माँ! अम्मा क्या मेरी अपनी माँ हैं या मैं तुम्हारे पेट से पैदा हुई हूँ?''

''अब लो ई का बात भयो। अरे तू उनके ही पेट से पईदा होई रहिल। डॉक्टर अमृता एकर साखी हईन। हमार भोला तब तीन बरस का रहिल। दूध से हमार छाती भरल रहत, का करती तोहके ही आपन दूध पिलाकर बड़ा किए।''

''पर दाई माँ! मेरी दोस्त कुमकुम कह रही थी यह तुम्हारी सौतेली माँ है, अपनी नहीं।''

''देख बिटिया! ई सब नाहीं सुना करते, ई सब फालतू लड़कियन कौन जात की हैं? अभी बहूजी के कान में पड़ जाई तो तोहार कपार फोड़ डालेंगी।''

'पर मैं कहाँ हूँ? किस जगह? ओह! यह डूयब्रवनिक है।'

नींद से बोझिल पलकें। सूरज की तपिश। डेक चेयर पर ही पड़े-पड़े सो गई

थी। पैरों के पास कॉफी का कप लुढ़का हुआ था। एक ओर किताबें और डायरी। आज शुक्रवार है। यहाँ आए चार दिन हो गए। अँगड़ाई लेती हुई उठ खड़ी हुई। मुझे यह बालकनी बड़ी अच्छी लगती है। दूर-दूर तक लहराता हुआ समुद्र। किले के बुर्ज पर कुछ सैलानी खड़े हैं और इतनी दूर से सिर्फ रंगों के धब्बे नजर आ रहे हैं। मैं धूप के तिरछे कोनों को देखती हूँ। हवा का एक सर्द झोंका पहाड़ों की बरफ छूकर आया हुआ मेरे गालों को सहला गया। अतीत के बारे में सोचकर अनमनी हो जाती हूँ।

मेरी खिड़की से बगीचे की दीवारों की पीठ दिख पा रही है और कुछ फैली हुई लतरें, जिन पर सुबह की उजली धूप चमक रही है। पास ही बड़ा-सा अंजीर का पेड़ खड़ा है और उस पेड़ के ऊपर नीले आकाश का साया। एक खिलखिलाती हुई अल्हड़ लड़की-सी हवा झूम रही है। एक खुशी है, हल्की पुलक, जो मेरे शान्त मन को छू रही है। धूप-छाँह का खेल मेरी खिड़की के पर्दों पर चल रहा है।

आज आराम करूँगी। मेरा मन वापस पुरानी स्मृतियों को खुरच रहा है। इस खुरचन में आखिर मुझे क्या मिल जाएगा...क्या मैं खुद को वापस पा जाऊँगी? मन के जख्मी चिथड़े टुकड़ों को वापस जोड़ लूँगी? प्रयास, हाँ, प्रयास ही तो मैं कर सकती हूँ।

बचपन में क्यों सुनना पड़ता था कि मैं बोकी हूँ, भाटा, पत्थर, एक बार में अढ़ाई सेर खाना खा सकती हूँ। बाबूजी कहते, 'मेरी यह बेटी पढ़ने में बहुत तेज है', जबकि अम्मा सोचतीं, मैं बेवकूफ हूँ। उनके दिए हुए चार-पाँच विशेषण आज तक अचेतन में धँसे हुए हैं। आज तक इस उम्र में कभी कोई मेरी कितनी भी प्रशंसा करे, मुझे विश्वास नहीं होता। किसी भी कॉम्पलीमेंट को मैं ग्रेसफुली नहीं ले पाती। दाँत बाहर निकले हुए हैं। हाँ, सभी भाई-बहन मुझे दन्तली कहकर पुकारते। साँवला रंग। माँ की आया राधा का कहना था कि प्रिया बाई को जितना ही साबुन और तौलिया लेकर रगड़ा जाता है, उतना ही काला रंग और चमकने लगता है। ऊँचा कद। क्लास में मुझे पीछे बैठना पड़ता। लाइन में पीछे खड़ा होना पड़ता। और कभी किसी को जवाब नहीं दे पाती। मेरे नए जूते सरोज पहले ले लेती। मेरे नए कपड़े पहले वह पहनती। साज-शृंगार से मैं सदा उदासीन थी। स्कूल छोड़कर जब सबसे पहले कॉलेज की दहलीज पर पाँव रखा तब दोस्तों ने कहा, "चेहरे पर कितना नमक है!" मुझे विश्वास नहीं हुआ। लड़कों से मैं सहमती थी। हिम्मत नहीं होती थी या फिर बहुधा वे मुझे पिग्मी लगे, बच्चे, बिलकुल बच्चे। किसको खोज रही थी मैं? मेरा यह कौन-सा मानस था जो असमय इतना पक गया था कि पच्चीस वर्ष के पुरुष मुझे महज लड़के लगते। रिजेक्ट! रिजेक्ट

देम टोटली—मेरा मन कहता। मेरे सपने कुछ और होते जा रहे थे और मैं बड़ी फुर्सत से उन सपनों को देखा करती। बहुधा मेरे सपनों में वही बातें होतीं जिनका अभाव मुझे खलता था। मेरे भीतर एक असुरक्षित लड़की थी जो खिड़की-सलाखों से सर टिकाए अब भी अपने बाबूजी के लौटने की राह देख रही थी। बाबूजी मेरे रक्षक थे। उनका दर्प, उनका पौरुष, उनका आदर्श, मेरे लिए उनका सबकुछ गौरव का विषय था। मैंने पुरुष का निर्मम पक्ष नहीं देखा था क्योंकि मेरे पिता शाखा-प्रशाखाओं को फैलाए एक वट-वृक्ष थे और हर पुरुष में मैं उन्हीं को खोज रही थी। सुरक्षा, मुझे सुरक्षा की जरूरत थी ताकि कोई मुझे बड़े भैया से बचा ले। मैं वे रातें भूल नहीं पातीं जब भाभीजी बेहद बीमार रहने लगी थीं और भैया मेरे और सरोज के कमरे में सोया करते थे। रात को चुपके से रेंगकर मेरी ओर उनका आ जाना। उनका बदन मेरी पीठ से सटा रहता। हल्की फुसफुसाहट—"प्रिया! एई प्रिया..." फिर कुछ हरकतें। मैं साँस रोके पत्थर-सी पड़ी रहती। मेरा कलेजा धकधक करता रहता और मेरा रोम-रोम किसी रक्षक को पुकारता। 'ओह! मुझे बचा लो, भगवान तुम मुझे बचा लो। मुझे बचा लो!' आधे घंटे, पौने घंटे किसी कड़ी चीज की रगड़ मैं पीठ पर झेलती रहती। साँसों की तेजी और फिर थक-हारकर पुरुष का स्खलन। चिपचिपा, लिसलिसा सीमेन, कभी मेरे कुर्ते में, कभी चद्दर में लगा रह जाता। दाई माँ सुबह बिस्तर उठाते हुए ध्यान से चद्दर को देखती, फिर मेरी ओर। मेरी आँखें नीची रहतीं। मैं यह भी नहीं कह पाती कि दाई माँ, कुछ नहीं हुआ था। दाई माँ! एक पत्थर के ऊपर कोई जीवित आदमी अपने को घिस रहा था। ऐसा रोज नहीं होता था मगर तीन-चार महीनों में दसों बार ऐसा घटा। मैं रात-रात-भर सो नहीं पाती थी। अब मैं बड़ी हो गई थी। बी.ए. फाइनल की परीक्षा थी और पढ़ने में ध्यान भटक जाता था। घर जाने को मन नहीं करता। सूरज डूबने के साथ मुझे दहशत घेर लेती। आज भैया कहाँ सोएँगे? भाभीजी की यदि तबीयत ठीक होती तब तो वे अपने कमरे में, नहीं तो...?

एक रात वे ज्यादा उत्तेजित थे। उन्होंने जोरों की चिकोटी काटी, दाँत गड़ाए। मैं अचानक उठी और बरामदे में जाकर दाई माँ के बिस्तरे में लेट गई। दाई माँ ने छाती से लगा लिया। उनका वह तेल-चिकट बिस्तरा अच्छा था, मेरे डनलप के पलँग से। दूसरे दिन दाई माँ ने कहा, "अब हम बहूजी से बात करब।"

"दाई माँ! तुमको मेरी सौगन्ध। दाई माँ! किसी को मत बोलो। यह मेरा कलंक है। दाई माँ! अब मैं कुँआरी ही कहाँ हूँ।" दाई माँ की दबी जबान में दुख और क्षोभ की सीत्कार थी। हिस-हिस करती हुई, सीटी बजाती हुई वे घृणा से

उत्तेजित साँसें जो कहीं खिड़की और परदों में हवा बनकर उलझ गईं। उनकी बूढ़ी आँखों में निराशा की बदली थी। वह बेचारी, उस बड़े घर की दाई उस बड़े घर की बेटी को कलेजे से लगाए बस इतना-भर कह पाई, "अरे राक्षस! अरे कसाई! अपन माँ-बहन को तो छोड़ दे...कोठा नाहीं है का...?"

पर मुझे बोलना होगा। अब बोलना होगा। लेकिन किससे? हाँ बोलो, किससे? कौन? तुम क्या कहोगी? नहीं, बोलूँगी, जरूर बोलूँगी, हाँ, आज ही... आने दो उस जालिम को, आज ही। क्या बोलोगी? तुम्हें न छुए। वह हँस देगा। तुम्हारी गर्दन मरोड़ देगा। कोई सरोज से क्यों नहीं कुछ कहता? सब मेरा क्यों फायदा उठाते हैं? तुम बेवकूफ हो। बोकी हो। पत्थर हो। भाटा हो। ओह! अम्मा की दी हुई उपाधियों से कब उबर पाऊँगी?

रात साढ़े नौ बजे भैया बरामदे में खड़े सिगरेट पी रहे थे। मैं वहाँ शान्त जाकर खड़ी हो गई।

"भैया!"

उन्होंने देखा, "ओह आप?"

"हाँ मैं। मैं अभी इसी वक्त ऊपर से कूदकर आत्महत्या करना चाहती हूँ..." और मैंने एक पैर रेलिंग पर रखा।

"शट अप! यू स्टूपिड गर्ल..." और उन्होंने हाथ पकड़ लिया।

"हाथ छोड़िए", मेरे दबे गले से तेज हवा की सीटी गूँज रही थी।

"पहले प्रॉमिस करो कि ऐसा कोई काम नहीं करोगी।"

"आप प्रॉमिस कीजिए कि..."

"हाँ प्रॉमिस, सौगन्ध बाबूजी की!"

वह टारनेडो के बाद की शान्ति थी।

खैर, उसके बाद कभी कुछ नहीं घटा। बस बदले में मुझे झेलनी पड़ी एक गहरी घृणा और उपेक्षा। फीस के पैसे नहीं देते। छोटी-छोटी जरूरतों का मोहताज होना। कोई फर्क नहीं पड़ता। घर सुरक्षित लगने लगा था।

मुझे याद नहीं कि मेरी दादी कैसी थी। न मुझे नानी की गोद याद आती है। हाँ, नानी का घर याद आता है। बड़ा बाजार, हैरिसन रोड। हम लोग साल में कुल चार बार जाते थे। सावनी तीज, होली की गनगौर का सिंघारा, राखी और दीवाली के दूसरे दिन पाँव छूने। सिंघारे में नानी ग्यारह रुपए देतीं। खाने में तिवारी का समोसा, सफेद रसगुल्ले, कचौड़ी, आलू की सब्जी, भरवाँ परवल और दाख छुहारे की चटनी। दीवाली पर दिलखुश बरफी यानी दाल की बर्फी और दही-बड़ा और

आलू-मटर की सब्जी, गोभी की सूखी सब्जी। गोभी की सब्जी हम लोग नहीं बोल सकते थे। अम्मा गोभी से गाय समझतीं। फूल की भी नहीं, क्योंकि छोटी मौसी की बेटी का नाम फूल था। "तब क्या बोलूँ नानीजी? किसका साग?"

"कस्तूरी! तेरी यह छोरी तो भोत ही माथो खा जाव।" माँ अपराधी महसूस करतीं, मैं धीरे से नानी के कमरे में चली जाती। मुझे बचपन से हमेशा छोटी नानी (अम्मा उन्हें मौसी बुलाती थीं) ज्यादा अच्छी लगतीं, मगर अम्मा का, जमुना मौसी का, सबका रुख छोटी नानी के लिए उपेक्षा लिए हुए होता। हम लोगों को खाना छोटी नानी ही खिलातीं। हाँ, रुपया बड़ी नानी देतीं। कौन थीं छोटी नानी? क्या नाना ने दो शादियाँ की थीं? नहीं, बस ऐसे ही रह गई थीं। यह भी बाद में बड़ी जीजी ने बताया।

मगर मामा ने दोनों नानीजी लोगों का बराबर किया, बिना किसी भेदभाव के। और बाद में मामा के साथ भी दो मामियाँ। छोटी मामी मामा से तीस साल छोटी थी। वह मानी खरीदकर लाई गई थीं। दुबली-पतली, छरहरे बदनवाली, फैशनेबल छोटी मामी, जिन्हें ब्याह के बाद भी परिवार में कभी सम्मान नहीं मिला। जिनका चरित्तर लोग खुली सभा में बखानते। कितना सच और कितना झूठ, पता नहीं पर बहुत बरसों बाद एक बार मामी को अम्मा के सामने यह कहते सुना, "मुझे क्यों लाए थे आपके भाई? बच्चा पैदा करने ही ना? तो जनकर पटक दिया। बच्चे क्या मेरे कहलाए? कैलाश तो आज भी बड़ी माँ के हाथ से खाता है, उन्हीं के पास सोता है। मेरे साथ तो उसे बाहर जाने में भी शरम आती है। कहता है तुम मेरी भाभी लगती हो, माँ नहीं।"

कुल मिलाकर मेरी जिन्दगी में प्यार का एक ही खूँटा था जो सदा एक ही जमीन में वहीं का वहीं गड़ा रहता। आँधी, पानी, धूप और धूल, बिना किसी शिकवे और शिकायत के। वह था दाई माँ का खूँटा। मेरी दाई माँ। क्या मेरी दाई माँ जैसी स्त्रियाँ अब भी बची हैं? मुझे तो माँ का लाया हुआ एक भी खिलौना याद नहीं आता, पर दाई माँ हर मंगलवार को काली मन्दिर जाती। और उसके लौटते ही मैं लिपट जाती—"दाई माँ! दिखाओ ना, क्या-क्या लाई, मेरी चूड़ी और दाई माँ, पेड़ा कहाँ है? दाई माँ! तुम पेड़ा और किसी को नहीं देना, सरोज को तो बिलकुल ही नहीं।"

"ना, हम काहूके नाहीं देब।"

और तब तक सरोज आ जाती। बुल्ली बिना पूछे दाई माँ के दोनों पर झपट्टा मारता। सरोज पेड़ा खाकर अम्मा को बोल भी आती। और उसके बाद अम्मा की झकझक..."ए चमेली की माँ, तू क्या यह बाजार की मिठाई बच्चों को खिलाती

है? कहीं हैजा हो जाएगा तब?"

"हाँ, ऊ हमार काली मैया का परसादी से हईजा होई ना?"

मैं सरोज की ओर घूरते हुए कहती, "खिचड़ी कहीं की!"

"ए बिटिया! ई का गारी सीखत?"

"तो तू क्यों उसको देने गई?"

"अरे ठीक है, ओ भी हमार बिटिया है।"

"नहीं दाई माँ, तेरी बेटी मैं हूँ, बस मैं।"

मैं दाई माँ के गले में हाथ डालकर गोद में बैठी रहती। सब लोग मुझे दाई की बेटी कहते, 'झल्लो माई, कल्लो माई, आई आई, दाई माँ की बेटी आई।' हमारे घर में तुकबन्दी करने में छोटे भैया माहिर थे। भैया लोग, जीजी लोग, सब चिढ़ाते। मैं दाई माँ की थाली में एक साथ खाना भी खाती। बिना उसके साथ खाए मेरा पेट ही नहीं भरता। नौकरों के लिए अलग से सरसों के तेल में बनी हुई प्याज-लहसुनवाली सब्जी, मसूर की दाल, भात और हरी मिर्च। दाई माँ खुद खाती और उसी हाथ से चावल-दाल सानकर एक किनारे मेरे लिए रख देती। हमारे यहाँ दाई माँ या तो बरामदे में खाती थी या चौके में। पर सारा घर जब खा लेता, तभी वह खाने बैठती। कभी मैं देखती, उसके भोजन में सब्जी नहीं।

"दाई माँ! सब्जी क्या हुई?"

"अरे ऊ हरिया लेउ गया।"

"तूने क्यों नहीं मना किया?"

"जावे देव। आज हम लोग दाल-भात ही खाऊब।"

"आने दो आज बाबूजी को, मैं शिकायत करूँगी।"

"ना बिटिया! इ छोट-छोट बात कभी मरद जात के कान में नहीं देव चाही।"

क्या दाई माँ की ट्रेनिंग ही थी कि उससे जिन्दगी के ठुनकों की ओर मेरा ध्यान ही नहीं गया? किसने मुझसे कितना लिया और बदले में कितना दिया, इसका मैं हिसाब ही नहीं कर सकी। दाई माँ ने कभी लेन-देन का हिसाब किया था क्या? शायद नहीं। दाई माँ जब देश से आती, उसकी पोटली में खिलौने की पिटारी, जरी के चुटीले, जौ का सत्तू सबकुछ मेरे लिए सहेजकर रखा होता। मिट्टी के खिलौने से खेलते देख अम्मा चिढ़ जातीं। ऊँट जैसी तो हो गई अब। यह कोई गुड़िया खेलने का समय है? हाँ, दस बरस की लड़की अब औरत हो गई थी, फिर भी बचपन का कोई हरा कोना बचा था। मैं जरी का चुटीला लगाकर घूमती। अम्मा खुलवाकर रख देतीं—"क्या फूहड़ जैसा डोल बना रखा है?" पर जौ का

सत्तू तो अम्मा को भी पता नहीं चलता। दाई माँ चुपके से लिट्टी बनाकर खिला जाती।

"दाई माँ और दे ना..."

"अब आज अऊर नाहीं, कल देऊब, नाहीं तो पेट पिरइहे।"

दाई माँ की बेटी चमेलिया हमीं लोगों के यहाँ रहने लगी थी पर चमेलिया एकदम अलग कमरे में रहती थी। उसका बुखार कब का उतर चुका था, पर अम्मा को वहम रहता। वहाँ हम बच्चों के जाने की मनाही थी। पर मैं कहाँ माननेवाली थी? मेरे कारण दाई माँ घर नहीं जा सकती थी और चमेलिया हमारे ही घर रहने लगी थी। दाई माँ के साथ-साथ ऊपरवाली कोठरी में मैं भी जाकर बैठ जाती। माँ-बेटी की बातें सुनती रहती। चमेलिया खाली रोती, बस रोती रहती। मुझे उसके इस रोने से बड़ी चिढ़ होती, पर चमेलिया कपड़ों की गुड़िया बहुत अच्छी बनाती थी। वह पहले सफेद धोती को काटकर गुड़िया का मुँह बनाती, फिर उसमें रुई भरती। फिर काले धागे से आँखें उकेरती, लाल धागे से होंठ और बिन्दी, फिर गुड़िया का धड़ सिला जाता। गुड्डे का धड़ चपटा रहता। गुड़िया के धड़ में वह स्तनों को उभारकर रखती और बड़े करीने से चोली सिलती। स्तनों को उभारते हुए चमेलिया हमेशा खिलखिलाकर हँसती रहती, "ए माई, देख तो जरा, ई ठीक भइल का नाहीं...?"

"आरी चोप, ई का रंडियों जैसी खिलखिल करती है? तनिको शरम नाहीं। आराम कर नाहीं तो कहीं खून थूके लागी तो हम कहीं का ना रहुब।"

मैं अपनी गुड़िया को लेकर नीचे खेलने गई। सरोज को दिखाया। वह अपनी वॉकी-टॉकी विलायती गुड़िया ले आई। नीलू की बेबी-डॉल थी जिसकी एक छोटी बोतल भी थी। नीलू की गुड़िया पानी पिलाते ही बिस्तर गीला कर देती। हम लोग खिलखिलाकर हँसते। असल में ये दोनों गुड़ियाएँ बाबूजी का एक इतालवी दोस्त लेकर आया था। उसने केवल मुझे और सरोज को ही देखा था, लेकिन जिस दिन गुड़ियाएँ आईं उस दिन नीलू भी नानी के घर थी। अम्मा ने बेबी गुड़िया नीलू को दे दी, बड़ी वॉकी-टॉकी सरोज ने झपट ली। अम्मा ने कहा, "तुम दोनों बहनें मिलकर खेलो।" दाई माँ की गोद में मुँह छुपाकर मैं बहुत-बहुत रोई थी। खैर, मुझे गुड़िया बनानेवाली मिल गई थी और चमेलिया ने कसम खाई थी—एकदम सच्ची काली माई की कसम, कि वह केवल प्रिया बाई के लिए गुड़िया बनाएगी।

इसके बाद मैं गुड़िया लिए-लिए दाई माँ के साथ-साथ उसकी दोस्त खेदरवा की माँ के पास भी गई। मेरी गुड़िया देखकर खेदरवा बहुत खुश हुआ। खेदरवा ने कहा, "हम लोग गुड्डे-गुड़िया का बियाह रचाएँगे सो अगली बार एक हाथ की

लम्बी गुड़िया हो और घाघरा पहने हो।'' याद आया कि सल्लो जीजी ने शादी में घाघरा ही पहना था। अम्मा के भारी-भारी घाघरों का तो कहना ही क्या! सच्चे माल के काम के! अम्मा के बड़े-बड़े काले बक्सों में न जाने क्या-क्या भरा हुआ था? भारी-भारी जरदोज के काम के घाघरे, ओढ़ने, सच्ची जरी की बनारसी साड़ियाँ! अम्मा इन भारी कपड़ों से बहुत चिढ़तीं। अपने अतीत में झाँकती हुई वे सल्लो जीजी से कहतीं, ''वह भी कोई जिन्दगी थी...? इन घाघरों को पहनो, बोरला बाँधो, ओढ़ना ओढ़ो। हाथों में चूड़ा, पैरों में कड़ा। दादी तो ऐसा वेष बना देतीं कि क्या बोलूँ? और फिर सुबह चार बजे से तेरी दादी और ताई चक्की लेकर बैठ जातीं। चक्की के घर-घर के साथ 'साँवरिया तून ही तो पार लगासी...' बेचारी अम्मा को भी उठना पड़ता।

नानी कभी घाघरा नहीं पहनती थीं। अम्मा के पीहर में अब सब रँगरेज के हाथों रँगी हुई, कढ़ी अभरकी ढाका की महीन मलमल की साड़ियाँ पहनती थीं। लम्बे कुर्त्ते जैसा ब्लाउज। अतः अम्मा को यह फूहड़ घाघरा जरा भी पसन्द नहीं आता। बाद में गीले दिनों में अम्मा के एक-एक घाघरे में दस-दस सेर की चाँदी निकली थी, जिनको वापस बर्तन में ढालकर बड़ी जीजी के बच्चों की शादी में भात का नेग दिया गया था।

खैर। चमेलिया से मैंने कहा, ''एक खूबसूरत-सी गुड़िया बनाकर दे। उसको घाघरा पहनाना और हाँ, वह खड़ी हो सके, ताकि दूल्हा उसके गले में वर-माला डाल सके। यह क्या लुग्दीवाली गुड़िया कि बिना दीवार का सहारा लिए खड़ी नहीं हो सकती।''

चमेलिया भी अपना माथा खुजला रही थी, ''गुड़िया अपने-आप खड़ी हो...''

''हाँ, सरोज बाई की गुड़िया तो चलत रहत हई पर ऊ तो बिलायती मेम है।''

''क्यों, देसी गुड़िया खड़ी भी नहीं हो सकती? ब्याह के टाइम पर भी नहीं?'' मेरी आवाज में दुनिया जहान की उत्कंठा थी और मैंने फिर कहा, ''देख चमेलिया, मैंने अपनी गुड़िया की सगाई खेदरवा के गुड्डे से पक्की भी कर ली है। हाँ, इसी शिवरात्रिवाले दिन।''

चमेलिया मुँह में पल्ला ठूँसकर दबी हँसी हँसती रही, ''पर ऊ खेदरवा का देगा बहू क बिदाई क बखत? ओकर पास तो चवन्नी भी नाहीं?''

''चमेलिया! तू कहती तो ठीक है। मुझे सोचना चाहिए था। अब क्या करूँ? एक बार हाँ करके ना नहीं करना चाहिए ना?''

''अच्छा, ठीक है, तोहार बेटी का भाग।''

''तो गुड़िया बना।''

"हाँ, ई सरत पर कि तू बेर-बेर ऊपर नहीं आइबो, माई हमके बकत रहिस।"

"क्यों चमेलिया?"

"ना, हमके छूत का बेमारी हई ना? अगर तोहके भी बुखार रहबै लागे तो?"

"छूत की बीमारी?"

मेरा दिमाग सोचने लगा। हाँ, उस दिन राधा अम्मा से कह रही थी कि चमेलिया का बर्तन अलग क्यों नहीं रखा जाता है? बेचारी दाई माँ अम्मा की झिड़की खाकर बड़ी देर तक बरामदे में बैठी-बैठी अपनी धोती के पल्लू से आँखें पोंछती रही थी।

"दाई माँ! तुम क्यों रो रही हो? दाई माँ! यह राधा बड़ी चुगलखोर है, बड़ी खोटी है। यह कहती है कि मैं जीसू की कसम खाकर कहती हूँ कि मेरे पहले मालिक पक्के अंग्रेज थे। झूठी कहीं की, इसको अंग्रेजी तो बोलना नहीं आता।"

चमेलिया को छूत का रोग है। दाई माँ बरामदे में बैठी हुई गई शाम तक रोती रही थी। चमेलिया ने सच में गुड़िया बनाकर दी थी। जरी का घाघरा, चोली पहने, घूँघट निकाले। और अब मेरी गुड़िया खड़ी थी। बिलकुल सीधी, घाघरे का फैला हुआ घेरा कितना सुन्दर लग रहा था! पतली कमर में मोतियों की करधनी लटक रही थी। मैं दस मिनट तक तो देखती ही रह गई। फिर चमेलिया से लिपट गई, "चमेलिया! तू कितनी अच्छी है?"

"चमेलिया! हम कब तक तोहके समझाईब?" फिर मेरी ओर पलटकर दाई माँ ने कहा, "ए बिटिया! जरा परे बैठो तो। अभी बहूजी के कान म बात पड़ी तो आँख कपार पर चढ़ा लेहीं।"

"दाई माँ, मैं जाती हूँ, खेदरवा को न्योता देने, वह अपना बेटा लेकर आए। हाँ, और आज ही हम लोग सगाई कर देते हैं।"

छतवाली कोठरी में मैं, चमेलिया और दाई माँ बैठी-बैठी बातें कर रही थीं। दोपहर के तीन बजे थे।

"दाई माँ! खेदरवा और उसकी माँ को हम लोग खाने के लिए क्या देंगे?"

"काहे? सतुवा है ना?"

मैं दाई माँ का हाथ पकड़े-पकड़े सीढ़ियाँ उतरी। उसके साथ सड़क पार करके खेदरवा की माँ के पास गई। दाई माँ बैठकर बतियाने लगी। खेदरवा की माँ दाई माँ की दोस्त थी और इस रिश्ते से खेदरवा मेरा दोस्त था। वह गुल्ली-डंडा खेल रहा था। मैंने आवाज दी, "ए खेदरवा?" वह भागा-भागा आया...

"मेरी गुड्डी रानी से अपने बबुए की सगाई करेगा?" खेदरवा के पास एक विलायती प्लास्टिक का बबुआ था। कहीं कूड़े से उठाकर लाया था। मैं जब भी

जाती वह हमेशा अपने गुड्डे के ब्याह की बात करता। आज मेरी गुड़िया सज-धजकर तैयार थी। खेदरवा ने उत्सुक होकर पूछा, "कब?"

"अभी, इसी वक्त। क्यों दाई माँ?"

"अरे बिटिया! तनिक साँस तो लेने दो।"

दाई माँ फिर बातों में मशगूल हो गई। खेदरवा की माँ ने अपना हुक्का दाई माँ को थमा दिया था। मैंने खेदरवा से कहा, "तू चल, पहले मेरी गुड़िया को देखकर तो आ।"

खेदरवा मेरे साथ हो लिया। दबे पाँव सीढ़ियाँ चढ़कर हम लोग छत पर गए। गुड़िया वैसे ही सजी-धजी खड़ी थी। खेदरवा भी मुग्ध हो गया।

"बहुत अच्छी है, इसको हम बहुत अच्छे से रखेंगे।" तब तक छत पर बुल्ली चला गया। मैंने गुड़िया को अपनी गोद में छिपा लिया।

"दिखा मुझे...दिखा..." बुल्ली की छीना-झपटी देख चमेलिया ने कहा, "अरे दिखा दो पिरिया बाई, नाहीं तो कहाँ से लोग बारात में अइहें? आउर इ तो तोहार बिटिया का मामा भइले!" मैंने बुल्ली को गुड़िया दिखाई। तब तक सरोज और नीलू भी ऊपर आ गई थीं।

"इतनी अच्छी गुड़िया! अरे यह खड़ी कैसे है!" कहते हुए बुल्ली ने गुड़िया का घाघरा उलटा।

"बुल्ली! बेशरम कहीं का..." मैं चीखी, पर वह भला कहाँ माननेवाला...

"अरे देख सरोज! देख, यह गुड़िया बाँस को चीरकर बनाई गई है। दो टाँग के बदले चार टाँग और बीच में पत्थर अटका दिया। है...है...प्रिया की गुड़िया भाटा माई, प्रिया की गुड़िया भाटा माई।"

बुल्ली ने टिकोजीशेप की गुड़िया हथेलियों पर रख और जोर से ऐलान किया, "भाटा माई की जय...भाटा माई की जय!" बुल्ली के पीछे सरोज और नीलू। तीनों नीचे उतर गए। "मेरी गुड़िया...मेरी गुड़िया...दाई माँ मेरी गुड़िया..." मैं जमीन पर लोट रही थी। खेदरवा भाटा माई के लिए 'ना' कहके जा चुका था। सरोज, बुल्ली और नीलू के जुलूस में अब शाम को नीचे खेलनेवाले और बच्चे भी शामिल थे। वे मकान के चारों ओर गोल घेरे में घूमते हुए भाटा माई की जय-जयकार कर रहे थे। पर त्रासदी की यह तो शुरुआत थी। घंटे-भर बाद भाटा माई की बाँस की खाची से पत्थर निकाल दिया गया और बाँस को एक लम्बे डंडे से बाँध दिया गया। फिर उस गुड़िया का एक और नामकरण हुआ—"प्रिया की बच्ची—बाँस की खपच्ची, प्रिया की बच्ची—बाँस की खपच्ची!" अब छोटे भैया तथा जीजी लोगों की बारी थी। रात को खाना खाते वक्त सल्लो जीजी ने भी

छेड़ा, "अम्मा! अपनी प्रिया की सगाई खेदरवा से कर दे।" "उपले पाथा करेगी।" छोटे भैया ने चिकोटी ली। बाबूजी की प्रश्न पूछती आँखें। अम्मा ने कहा, "मुझे तो ये बच्चे रात-दिन नोचते रहते हैं। क्या मजाल कि शान्ति से कोई दोपहर को भी आराम कर ले।"

हरिया ने सारी कहानी बाबूजी के सामने सुनाई, "हरिया! चमेलिया की माँ से कहना—बच्ची को हर कहीं न ले जाया करे।"

उस रात मैं और दाई माँ, दोनों गले लगकर रोती रहीं। वह मेरे आँसू पोंछ रही थी, मैं उसके। "गरीबी बहुत बुरी चीज है बिटिया!..." "हाँ, दाई माँ! अब मैं कभी भी गुड़िया के ब्याह का सपना नहीं देखूँगी।" बहुत वर्षों तक भैया लोग, खासकर छोटे भैया खेदरवा के नाम से मुझे छेड़ते रहे। वह उपले पाथनेवाली का लड़का था। झोंपड़ी में रहता था, पर उसके पास एक बहुत ही खूबसूरत प्लास्टिक का गुड्डा था। और मैं बड़े घर की बेटी थी, पर यहाँ भी कौन-सी मेरे पास विलायती वॉकी-टॉकी थी? किसको फुर्सत थी कि वह मेरे लिए खिलौने लाया करे? मेरे खिलौने तो दाई माँ की पोटली में बँधे रहते। कमेरी गुड़िया भी तो चमेलिया ने बनाकर दी थी। पता नहीं क्यों इसके बाद मैंने गुड़िया खेलना ही छोड़ दिया? मैं, सरोज और नीलू की गुड़िया देखकर मुँह घुमा लेती थी। इसके बाद दाई माँ कभी मुझे अपने साथ लेकर खेदरवा की माँ के पास भी नहीं गई। बड़ा बाबू का ऑर्डर जो था। दाई माँ मेरा सारा दुख समझती थी, पर वह कभी कुछ नहीं कहती। उसने भी अब मिर्जापुर से, बनारस से मिट्टी के और लकड़ी के खिलौने लाने बन्द कर दिए। अब मैं बड़ी हो गई थी। बाबूजी तो चले ही गए थे।

एक वक्त ऐसा भी आया कि मुझे दाई माँ और अपने वर्ग के बीच की लम्बी खाइयों और खंदकों का पता चला। यह भी समझ में आया कि दाई माँ मेरी माँ से भिन्न हैं, बिलकुल भिन्न, तहजीब और सलीके में, कि मैं जिन्दगी-भर दाई माँ की गोद में बैठी नहीं रह सकती। मेरे बहुत-से प्रश्नों का उत्तर किसी के पास नहीं है। मैं बड़ी हो गई थी। बी.ए. पास कर चुकी थी और इन पिछले दस सालों में दाई माँ पैंसठ की उमर पार कर चुकी थीं, और उनकी आँखों में मोतियाबिन्द पक गया था और कमर काफी झुक आई थी कि उनसे काम नहीं होता था एवं नौकर-चाकरों से भरे घर में कोई-न-कोई दाई माँ को छेड़ ही देता; और उसके बाद दाई माँ के मुँह से गालियों की बौछार। चौके से बेलन या चिमटा लेकर वे कभी लछमनिया के पीछे तो कभी रामू के पीछे। उनका मन अम्मा के कामों में

नहीं लगता था। उनसे उठा-बैठा भी नहीं जाता था। कभी घुटने टीस भरते तो कभी कमर अकड़ जाती। एक-एक कर सारे दाँत गिर चुके थे। अब दाई माँ रोटी दाल या पानी में गीला करके खातीं। और बिना कुछ कहे अम्मा ने अपने लिए कृष्णा को रख लिया था। कृष्णा, जो हट्टो-कट्टी चार मरदों का काम अकेली कर ले।

किसी-न-किसी बात पर अम्मा से दाई माँ का झगड़ा हो ही जाता। और दाई माँ मुझे कॉलेज से लौटते वक्त नीचे गेट के पास बैठी मिलतीं। उनकी अगल-बगल दरबान, ड्राइवर, बगल के मकान की आयाओं का जमघट लगा रहता। दाई माँ बीड़ी फूँकती हुई बड़बड़ाती रहतीं, "अरे अब उ बात हुई का? बड़ा बाबू देवता मानुस थे, गरीबन का मन जानत थे, पुराने दिन, पुराना वैभव।"

दाई माँ का भविष्य सिकुड़ता जा रहा था। मुझे देखते ही खुश होकर कहतीं, "ई हमार बिटिया, अरे एकर मुँह देखकर तो हम ईहाँ रहत हुई, नहीं तो ई लोग कोई मानुस हैं?" मैं अपने को बड़ा अपराधी पाती।

लगता है, आज फिर अम्मा से झड़प हो गई। इन दिनों मैं बड़ी हो गई थी। अम्मा का दर्द भी समझने लगी थी, जो भी हो, जैसी भी हो, मेरी माँ है। अम्मा मजबूत नहीं रहतीं तो चाचा लोग हमें रास्ते पर बैठा देते। कुल मिलाकर एक ओर भोली संवेदना थी, कोई लाग-लपेट नहीं, कोई स्वार्थ नहीं, तो दूसरी ओर परिवार की इज्जत और आन-बान बनाए रखने में जी-जान से संघर्ष करती हुई अम्मा। अम्मा को ही क्या मिला? उन्होंने कब दुनिया देखी? एक-एक पैसा जोड़कर घर चलाती हुई चार-चार बेटियों की माँ। उन्हें क्या बड़े भैया के हाल-चाल, उनकी रईसी का पता नहीं था? अम्मा को सब समझ में आ रहा था पर वे क्या कर सकती थीं? "आय थोड़ी, खरच घणों..." अम्मा गहरी साँस छोड़ती हुई कहतीं। एक बार मैंने ही कहा, "अम्मा! अपने यहाँ इतने नौकरों की क्या जरूरत है? सारा खर्च तो दस-दस नौकर-दाइयों के ऊपर..."

"तू सबसे पहले अपनी दाई माँ को देश भेज। अपने खाए-पीए तो कोई मनाही नहीं, पर बरबादी? आए दिन तो इसके मेहमान आते रहते हैं। सबकी लीडर हो रही है। अभी पतीला भर के नीबू का शर्बत नीचे ले जा रही थी। चीनी के पैसे नहीं लगते क्या? पर टोकते ही बर्तन पटककर जो-जो नाच नाची है कि क्या बताऊँ, 'हमार मनई आएगा तो हम पानी भी नहीं पिलाऊब का?' "

"दोपहर से नीचे बैठी है। खाया-पीया भी नहीं, आप ही बुलाओ ना बाई?" भाभी ने कहा।

सबको पता था, मेरे बुलाने से ही वे ऊपर आएँगी। पर आज शायद दाई

माँ का मन दुखी था। बरामदे में काफी देर तक रोती रहीं। दाई माँ का रोना-धोना मुझसे अब बर्दाश्त नहीं होता था। यों भी आजकल घर में मनहूसियत छाई रहती। बड़ी भाभी ज्यादा ही बीमार रहने लगी थीं। अम्मा पानी की तरह पैसा बहा रही थीं—कोई यह न कह दे कि बहू का इलाज नहीं कराया। पर भाभीजी की दोनों किडनियाँ खराब होती जा रही थीं। धीरे-धीरे मरती हुई भाभी...बड़ी-बड़ी आँखों से अपने सात बरस के बेटे को देखती हुई डॉक्टरों से पूछतीं, "हम ठीक हो जाएगा न डॉक्टर बाबू?"

अम्मा चुपचाप अपने कमरे में रोती रहतीं। बाबूजी के मरने के बाद अभी हाल ही में तो घर के हालात ठीक हुए थे। अभी तो अम्मा को लगा था कि चलो हाथ में दो पैसे आए, कि सरोज की शादी वे धूमधाम से करेंगी और अभी यह विपदा? बेटे का घर उजड़ रहा था। हाँ, तो मैंने उस रात दाई माँ से बातें कीं।

"ए बिटिया! हम तो तोहार मुँह देखकर हैं इस घर में, नाहीं तो कबकी चली जात। अबकी बेर तो हमार छेदी आवे नाहीं देत रहा। कहत रहिस—माई! तू काहे को अब नौकरी करेगी? पर हमार जिम्मेदारी तो तू है ना? तोहके बियाहकर हम गंगा पार करुब।"

"दाई माँ! तुम एक बात सुन लो। मैं अभी ब्याह-वाह नहीं करूँगी, और तुमसे इतनी खटनी होती नहीं। ये लोग तुमसे व्यवहार भी अच्छा नहीं करते।"

"पर हम तोहके छोड़कर कइसे जाऊब? ऊ राछस...?"

"दाई माँ! वह बहुत पुरानी बात हो गई और मैंने अपने को सम्हाल लिया है। भैया मेरा कुछ नहीं बिगाड़ सकते।"

"कईसे?"

"मैंने उनको कड़ी धमकी दी है।"

"अरे, अब का धमकी मा धरा हुई? अवरत का जीवन एक बार खराब तो हरदम।"

"दाई माँ, तुम पुराने खयालों की बात करती हो।"

"तोहार अंगरेजी का किताब में ई सब लिखा है का?"

"नहीं दाई माँ! औरत को अपने पैर पर खड़ा होना चाहिए। देखो, तुम नहीं कमातीं तो तुम्हारे बच्चों का क्या होता?"

"अरे हम कौउन खुशी से कमाने निकली? हमार भतार नहीं था, तभी ना? आज बड़ा बाबू होते तो कब का तोहार बियाह हो जाता। अब तक तो हम नाती का भी मुँह देख लेतीं।"

मेरे शब्द दाई माँ तक नहीं पहुँच सकते थे। समझाना बेकार था। बहस से

फायदा नहीं था। नाभि-केन्द्र से जुड़ा हुआ प्रेम तर्क नहीं समझ सकता। मैंने बस एक काम यह करना शुरू कर दिया था कि अपनी पॉकेटमनी के पैसों में से जो भी दस-बीस रुपए बचा पाती, दाई माँ को पकड़ा देती।

"दाई माँ, तुम्हारे मिलने-जुलनेवाले आएँ तो उनको बाजार से मँगाकर खिला दिया करो। क्यों सबकी झकझक सुनती हो?"

परीक्षा के बाद गर्मी की छुट्टी पड़ती। यों भी छुट्टियाँ मुझे हमेशा बुरी लगतीं। घर काटने दौड़ता। रविवार का दिन मुझे कभी अच्छा नहीं लगता, क्योंकि अम्मा की सख्ती और बढ़ जाती। जीजी लोगों को अम्मा का हुकुम होता—"इन दोनों छोरियों को काम सिखाओ।" यह सिलसिला स्कूल के दिनों से ही चला आ रहा था। काम सिखाने का मतलब था चावल-दाल से लेकर राई-जीरा तक धुनने-बिनने का सलीका। "यह क्या? सीधी बैठ, पलत्थी मारकर। उँगलियों को सलीके से थाली में पसारो।" अम्मा कुर्सी डालकर बैठी रहतीं और उनके सामने मैं, सरोज, दोनों भाभीजी और सल्लो जीजी।

अम्मा न जाने कौन-सी तपस्या कर रही थीं या अपने कौन-से पापों को ढो रही थीं, वे ही जानें। आज उस अतीत से मैं इतनी दूर निकल आई हूँ कि एक सच्चाई को सामने रखने का मन तो करता है पर निर्णायक होने का नहीं। जो घटा सो घटा। वास्तविकता तो यह है कि मैं कभी अम्मा के स्वरचित नरक को स्वीकार नहीं कर पाई। अम्मा ने एक दिन फरमाया था कि तुम लोग मेरी मूर्ति बनाकर घर में रखना। एक बार जाड़े के मौसम में कड़ाके की सर्दी पड़ रही थी। उन्होंने सौ कम्बल मँगाकर गरीबों को बाँटे। उनकी एक ही शर्त थी—"तुम लोग बोलो—कस्तूरी देवी की जय!"

"बोलो, और जोर से बोलो। लछमनिया! अरे ऐ सीताराम! बोलो इन लोगों से कि मैं देवी हूँ। स्वयं जगदम्बा का अवतार हूँ, मेरे बच्चे मेरी पूजा करते हैं।"

मन किया अम्मा से कहूँ—'अम्मा, अम्मा प्लीज, आप देवी होना छोड़ दीजिए। एक साधारण औरत की तरह जीवन में थोड़ा तो सुख भोगिए। कभी तो कहीं आया-जाया कीजिए।' पर नहीं, एक-एक करके मानवीय प्यार की ऊष्मा के सारे दरवाजे उन्होंने बन्द कर दिए थे। वे जमीन पर नहीं बैठ सकती थीं। उनका कहना था कि डॉक्टरों ने हार्निया का ऑपरेशन ठीक से नहीं किया। पैर की नस कट गई है, अतः वे नीचे नहीं बैठ सकतीं। हालाँकि डॉ. ए.के. सेन इस बात को नहीं स्वीकारते थे। वे जब कहीं भी जातीं (यदि आवश्यक होता) तो उनकी कुर्सी गाड़ी की डिक्की के पीछे रखी नजर आती। दो नौकर, पीढ़े पर उनको बैठाकर नीचे उतारते और साथ में दो नौकर, एक आया और भाभीजी लोगों में किसी एक को

जाना पड़ता। उनके आने-जाने की भी गिनी-चुनी जगहें थीं। नानीजी के यहाँ या फिर जीजी लोगों के यहाँ। यदा-कदा किसी की बीमारी-शिमारी में। चाचा-ताऊ के यहाँ उन्होंने आना-जाना बन्द कर दिया था। तपस्या, कठोर उमा-तपस्या। और जब भी परेशानियाँ होतीं, परिवार में कोई झमेला होता, तो अम्मा की सारी बीमारी भाग जाती। एक अजीब-सी चमक, एक आत्मलीन समाधिस्थ-भाव मैं उनके चेहरे पर देखती और अपनी इस रौ में उन्हें होश नहीं रहता। लेकिन सबकुछ घट जाने के बाद उनके पास बची रहती एक खट्टी निराशा, ठगे जाने का हताश भाव, स्वार्थी दुनिया की चालबाजियाँ। पहले वे किसी का कुछ करतीं, फिर दुखी होतीं। उनका यह स्वभाव तो अब जीजी लोगों के लिए भी मुखर होता जा रहा था। वे दुखी होतीं, अपने ही बच्चों के स्वार्थी स्वभाव, उनकी आपसी होड़ तथा जलन-कुढ़न पर। धन के ऊपर बड़े भैया के कसते हुए लौह शिकंजे को देखकर।

एक दिन कॉलेज से लौटकर मैंने देखा—छोटी भाभीजी अम्मा की सफेद धोती में कारी लगाकर महीन टाँके डाल रही हैं। मेरे मुँह से निकला, "भाभी, तुम क्यों मेहनत कर रही हो? दाई माँ को ही तो पहनना है? अपने ही सिल लेगी।"

भाभीजी कुछ बोलें, इससे पहले अम्मा का स्वर था, "सौ-सौ रुपए के ये महीन धोती-जोड़े तेरी दाई माँ को दे दूँ? क्या हराम में आता है पैसा? क्या है जरा-सी कारी लगानी पड़े तो? रात को तो मैं पहन ही सकती हूँ।"

ओह! मेरा अन्तस चीख उठा। अम्मा...मेरी अम्मा, जिन्होंने कभी फटा हुआ कपड़ा सिलकर नहीं पहना, वे आज थिगली लगाकर धोती पहन रही हैं! और कल ही तो बड़े भैया और भाभी प्लेन से दिल्ली गए हैं? अभी महीने-भर पहले तो सल्लो जीजी को ससुराल जाते वक्त बक्सा भरकर अम्मा ने इतना सामान दिया था! कहाँ से आए थे पैसे? और अम्मा, क्यों तुम, हमेशा...अपनी आहुति देती रहती हो? पर नहीं, हिम्मत नहीं हुई। उनसे प्रश्न करने का अर्थ था गाल पर थप्पड़ खाना। बस मैंने धीरे से समझ लिया...अपने मन में निश्चय कर लिया, अब इस घर से एक पैसा नहीं लेना है, कभी नहीं। पर मैं भी तो अम्मा के रास्ते पर ही चली? क्या पुरुष के प्रति देवत्व का भाव, एकनिष्ठ श्रद्धा, तिलतिल कर स्वयं के छोटे-छोटे सुखों का गला घोंटते जाना, मैंने भी नहीं स्वीकार कर लिया था? क्या लड़कियों के मन में, अचेतन में, अपनी माँ का ही रूप नहीं बसा होता? बाद की जिन्दगी में, जब भी बार-बार छली गई हूँ, मैंने स्वयं को ही दोषी ठहराया है या फिर गहरी पीड़ा और अन्तर्द्वन्द्व के क्षणों में कहीं अपने सारे आचरण में अम्मा के ही व्यवहार की छाया देखी है। ममता? हाँ, दाई माँ की भोली निष्पाप ममता। क्या दाई माँ जैसी स्त्रियाँ आज भी हैं? अम्मा को तो अपने ठोस अहम के प्रति,

अपने ही खून के कतरों के प्रति ममता और त्याग था, पर दाई माँ? एक पराई बेटी के प्रति उसकी वह प्रगाढ़ ममता, एकनिष्ठ प्यार, इतना विशाल मन?

दाई माँ के प्यार में सत्ता का संग्राम नहीं था। उसके निश्छल वात्सल्य में कोई अपेक्षा नहीं थी। पर क्या यह मेरा कर्तव्य है या फिर मेरा सौहार्द्र कि मैं खुद अपनी माँ के कफन के कपड़े सिलूँ? और यदि समझो, मैंने सिल भी लिया तो क्या मुझे अपने व्यक्तित्व की खामियाँ नजर नहीं आतीं? उन्होंने तो एक चौखटे के भीतर जिन्दगी हासिल की, घर से बाहर तीन कदम भी नहीं चली होंगी, पर मेरे कदम? मैंने तो तीन डग में दुनिया नापने की भी सोच ली। और जब कदम घर से बाहर निकले, तब क्या वे नहीं डगमगाए? सपनों की दुनिया तो मेरी भी थी मगर सच्चाई तो यह थी कि मेरे बौने कदम तीन गज की धरती भी नापने में असमर्थ थे और चौखटे के बाहर निकलने से जिन्दगी क्या रहमदिल हो जाती है?

हाँ, तो गर्मियों की छुट्टियों को याद कर रही थी। एक नए रूटीन की शुरुआत होती। सुबह दस से शाम पाँच तक। क्या मजाल कोई जरा-सा लेट ले। जाड़े में स्वेटर बुनाई, गर्मियों में रेशम की कढ़ाई और अम्मा का हुकुम होता—दस दिन में यह बेडकवर पूरा हो जाना चाहिए। यदि रेशम उलझ जाते या उँगली में सुई चुभ जाती तो अम्मा की झिड़की—'पता नहीं कैसे पढ़ाई में फर्स्ट आती है?' 'अम्मा! पढ़ाई का रेशम के इन फूल-पत्तों से क्या सम्बन्ध?' पर मैं पूछ नहीं पाती। सरोज शरारती थी। मन होता तो करती, नहीं तो पढ़ाई का बहाना या फिर खाँसना शुरू। अम्मा को सरोज की तबीयत बिगड़ने का हमेशा डर लगा रहता। परीक्षा के पहले उसको उल्टियाँ शुरू हो जातीं। जाड़े में खाँसी के दौरे शुरू हो जाते, सदा से कमजोर। और मेरा पोर-पोर दुखता हुआ भी कभी टूटता नहीं था। मेरी सेहत हमेशा से अच्छी। 'यह तो घोड़ा है', अम्मा का तकियाकलाम! मुझे साढ़े बारह बजे भूख लग जाती। सरोज दो फुलकों में ही ठुनकने लगती। नीलू एक फुलका लिए आधे घंटे तक थाली पर बैठी रहती। मेरे पेट में तब तक तीन फुलके और चावल उतर चुके होते। अम्मा को मेरे गदराए जिस्म से पता नहीं क्यों बड़ी चिढ़ होती थी। ''यह कितनी बड़ी हो गई जिठानीजी! मेरी विमला के साथ ही तो हुई थी...'' बड़ी चाची पूछतीं। उसी का नतीजा था कि मैं दसवीं में ही पढ़ रही थी तभी मीरा के भाई से सगाई की बात चली थी। बात मीरा की माँ ने ही उठाई थी। उसकी माँ मुझे हमेशा पसन्द करती थी। उनका दूसरे नम्बर का बेटा वकालत पढ़ रहा था। मुझे वह दिन नहीं भूलता जब पूरा गोयनका परिवार खाने पर बुलाया गया और बाद में वे 'ना' करके चले गए। कभी मुझे विश्वास नहीं

हुआ कि कोई पुरुष मेरे चेहरे के प्रति भी आकर्षित हो सकता है।

हाँ, वे ना करके जा चुके थे। अम्मा की मेरे प्रति चिढ़ और बढ़ गई थी। भाई-बहनों की नजर में मैं और बदसूरत हो गई थी। अम्मा प्रायः सल्लो जीजी से कहतीं, "सरोज के लिए तो कोई 'ना' नहीं करेगा पर यह प्रिया! भगवान ही मालिक हैं...कौन ले जाएगा इसे?" मेरा मन विद्रोह कर उठता—न ले जाए कम्बख्त, कोई न ले जाए। मुझे किसी की जरूरत नहीं। अब मैं विद्रोही होती जा रही थी। एक दाई माँ के अलावा घर में बाकी सबके प्रति उपेक्षा और अवज्ञा का भाव। बाहरवाले मेरे ज्यादा अपने थे। अम्मा की जगह स्कूल की बड़ी बहनजी ने ले ली थी। मेरा किशोर मन जीवन के अभावों की पूर्ति कल्पना के सहारे करने लगा। मैं एक बहुत ही स्नेही माता-पिता की कल्पना करती। मैं उनकी अकेली बेटी होऊँगी। फिर दाई माँ मेरे साथ रहेगी। पर बड़ी जल्दी मुझे कल्पना की सीमा समझ में आने लगी। जिन्दगी कल्पना के सहारे नहीं चल सकती। और भी बहुत कुछ था, जो मुझे चुनौती देता, उलझाए रखता। मेरा मन किताबों में बेहद उलझा रहता। लाइब्रेरी से एक सप्ताह में एक ही किताब ली जा सकती थी, और मैं रोज एक उपन्यास खत्म कर लेती। मेरी भूख ही नहीं मिटती। क्लास में पाँच-छह दोस्तों के साथ मेरा एक अनुबन्ध था। वे पढ़ें या न पढ़ें मगर मेरी चुनी हुई किताबें वे जरूर इश्यू करवा लेंगी। और किताबों की दुनिया ही अलग थी। वहाँ न अम्मा की झिड़की थी और न भैया की दहशत। शरतचन्द्र की पारो? नहीं, ऐसा भी क्या पागल होना? प्रेमचन्द की जालपा? गहनों के लिए पति को चोरी करने पर मजबूर करे, नहीं। पर धर्मवीर भारती का उपन्यास 'गुनाहों का देवता' पढ़कर बहुत दिन तक मैं रोती रही थी। मगर मेरे मन में कभी प्रेम की स्वस्थ कल्पना नहीं आई। मेरे दिवास्वप्न भी अजीब थे, मेरे दिवास्वप्न का नायक हमेशा व्यथित और दुखी, दुनिया द्वारा सताया हुआ या फिर जीवन से उदासीन, और मैं उसके जीवन को हर तरह से भरनेवाली। क्या पढ़ना चाहिए और क्या नहीं, इसकी मैंने कभी चिन्ता नहीं की। श्लील-अश्लील कुछ भी, जो मिले, बस पढ़ना है। घर में यों भी मेज पर बैठकर यदि कोर्स की किताब के बीच में उपन्यास रखकर पढ़ रही होती तो कोई समझता नहीं था और न ही किसी को मेरे बारे में ऐसी कोई खास दिलचस्पी थी। और अब प्रेसीडेंसी कॉलेज में रात-दिन किताबें और किताबें मेरे सामने थीं।

हमारे घर में दो दल थे—एक, दलनकारियों का खेमा, जिसके हाथ में सेफ की चाबी थी, जिसको जुकाम होते ही डॉ. गांगुली तो क्या, सौ रुपए की फीसवाले डॉ. नलिनीरंजन दत्ता तक को बुलाया जाता, जिसका घर की हर चीज पर पहला हक था। इस दल में माँ, बड़े भैया, बड़ी भाभी, उनका छोटा-सा चार-पाँच साल

का बेटा, सल्लो जीजी और मुझसे बड़ी डॉक्टरी पढ़ती हुई सरोज। दलित वर्ग के खेमे में गिनती थी मेरी और छोटे भैया की, जो किसी भी समझौते को मानने को तैयार नहीं होते। छोटी भाभीजी बेहद मधुर स्वभाव की, सदा अम्मा की सेवा में तत्पर, जेठजी की हर बात पर सर झुकाकर हाँ कहनेवाली। बड़ी बाईजी आएँ तो सर दबाने छोटी भाभीजी बैठ जाएँ। चूँकि सारा पैसा, मकान के किराए की इनकम, बड़े भैया के हाथों में, अतः वे जिसे जो भी उठाकर दे दें। पिता की सम्पत्ति के दोनों भाई बराबर के वारिस, पर छोटे भैया के हाथ में एक भी पैसा नहीं। अम्मा कहतीं, "अरे, इस ऊँट को ले जा. ऑफिस में बैठा तो सही।" भैया ले जाते और मेट्रो सिनेमा हॉल के सामने एक टिकट पकड़ा देते। कहते, "जा सिनेमा देख आ।" छोटे भैया रुआँसे घर लौट आते। शाम को बड़े भैया अम्मा के कान भर देते, "क्या करूँ माँ! कहाँ तक इस गधे से सर फोड़ूँ? भेजा था फाइल लेकर इनकमटैक्स ऑफिस, चला गया सिनेमा देखने!"

अम्मा की आँखें आग की दरिया हो जातीं—"कहाँ है ओजिया तू? आ तो इधर! खाने को तो तुझे ढाई सेर चाहिए। दो बेटों का बाप हो गया और एक पैसा कमाने लायक नहीं। मैंने इस लक्ष्मी जैसी लड़की का भी जीवन तेरे पीछे बरबाद किया।"

छोटे भैया चुपचाप बरामदे में सर झुकाए बैठे रहते। एक शब्द भी उत्तर में नहीं। झँकते-झँकाते अम्मा खुद ही चुप हो जातीं या फिर बड़ी भाभीजी जले पर नमक छिड़कने चली आतीं, "छोड़िए माँजी, सुधर जाएँगे। आप क्यों अपनी तबीयत खराब कर रही हैं..." छोटी भाभी बेचारी आँखों से बहते दरिया को बाँध सास के पीछे-पीछे—"कौन-सी दवाई लेंगी माँजी?"

"कोरामिन दे दे बेटा...मेरा तो हार्ट और खराब हो जाएगा।" सच बोलने की बेचारी निरीह भाभीजी को हिम्मत ही नहीं होती। न ही भाभीजी को पीहर का कोई सहारा था। राज परिवार की बेटी थीं, पर सिर्फ कहने को। कभी भाई लोग बड़े जमींदार रहे होंगे, अब तो खाने के लाले थे। छह बहनों में भाभीजी का नम्बर पाँचवाँ था। बड़ी चार बहनें करोड़पतियों के यहाँ ब्याही गईं, रूप और गुण के कारण। यह सम्बन्ध भी मेरे ममेरे भाई, जिनकी पत्नी भाभीजी की दो नम्बर बहन थी, ने करवाया, "बुआजी! लड़की हजारों में एक है। दिल्ली लेडी इरविन कॉलेज से आई.ए. पास। संगीत में ग्रेजुएट, संस्कृत में ग्रेजुएट, नाम है सविता।" देखने बड़े भैया गए। वहीं हाथ में चार गिन्नी देकर नेग पक्का कर आए थे। छोटे भैया से पूछने की जरूरत ही नहीं समझी गई। सल्लो जीजी ने कहा भी, "माँ! एक बार अजय को लड़की दिखा देते।"

"क्या देखना है। फोटो तो भेज दी अगलों ने और विजय देखकर आया है न!"

छोटे भैया ने लड़की देखी थी सगाई के दिन।

एक दिन कमरे के कोने में बैठे हुए मैंने छोटे भैया को सुबक-सुबककर रोते देखा। बधिर की मूक गाय-सी छोटी भाभीजी बैठी थीं। अचानक छोटे भैया उठे और पैरों में चप्पल डालकर चले गए। कमरे की देहरी पर स्तब्ध छोटी भाभीजी खड़ी थीं। अम्मा कुर्सी डालकर हॉल में बैठी थीं। अम्मा ने पीछे से आवाज देकर पूछा—"अजय! कहाँ जा रहा है?"

"काम से।"

"कर चुका तू काम!"

अम्मा का चुभता हुआ तीर था। जब शाम चार बजे तक छोटे भैया नहीं लौटे तो खोज शुरू हुई। कहाँ गया? छोटी भाभीजी ने रोना शुरू कर दिया। वह भी मुँह में पल्लू ठूँसकर मैंने अम्मा से कहा, "अम्मा! आज भैया रो रहे थे।" जब बड़े भैया आए, तब अम्मा का रोना-धोना शुरू, "ऐ बेटा! यह कसाई तो मुझे दुख देने को ही पैदा हुआ है। एक तो तेरे बाबूजी का घाव नहीं भरा, अब यह कहीं कुछ कर बैठेगा तो मैं इस लक्ष्मी बहू को कैसे सम्हालूँगी?"

भैया ने अनिल बाबू (हमारे पारिवारिक सालिसिटर) से फोन करके सलाह ली। फिर अम्मा से कहा, "एक बार पुलिस स्टेशन जाकर आता हूँ।" भैया नीचे उतर रहे थे कि सीढ़ियों पर बड़े जीजाजी के साथ छोटे भैया सीढ़ी चढ़ते हुए दिखे। अब तक अम्मा हनुमानजी का सवा मन का दाल-चूरमा का प्रसाद और राणी सतीजी के लिए चूड़ा-चुनड़ी का चढ़ावा और न जाने कौन-कौन-सी मनौतियाँ मान चुकी थीं। छोटे भैया को देखते ही चीख उठीं, "तू कहाँ था चंडाल! बिना बोले सुबह का निकला हुआ अब आया है!"

छोटे भैया बिना कुछ बोले अपने कमरे में चले गए। जीजाजी ने माँ और बड़े भैया से कहा, "अपने कमरे में चलें, बातें करनी हैं।" पता नहीं दो घंटे तक क्या-क्या बातें होती रहीं। जीजाजी ने एक कप चाय तक नहीं पी और उठकर चले गए। अब जाकर एकदम बम फूटा—"ओजया! तेरी इतनी हिम्मत कि तूने घर के बँटवारे की सोच ली? तू जीजा को पंच बनाने गया?"

छोटे भैया बोले, "हाँ, बाबूजी के कमाए हुए धन में मेरा भी आधे का हक है।"

"हक की बात करता है?" अम्मा अपने पैरों से खड़ाऊँ निकालकर दौड़ीं छोटे भैया की ओर। छोटी भाभी बेचारी अम्मा के पैरों पर गिर पड़ीं, "नहीं

माँजी! ऐसा मत कीजिए।''

तब तक बड़े भैया ने माँ को हाथ पकड़कर बैठाया। एक आग्नेय दृष्टि छोटे भैया पर डाली और कहा, ''अम्मा! यह ऐसे नहीं मानेगा। इसका इलाज पूरी तरह करना पड़ेगा।''

''क्या इलाज करिएगा? आप क्या कम ते हैं, पहले यह बताइए? मैं और मेरे बच्चे पाँच-पाँच रुपयों के लिए तरस जाएँ?'' छोटे भैया पॉप कार्न की तरह चटक रहे थे। माँ कुछ बोलें, इससे पहले बड़े भैया का ही ठंडा स्वर, ''तुम सोचते हो धन बाँटकर बाबूजी की इज्जत ऊँची हो जाएगी और ये जीजाजी तुमको मुझसे अलग करके कल तुम्हारा रुपया रहने देंगे?''

''मुझे मालूम है रुपया कैसे रखा जाता है, और जीजाजी को दोष मत दीजिए, दोषी तो आप हैं आप...''

दोनों भाई आमने-सामने थे। अचानक तड़ाक से अम्मा का चाँटा छोटे भैया के गाल पर पड़ा, ''नालायक! तू मेरी कोख का जाया है? इससे तो तू नहीं पैदा होता तो ही अच्छा था।''

'माँजी...माँजी, अपने को सम्हालिए माँजी।'' छोटी भाभी की घुटी हुई आवाज। अम्मा हताश कुर्सी पर बैठ गईं। मैंने देखा, अम्मा का मुँह टेढ़ा हो गया। क्या हो गया अम्मा को, क्या हो गया? अरे बरफ लाओ। कोई दौड़ा गांगुली बाबू को लाने। ''सविता, जल्दी से कोरामीन लाओ।'' बड़े भैया का वही ठंडा स्वर, ''यदि आज मेरी माँ को कुछ हो गया न, तो अजय मैं तुझे जिन्दा नहीं छोड़ूँगा।''

छोटे भैया रोते हुए माँ के कदमों में लोट गए, ''अम्मा! अम्मा! मुझे माफ कर दो। मुझे नहीं चाहिए धन। मैं नहीं माँगूँगा अपना हिस्सा।'' पता नहीं कैसे इस सारी घटना को मैं अवाक् साक्षी भाव से देखे जा रही थी? बिना किसी प्रतिक्रिया के, बस कानों में बड़े भैया का ठंडा वाक्य गूँज रहा था—''तुम सोचते हो धन बाँटने से स्वर्गीय बाबूजी की इज्जत ऊँची हो जाएगी...?'' घर्र-घर्र-घर्र... कुछ घूमता हुआ-सा स्वर...अरे यह तो सीलिंग फैन की आवाज थी। भैया का स्वर यहीं कहीं हॉल में किसी कोने में चौकस चीते की तरह पैंतरा बदलकर अब भी, इतने वर्षों बाद भी खड़ा हुआ था।...माँ का टेढ़ा मुँह सीधा हुआ। भाभीजी लोग सहारा देकर उनको उठाकर कमरे में ले गईं। अब तक डॉ. गांगुली आ गए थे।

''डॉ...डॉक्टर बाबू, आज तो हमारा जान हो चला जाता। हार्ट फेल हो जाता। यह एक ही कंस हमारे घर पैदा हुआ है। बड़ा बेटा तो श्रवणकुमार है, अपनी माँ को रात-रात-भर सम्हालता है।''

''शोब ठीक हो जाएगा। विजय बाबू को बोलो, ओजय को काम में

लगाएगा। आप लोग लड़का कमाता नहीं कि उसका पहिले शादी बना देता।"

"क्या करें डॉक्टर साहब! हमारा जेठ-जिठानी तो कान खा लिया। एक ही बात, लड़के की शादी करो, शादी करो।"

"अच्छा, अब आप जरा बायाँ कोरवट बदलिए तो...हाँ, बोऊमा! थोड़ा पेटीकोट ढीला कीजिए। एकठो सुई लेकर आराम कीजिए। आपका नारबास ब्रेकडाउन हो गया है।"

"हम तो एकदम ही डाउन हो गया डॉक्टर साहब! जबसे बड़ा बाबू गए।"

"बड़ा बाबू तो देवता आदमी था। शॉब माँ काली का मोर्जी।" सुई लगाने से पहले ही अम्मा 'ओरे ओरे' चिल्लाने लगीं। यह कोई नई बात नहीं थी। बड़ी पुरानी आदत थी। डॉ. गांगुली ने हँसकर कहा, "ओरे माँजी! हाम तो आभी सुई लेगाया भी नेहीं, आखिर आप कोउन-सा दर्द से चिल्लाता है?"

अब अम्मा चुप हो गईं।

अम्मा सोती रहीं थीं। बेचारे छोटे भैया बिना खाए-पीए चुपचाप पलँग पर लेटे-लेटे पंखे की घर्र-घर्र सुन रहे थे। छोटी भाभीजी सासुजी की सेवा में लगी थीं। अब तक (अम्मा के आदेशानुसार) बड़ी भाभीजी ने खास-खास जगहों पर फोन कर दिया था। सबसे पहले आए मामाजी। अम्मा के सबसे चहेते, सबसे आदर्श पुरुष। क्या सलाह हुई, पता नहीं, केवल बाद में पता चला कि मामाजी ने अम्मा को यही समझाया कि जैसे भी हो, घर बाँधकर रखो, जब तक सभी बेटियों का ब्याह नहीं हो जाए।

"बाई, करोड़ को घर चवन्नी हो जासी, गाँव न तो मजो आवे घरफोड़न म, यो अजय जरूर कंइक लगाए नाचण खडयो हो गया।"

मामाजी चले गए। अम्मा को बात समझने में देर नहीं लगी कि बड़े जीजाजी छोटे भैया के पक्षधर होकर आए थे। उन्होंने ही यह आग लगाई है। अतः भाड़ेवाला मकान बड़े भैया के नाम कर दिया। बड़े भैया ने माँ के सामने, इष्टदेव के और स्वर्गीय पितृदेव के सामने, यह सौगन्ध खाई थी कि जिस दिन अम्मा कहेंगी, वे मकान का आधा हिस्सा वापस छोटे भैया को लौटा देंगे। अतः अम्मा ने निश्चय किया कि कालिया नाग के दाँत तोड़ने जरूरी हैं। यह तो खैरियत थी कि छोटे भैया माँ का टेढ़ा मुँह देखकर घबरा गए, अपनी जिद छोड़ दी, लेकिन यदि जीजाजी के लगाने-बुझाने से कोर्ट का दरवाजा खटखटा देते, तब?

दूसरा काम अम्मा ने एक और किया। बड़ी जीजी को तो जो खरी-खोटी सुनाई, सो सुनाई, जीजाजी को भी बुलाकर जला-कटा सुनाने में कसर नहीं रखी। तीसरा एक और काम हुआ—प्रसाद का महोत्सव। हनुमानजी का सवा मन का

दाल-चूरमे का प्रसाद किया गया और सारे परिवार को बुलाया गया। और फिर भादों की मावस को बड़े धूमधाम से ढाई हजार का चूड़ा-चूनड़ सती दादी को चढ़ाया गया। हम मारवाड़ियों के यहाँ सती को चढ़ाया हुआ चूड़ा-चूनड़ वापस सुहागन ननद या ब्याही हुई बेटी या भानजी को दे दिया करते हैं। चूँकि माँ बड़ी जीजी से नाराज थीं, इसलिए चूनड़ सल्लो जीजी ने जब पन्द्रह साल बाद बेटी की शादी में दिया, तब उसका मोल था पच्चीस हजार।

परिणाम स्वाभाविक था। बड़े भैया के हाथ में सारा पैसा, सारी ताकत, गहने भी बड़ी भाभी की तिजोरी में। अम्मा के पैरोनिया का यह हाल कि उन्होंने भुला-फुसलाकर छोटी भाभी के कानों की सिंगल डायमंड की लौंग और चवन्नी बराबर हीरे की अँगूठी भी उतारकर तिजोरी में रख दी। तिजोरी की चाबी बड़ी भाभी के पास।

महीने-भर बाद सल्लो जीजी और अम्मा आपस में बातें कर रही थीं। मैं वहीं बगल में बैठकर सरोज के दहेज में दिए जानेवाले बेडकवर पर गुलाबों के भरवा फूल उकेर रही थी। यह सरोज की शादी की तैयारी थी। मारवाड़ी के घर में जिस दिन से बेटी जनम लेती है, उसी दिन से माँ अपने खुद के दहेज में मिली हुई बहुमूल्य चीजें, टीशू के थान, सच्चे जरदोज की साड़ियाँ, घाघरे, ओढ़ने, चाँदी के बर्तन, गहने, सब अलग रखने लगती है। सरोज तो अब मेडिकल का पार्ट वन फाइनल दे रही थी। इक्कीस साल की हो गई, अतः अब बेडकवर, तकिए की खोली, ओढ़ने के चद्दर, सब पर नई-से-नई कढ़ाई के डिजाइन।

अम्मा ने दबे गले से धीरे से सल्लो जीजी से कहा, "बगलवाला मकान विजय के नाम कर दिया है। अजय का क्या भरोसा कि कब नाच खड़ा होवे?" पता नहीं मुझे क्या हुआ? दाँतों से धागा तोड़ते हुए मैं टप्प से बोल उठी, "पर अम्मा! देख लीजिएगा, बड़े भैया कभी छोटे भैया को उनका हिस्सा नहीं देंगे।" अम्मा का वह चाँटा मुझे याद है। एक तड़ाक की आवाज के साथ गाल पर पाँचों उँगलियों के निशान उभर आए। पूरा बायाँ कान झनझना उठा। ऊपर से अम्मा की झिड़कियों की फूल-माला, "फिर कभी कुछ बोली चंडाल, तो जबान खींच लूँगी। बड़े भाई पर इल्जाम लगाती है।" मैं सन्नाटे में थोड़ी देर बैठी रही, फिर जाकर बरामदे में बैठ गई। पता नहीं क्यों मुझे रोना आया? इन दिनों मुझे रोना कम आता था। मैं एकदम चुप हो जाती थी, और कभी स्वयं से कहती भी—'ए प्रिया! एक बात सुन, इस घर में रहना है ना तब गांधीजी के तीनों बन्दरों की तस्वीर अपनी आँखों में बसा ले। कुछ मत बोलो, कुछ मत सुनो, कुछ मत करो।

जो हो रहा है, उसे होने दो। चुप रहो। बस, जितना हो सके, चुप रहो। देखती नहीं, सरोज जब जिस चीज की फरमाइश करती है, मिल जाती है और तू एक दस रुपए की किताब के लिए तरस जाती है?"

दिन बीत रहे थे। बी.ए. की परीक्षा खत्म हो गई। सरोज मेडिकल फाइनल में थी। बड़े भैया हम दोनों बहनों, तथा बुल्ली और दोनों छोटे भतीजों को कश्मीर घुमाने ले गए। जिन्दगी में पहली बार पहाड़ देखा। पहली बार ए.सी. कम्पार्टमेंट में इतनी लम्बी यात्रा की। वह ऐश किए कि बस, पूछिए मत। पर वहाँ बार-बार आँखों के सामने छोटे भैया और भाभीजी का चेहरा घूम जाता। भैया उन्हें नहीं लाए। माँ का खयाल कौन रखेगा, कहकर पीछे छोड़ आए। तब क्या अगली गर्मी में छोटे भैया जाएँगे? कहाँ से जाएँगे, मुन्ने के दूध के पैसों का भी हिसाब तो भाभीजी को देना पड़ता है। कुछ भी तो उनके पास नहीं।

कश्मीर से लौटकर बड़ी भाभीजी बीमार रहने लगीं। वहाँ का हवा-पानी उनको रास नहीं आया। रात को भाभीजी को भैया का शराब पीना नहीं सुहाता था, और भैया एक या दो पैग व्हिस्की रोज पीते थे। पुराने संस्कारों की भाभीजी को पति चरित्रहीन लगते। भैया को शिकायत थी कि बीवी सलवार-कुर्ता पहनकर क्यों नहीं घूमती? लिपिस्टिक क्यों नहीं लगाती? भाभी कहतीं, "मैं कोई कोठे पर बैठी हूँ?" अम्मा के सामने भैया की बुराई करते ही भाभीजी की शामत आ जाती। ऐसी डाँट पड़ती कि क्या बताएँ, "सारे दिन खटकर यदि एक गिलास ऑरेंज जूस पी ही लेता है तो क्या हुआ?"

"माँजी! वे शराब पीते हैं!"

"बिणनी, तू फालतू बात मत कर। मेरा सरवण कुमार-सा बेटा। तुम्हें तो इस बात की जलन है कि मायत की सेवा क्यों करता है? तुम्हारे इशारे पर क्यों नहीं नाचता?" भाभीजी घुटकर रह जातीं। बड़ी जीजी से भाभीजी ने फरियाद की। जीजी का साफ उत्तर था, "भाभी! भैया के खिलाफ बोलकर माँ से कौन उलझे? हम लोग अपने घर में ही ठीक हैं, तुम्हारे घर की बात तुम जानो।"

भैया के चरित्र को लेकर विक्टोरियन नैतिकता से ग्रस्त भाभीजी की घुटन बढ़ती गई। भैया जात-पात नहीं मानते थे। भाभीजी कश्मीर की सारी यात्रा में घर के बने हुए पेटे, सुहाल और फलों से पेट भरती रहीं। हाउसबोट में मुसलमान बावर्ची खाना बनाता था। भाभीजी अपना धरम नहीं छोड़ें। भैया को शौक कि मैडम सलवार-कमीज पहनकर निकलें। भाभीजी निकलती जरूर थीं पर छोटी ननदों के सामने उनका सर नीचा हो जाता। बगल के हाउसबोट में कोई खेमका लोग ठहरे थे।

गाँव क्या कहेगा?

गुप्ता हाउस की बहुओं में क्या हया-शरम नहीं?

घुटन बढ़ती गई। भाभीजी कश्मीर से लौटकर बीमार रहने लगीं। पेट में बच्चा था। सारे दिन उल्टियाँ करती रहतीं। एक दिन बेहोश होकर गिर पड़ीं। डॉ. गांगुली आए। ब्लडप्रेशर चेक किया। डॉ. अमृता कौर ने कहा, "तुरन्त एबॉर्शन करवाना होगा नहीं तो माँ की जान बचनी मुश्किल है।" भाभीजी छह महीने के भ्रूण की हत्या का पाप सर पर नहीं लेना चाहती थीं, चाहे प्राण भले ही चले जाएँ। पर भैया की जिद के सामने उनकी एक न चली। गर्भपात हुआ, पर भाभीजी ने हमेशा के लिए खाट पकड़ ली। उल्टियाँ होती रहीं। डॉ. गांगुली और डॉ. अमृता कौर की दवाएँ काम नहीं कर रही थीं। डॉ. नलिनी सेनगुप्त को बुलाया गया। शरत सेन आए। पूरे अन्वेषण और विचार-विमर्श के बाद यह निर्णय निकला कि हार्ट एनलार्ज्ड हो गया। साथ ही थायरड काम नहीं कर रहा। दवाइयों और इलाज से कुछ हालत सुधरी। खाना पचने लगा, मगर भाभीजी की घुटन खत्म नहीं होती। जब कभी भैया बाहर के किसी को ग्रैंड होटल में खाना खिलाने ले जाते, रात को बाथरूम में उल्टियाँ करते। भाभीजी को पति आवारा, अनैतिक और शराबी लगता। भैया उन दिनों जोरों से रुपया पीट रहे थे पर खर्चा कमाई से दुगुना। अतः कभी पूँजी जमा ही न हो। सरोज की शादी की चिन्ता अम्मा को हो रही थी। भैया अम्मा को खुश करने के लिए रुपया पकड़ा देते थे, मगर 1962 में भी अच्छे घर-वर के लिए दहेज में नगद लाख रुपए की जरूरत थी। अम्मा अब जरा बदल गई थीं।

मसलन जब सरोज के भी पीरियड्स शुरू हुए तो हम दोनों ने ही मिलकर हल्ला मचाया कि छुआछूत नहीं मानेंगे। ठीक है, आपके कमरे में नहीं आएँगे। चौके में नहीं जाएँगे। फ्रिज नहीं छुएँगे, पर बाकी बातें नहीं मानेंगे। खैर, यहाँ तक तो समझौता हुआ, मगर बात एक जगह अटक गई। यानी सैनिटरी नैपकिन अम्मा व्यवहार नहीं करने देतीं। अब तक मेरे नैपकिन व्यवहार करने का सवाल भी नहीं उठता था। पुरानी धोती को फाड़कर, उसकी तह लँगोट की तरह बाँधो। टाँगों के बीच कपड़े की गद्दी-सी रखो और फिर दोनों त्रिकोणों को आगे-पीछे कमर में बाँधी रस्सी में गाँठ देकर बाँध लो। फिर भी यदि कहीं सलवार-कुर्ते में खून का धब्बा दिख जाए तो शामत आ जाए, पट्टी दिन में दो बार बदलने दी जाती। सुबह नहाते और रात सोते वक्त या शाम को स्कूल से लौटकर। वह भी स्नानघर में जाकर पहले से सनी उस पट्टी को अच्छी तरह धोकर, साबुन से दाग मिटाकर, निचोड़कर बाथरूम की खिड़की में लगे ग्रिल से सुखाने के लिए लटका देना। यानी

सुबह-शाम के लिए दो कपड़े। बरसात हो और कपड़ा न सूखे तब सवा गज का एक कपड़ा और...ब्लीडिंग बन्द होने में कभी सात दिन, कभी आठ दिन लग जाते। बीच के बीस दिन शान्ति से बीतते और फिर टाँगों की टूटन, पेट में हल्का दर्द, पीरियड होने के दो दिन पहले सर में भयंकर दर्द, अजीब-सी उदासी, खाने में अरुचि और पाँच-सात दिन का यह सारा कर्मकांड, यों ही दहशत में बीतता। कभी रात को ज्यादा ब्लीडिंग हो गई, नींद नहीं टूटी तो सुबह उठकर देखती कि बिस्तरे में बड़ा-सा लाल धब्बा लगा है। अम्मा के डर से मेरा कलेजा धक्-धक् करने लगता। क्योंकि इन दिनों सरोज के पीरियड्स शुरू होने के बाद वह मोरियावाला लाल गलीचा पलँग पर नहीं बिछाया जाता था, रेशमी गलीचे का वह बिछावन लाल बत्ती की निशानी थी। पर सारा झमेला मेरे ही साथ क्यों होता था? इस मरी सरोज को न पेट में दर्द होता, न कभी कहीं कपड़ों में दाग। मैं दहशत में दाई माँ को खोजती। दाई माँ बेचारी कितनी भी छुपाकर रुई और पानी से रगड़कर दाग छुड़ाने की कोशिश करती, मगर वह और फैल जाता। और दस दाई-नौकरोंवाला ऐसा घर, तथा बड़ी भाभी, जो खुद छुआछूत की पारम्परिक खयालोंवाली...अम्मा के कान में बात पहुँच हो जाती। "यह मरी भाटा है, पत्थर है, कोई शऊर नहीं। सारी-की-सारी चद्दर लीपकर रख दी।" दाई माँ बेचारी चद्दर, बिछावन, सब बदलती। ऊपर छत पर धोने ले जाती। वह बिना नहाए नीचे नहीं उतर सकती थी। अम्मा के काम में देर हो जाती। अम्मा का पारा और ऊपर, "इसको कौन ब्याहकर ले जाएगा?" खैर, इसके लिए भी बड़ी बहनजी का सहारा लिया। एक दिन जाकर उनकी गोद में मुँह छिपाकर रोती रही। "क्या बात है? मुझे नहीं बताएगी?"

"मुझे बहुत ही शर्म आती है पर हमारे घर के ये पुरातनपन्थी संस्कार? आप ही बोलिए बहनजी, सैनिटरी नैपकिन के बदले कपड़े की पट्टी लगाना और वह भी फिर धोना-सुखाना?"

"तुम मुझसे क्या कहने के लिए कहती हो?" बेचारी बड़ी बहनजी भी पूरा मसला आत्मसात् नहीं कर पा रही थीं।

"आप यदि अम्मा को यह कह दें कि इस प्रकार एक ही कपड़े का दुबारा व्यवहार करने से संक्रामक रोग का भय रहता है।"

"हाँ, यह बात तो बिलकुल ठीक है। यह तो समझाई जा सकती है।"

"अच्छा बहनजी, पुराने जमाने में, जब सैनिटरी नैपकिन नहीं निकले थे, तब औरतें क्या करती थीं? और जानती हैं, भाभीजी कह रही थीं कि उनके पीहर में तो उनकी दादी बस अपनी साड़ी ही दबाकर कोने में बैठी रहती थीं। यह हमारा

कैसा बेहूदा समाज है?''

''सुनो, सभी समाज में ऐसा होता रहा है, पर हाँ, आज के जमाने में जब रुई और सैनिटरी नैपकिन निकल चुके हैं, तब तो यह पोगापन्थी खत्म करनी चाहिए।''

बड़ी बहनजी अम्मा के पास आईं, समझाया और हाई-कमांड ने ऑर्डर दे दिया।

ओह! राहत मिली। भीतर की ग्लानि और अपराधबोध ने, माइग्रेन तथा पीरियड से पहले दिन पेट में भयंकर दर्द तथा डिप्रेशन ने स्थायी रूप ले लिया था। लेकिन बाकी ऊपर की बहुत-सी परेशानियाँ खत्म हो गईं। केवल एक पीरियड की ही मुसीबत नहीं थी, बाह्य शरीर भी रूपान्तरित हो रहा था। बारह वर्ष की किशोरी, यौवन का उभार। यह उभार भी अम्मा को परेशान करता। देखने में बड़ी लगती है। अच्छा स्वास्थ्य और अच्छा खाना-पीना। मैं दिन-प्रतिदिन गदराती जा रही थी। एक दिन सल्लो जीजी ने एक नई शमीज दी, जिसका कमर से ऊपर का हिस्सा जैकेट की तरह था, जिसमें कमीज के बटन लगे हुए थे।

''इसको पहनो।''

''जीजी, यह तो बहुत छोटी है। मेरी साइज से दो इंच छोटी।''

''इसीलिए तो पहनने को कह रही हूँ? कसकर बटन बन्द करो, ताकि छातियाँ सपाट लगें।''

ओह! तो अब इन लोगों को मेरी छातियों के उभार से भी शिकायत थी और मैं थी कि आईने में अपने इन प्रस्फुटित होते फूलों को देखकर खुश हो रही थी।

''जीजी! यह तो बहुत टाइट है। दम घुटता है।''

''घुटने दो, मर नहीं जाओगी। आदत पड़ जाएगी। कुर्ता पहन...बस, ऐसी ही सपाट छातियाँ दिखनी चाहिए।''

''क्यों?''

''ताकि लोग तुम्हें औरत न समझकर, बच्ची समझें।''

''तुम क्यों नहीं पहनतीं?''

''पहनती तो थी और मेरी तो शादी ही बारह वर्ष की उमर में हो गई थी। तेरे जैसे थोड़े कि मेरे पीरियड्स दस की उमर में शुरू हो गए थे।''

स्कूल गई, पर लगा दम अटक रहा है। पानी पीने की दस मिनट की छुट्टी में बाथरूम में जाकर पहले मैंने कुर्ता उतारा और जैकेट की सिलाई खोल दी। अब वह वापस ढीली शमीज की तरह था। लगा, कबसे घुटती हुई साँसों को राहत मिली। घर लौटी। दुपट्टा लिए हुए थी। मगर अम्मा की भेदक दृष्टि। मुझसे कुछ

न कहकर उन्होंने जीजी से कहा, "सल्लो! तू भी टाबरपना कर जाती है। कैसी जाकटवाली शमीज पहनाई इसे?" जीजी चुप थीं। मैं अपने कमरे में बस्ता रखने लग गई। पीछे-पीछे जीजी। कमरा बन्द करके उन्होंने हुकुम दिया, "कुर्ता उतार।"

"सल्लो जीजी! तुमको कुछ नहीं देखना होगा। वैसे टाइट जैकट मैं नहीं पहन सकती। मैं क्लास में साँस नहीं ले पा रही थी "

"ठीक है, चल माँ के सामने और बोल कि साँस नहीं ले पा रही थी।"

अम्मा के नाम से मेरी साँस बन्द होने लगी।

"जीजी, सरोज को, नीलू को, किसी को भी क्यों नहीं पहनाया गया?"

"समय आने पर उनको भी पहनना होगा और सुन, धीरे-धीरे आदत पड़ जाएगी। ला जैकेट उतार, मैं थोड़ी ढीली सिल देती हूँ।"

"जीजी! घर में भी पहनना होगा?"

"प्रिया! तू बहुत माथा चाटती है। अभी अम्मा को कह दूँ तो पिटाई हो जाएगी। सुबह से परेशान कर रखा है।"

"जीजी! रात को भी?"

"ओह! तो कितनी बार कहूँ कि हर समय, सुबह, शाम, रात, हर समय।"

मुझे पर्लबर्क की एक नायिका याद आ गई, जिसे बचपन में लकड़ी के जूते पहना दिए गए, ताकि पैर छोटे रहें। बाद में जब वह बड़ी हो गई तो पैर इतने छोटे थे कि उसे चलने में मुश्किल होती थी। वह दासियों का सहारा लेकर चलती थी। क्या मेरा भी विकास रुक जाएगा? पुरुषों की तरह सपाट छाती! नहीं, ऐसा नहीं होना चाहिए, लोग मुझे हिजड़ा कहेंगे। मेरे प्रश्नों का उत्तर बेचारी दाई माँ के भी पास नहीं था। उसका छेदी तो बारह साल की उम्र में ही हो गया था।

"तोहार उमर में तो हमार छेदी होइ गवा रहिल।"

"उस समय तुम्हारी छातियों का साइज क्या था दाई माँ?"

"अब ई हम नहीं जानत बिटिया!"

मैंने दाई माँ के लटके हुए स्तनों को देखा, "दाई माँ! ऐसे ही थे?"

"अरे नाहीं बिटिया! ई त छह-छह बेटा-बेटी क दूध पियावत-पियावत हो गइल और हमार उम्र अब पचास से ऊपर हो गईल। छातियाँ तो टूटेंगी ही।"

"पर अम्मा मुझे क्यों तोड़ रही हैं?"

"इसलिए कि महीना शुरू होने पर अवरत जवान होने लगती है। तू समय से पहिले बढ़ गइल। सब करनी तो ऊ जालिम का हई ना? अरे दईया रे दईया, कली खिली नाहीं क ओहके पहले डंठल तोड़ डालिस।"

ओह! तो मेरे असमय पकने के कारण बड़े भैया हैं। बस इस एक समझ से

शरीर के पोर-पोर में जहर रिस गया। बड़े भैया? उन्हीं के कारण पहले पीरियड, अब यह उभार और यदि बात और आगे बढ़ती तो मेरे पेट में बच्चा! वह भी भाई का, अपने ही खून का! उस रात मैं सो नहीं सकी। पिछले एक साल से मैं यातना ही सह रही हूँ। असमय का यह बोझिल कैशोर्य, कुचला हुआ बचपन... बड़े भैया और कोई नहीं, बड़े भैया...दाई माँ के शब्द, ''काहू से मत कहिह बिटिया, कभी नाहीं।'' और अम्मा का अपराधबोध, समूचा हीनभाव मुझको लेकर...बड़े भैया? मेरा समूचा अस्तित्व चीख रहा था, हाहाकार कर रहा था अचानक दाई माँ के इन शब्दों से—'कली खिली नहीं कि...ओहके पहले डंठल तोड़ डालिस।' कली नहीं खिली, मैं न फूल बनी न नागफनी का काँटा। कुछ नहीं, बस एक सुलगता हुआ अंगारा या फिर एक धुआँ उगलती हुई आँसुओं से तर गीली लकड़ी। क्या कहूँ इसे? मेरे व्यक्तित्व को किसी ने बीच में से चीरकर दो टुकड़े कर दिए थे। एक विद्रोह में जलती हुई आग थी तो दूसरी भयाक्रान्त। मैं हर पुरुष में बड़े भैया को देखती। मैं सहमी हुई, धीमे विलाप करती हुई अपने बाबूजी को बुलाती हुई दस बरस की लड़की थी। कहाँ चले गए मेरे बाबूजी? कब? कैसे? क्या सच में चले गए? क्या कभी लौटेंगे नहीं? उनका वह आश्वस्त करता हुआ लम्बा ऊँचा कद। सुरक्षा देती हुई उनकी वे ममता से भरी आँखें, अपनी इस उपेक्षिता बेटी को दाई माँ की गोद में खुश देखकर जिम्मेदारी से मुक्त होती हुई। बाबूजी को मालूम होता कि भैया ने मेरे साथ क्या किया...तो वे कौन-सा कदम उठाते? भैया को घर से निकाल देते? नहीं, अम्मा अपने बेटे को नहीं निकालतीं, बेटे की तरफदारी करतीं और मुझे ही ब्याहकर घर से बाहर कर देतीं। यही तो होता आया है हमेशा से। लड़की को घर से निकाल दो, इससे पहले कि वह बड़ी हो, आँखों से दूर कर दो, इससे पहले कि घर के पुरुषों की उस पर नजर पड़े। सोचते-सोचते शायद मैं सो गई थी। उस रात एक सपना देखा—जैसे मकान के सामनेवाले बरामदे से किसी ने उठाकर मुझे फुटपाथ पर फेंक दिया है पर मैं मरी नहीं, कोई चोट भी नहीं आई। बस कपड़ों की धूल झाड़कर उठ खड़ी हुई और मकान के पीछेवाले बरामदे से लटकती सीढ़ियों पर कदम रखती हुई वापस घर में। फिर माँ का कमरा। बिना उनकी ओर देखे हॉल पार किया। फिर वहाँ से बाबूजी का कमरा और फिर वही दृश्य बरामदे से उठाकर फेंके जाने का और एक दहशत भरी चीख—''नहीं...मुझे मत फेंको...नहीं।''

''का हुआ बिटिया? का हुआ? काहे रोत हऊ?'' किसी की ममता भरी छाती थी।

''ओह दाई माँ...दाई माँ तुम।''

"हाँ, हम रोज बोलत रहत हई कि सोने के पहिले हनुमान चालीसा पढ़त चाही, पड़ हम त गँवार अऊरत? हमार बात तोहके कभऊ नाहीं समझ में आई। चलो सो जाओ...भोर का चार बजल है, फिर देरी से उठने से बहूजी बकेंगी।"

"हाँ, दाई माँ तुम सो जाओ। वह सपना ही था।" मेरे सर पर हाथ रखे बेचारी दाई माँ वहीं सो गई। सोचते-सोचते मैं भी सो गई।

नींद खुली।

अरे! यह तो डूयब्रवनिक है? बाहर ढलती हुई शाम थी। कहीं कुछ नहीं। खाली सफेद चमकता हुआ आकाश और उड़ते-उड़ते हुए सीगल पाखी। लहरों की निरन्तर छप-छप, खामोशी को तोड़कर धुएँ की तरह आकाश की ओर उठती हुई। ऐसे वक्त पता नहीं क्यों होटल भी बड़ा शान्त हो जाता है? लोग फुसफुसाहटों में बातें करने लगते हैं। दूर से किसी जहाज की सीटी सुनाई दे रही थी, गोधूलि के इस थोड़े-से वक्त में कितना कुछ घट रहा है? एक उदासी हवा में तैर रही है। डूबता हुआ सूरज आखिरी साँसें ले रहा है।

शाम को प्रायः अधिकतर टूरिस्ट किले के भीतर सजी दुकानों में चहलकदमी करते नजर आते हैं। इस छोटे-से शहर का सबसे बड़ा आकर्षण-केन्द्र यह किला है। इसके भीतर सजे हुए छोटे-छोटे बाजार, रेस्टोरेंट, किले के आखिरी छोर पर एक ऊँची-सी जगह है, जहाँ कभी-कभी नाटक खेला जाता है। किले में घुसते ही बाईं ओर कन्सर्ट-हॉल है। दाहिनी ओर ओबिजान के चित्रों की प्रदर्शनी लगी हुई है।

मैंने मन-ही-मन निश्चय कर लिया था कि मुझे लड़की ही बने रहना है, औरत नहीं बनना। इसलिए हर महीने टाँगों के बीच सात दिन तक रिसते हुए खून को मैं बिना किसी प्रतिक्रिया के देखती रहती। जैकटवाली शमीज मैं खुद ही और अधिक कसने लगी। जरा-सा भी उभार किसी को समझ में नहीं आए। पर पता नहीं मेरे चेहरे में क्या था? क्या था मेरी आँखों में कि हमेशा पुरुषों की गिद्ध दृष्टि मुझ पर पड़ती। सरोज को कोई नहीं छेड़ता। नीलू को भी नहीं। केवल मुझे ही क्यों? जब ग्यारह साल की थी, तब एक बीमारी शुरू हुई थी। मेरे सर में जगह-जगह बाल झड़कर चकत्ते की तरह सफेद खोपड़ी निकल आई। पहले अठन्नी बराबर चकत्ता, फिर कान के पास दूसरा और बड़ा चकत्ता। मैंने बड़ी भाभीजी को दिखाया, उन्होंने अम्मा को। अम्मा ने सर पीट लिया। आज फिर उनका मुँह दस मिनट तक टेढ़ा रहा। भाभीजी कोरामिन लेने दौड़ीं। दाई माँ मुँह पर यूडीकोलोन के छींटे देती हुई कहने लगी, "हिम्मत रखो बहूजी! ठीक हो जइए,

सती मइया का किरपा से इलाज हो जइए, जी छोटा न करो बहूजी!'' अम्मा का मुँह सीधा हुआ, फिर विलाप, ''अरे चमेली की मइया! इस करमजली का भाग ही फूटा है। कैसे ब्याह होगा? पूरे सर का बाल ही उड़ जाएगा! हे मेरे पितर देवता! बालाजी भगवान! मेरी लाज तुम्हारे हाथ में। हे राणी सत्ती दादी, मैं झूझणू जाकर चूड़ा-चुनड़ी चढ़ाकर आऊँगी। मेरी छोरी को ठीक कर दे मइया...'' और अम्मा बुक्का फाड़कर रोने लगीं। मुँह टेढ़ा हो गया।

पता नहीं क्यों, अम्मा को रोते देखकर मुझे बड़ा सुख मिल रहा था। पहली बार लगा—नहीं, मेरी माँ भी है। उनको मेरी बीमारी से चिन्ता हो रही है। भाभीजी का दिया हुआ कोरामिन का घूँट पीकर अम्मा पलँग पर जा लेटीं। दोपहर के दो बज रहे थे। गर्मियों की छुट्टियाँ थीं। उस तपती दोपहर में सर झुकाए-झुकाए सरोज के दहेज में दी जानेवाली ऑरगंडी की साड़ी में महीन शैडोवर्क के फूल उकेरते हुए मैं परम सन्तुष्ट थी। मेरी माँ मुझे चाहती हैं। मेरे लिए कितना रो रही हैं। दाई माँ अम्मा के पैर दबा रही थी। बेचारी दाई माँ ने सुबह से कुछ खाया भी नहीं पर मैं दाई माँ की बेटी थोड़ी हूँ। आज अम्मा मेरे लिए जितना रोई हैं, उतना कभी किसी के लिए नहीं। बुल्ली के भी तो बालों में चकत्ते पड़े हुए हैं? अम्मा रोज डॉक्टर पंजा की बताई हुई दवाई से मालिश करवाती हैं पर वे कभी उसके लिए रोईं थोड़े ही। खयालों की दुनिया को, दाँतों से धागा तोड़ते हुए, मैंने बेडकवर के साथ अलग रख लिया। मैं उठ खड़ी हुई।

''अम्मा पैर दबा दूँ? दाई माँ नहा-खा ले।''

अम्मा ने इशारे से दाई माँ को जाने के लिए कहा। मैं पैर दबाती रही। अम्मा ने कहा, ''जा बेटा, सो जा।''

''नहीं माँ! आपकी तबीयत ठीक नहीं। मुझे नहीं सोना।'' मैंने विजयोल्लास से सरोज की ओर देखकर मुँह बिराया। अब देखना, डॉ. गांगुली किसके लिए आते हैं?

डॉ. गांगुली आए। अम्मा का मुँह टेढ़ा हो गया था।

''शोब ठीक हो जाएगा मिसेज गुप्ता!''

''कहाँ से ठीक हो जाएगा डॉक्टर बाबू? बुल्ली का इलाज पिछले चार महीने से चल रहा है। कितने डॉक्टर बदल गए, पर बुल्ली तो लड़का है। गुड़ का डला, क्या टेढ़ा क्या मेढ़ा? पर यह तो लड़की की जात! सगाई-ब्याह होना मुश्किल हो जाएगा। ऐसे ही यह अभी बारह साल की तो हुई नहीं कि सोलह की लगती है। कुछ भी कीजिए डॉक्टर बाबू? चाहे जितना खर्च हो, पर इसके बाल नहीं उड़ें।''

''हूँ, सोच के बोलेगा पर आप निश्चिन्तो रहिए। डॉ. गांगुली आसोल मानुष

को खोजकर लाएगा।"

आजकल मुझे पूरी सहानुभूति मिल रही थी। सबसे पहले बड़े भैया को माँ ने मेरी खोपड़ी में अठन्नी के बराबर बिना बालों के चमकती हुई खोपड़ी दिखाई। "आप चिन्ता मत करिए माँ, नहीं होगा तो इसको बम्बई दिखाकर लाऊँगा।" सबको दिखाया गया मेरा सर। सारे बड़े भाई-बहनों ने देखा। बुल्ली के भी बाल जगह-जगह से उड़े हुए थे, पर वह तो लड़का था। उसका क्या? मुझसे यदि यह कसर रह गई तब मेरा क्या होगा? दूसरे दिन अम्मा नानीजी के यहाँ मुझे लेकर गईं। नानीजी ने भी बालों की ऊपरी तह हटाकर अठन्नी-सी चमकती खाली सफेद खोपड़ी को देखा और गालों पर हाथ रखकर कहा, "ए बाई! आको तो पूरा इलाज करानो पड़सी। कात सगाई-ब्याह होनो मुश्किल हो जासी। छोरी की जात।" मामा-मामीजी आए। मामा ने कहा, "बाई! कलकत्ते में तो एक ही टोप डॉक्टर है, वह डॉ. बी.सी. राय। तेरो भी इलाज ओऊ करयो थो।"

"पर बाबू! डॉ. बी.सी. राय तो आजकल पेशेंट देखते नहीं।" मामीजी ने बीच में टोका।

"अरे रुपिया से क्या काम नहीं होता? रुपिया है तो सबकुछ, रुपिया नहीं तो कुछ नहीं। रुपिया होने से वो आपणो कालियो मुनिम भी अब कालूरामजी हो गयो।"

मामाजी ने डॉ. राय से बात की। समय ठीक हुआ। मामीजी, मामा और मैं डॉ. बी.सी. राय के यहाँ गईं। डॉ. राय ने विटामिन का इंजेक्शन हफ्ते में तीन दिन लेने को कहा। पानी जैसे किसी लोशन का नाम लिखा और बालों में जवाकुसुम तेल लगाने के लिए कहा। साथ ही यह आश्वासन भी दिया कि कुछ महीने में पूरी बीमारी जड़ से चली जाएगी, नहीं तो वे, डॉ. बी.सी. राय, अपना नाम बदल देंगे। लौटते वक्त मामीजी ने मुझे रैली सिंह का गुलाब का शरबत पिलाया। इतनी इम्पार्टेन्स मुझे कभी मिली ही नहीं थी, वह भी डॉक्टर के पास अम्मा लेकर जाए! नहीं, मेरी माँ बहुत अच्छी हैं। कौन कहता है कि वे मुझे प्यार नहीं करतीं?

पिछले दो दिनों में जोरों का आँधी-पानी। कहाँ चला गया सूरज अपनी सारी सुनहली किरणें समेटकर? उफनता हुआ समुद्र और बरसता हुआ आसमान। जैसे पानी की एक मोटी चादर लहरा रही हो। आसमान पानी उड़ेले जा रहा है पर समुद्र की प्यास मिटती ही नहीं। जितना पीता है उतना ही नशे में बेहोश लड़खड़ाता है। यों समुद्र की सतह गतिहीन है, बारिश की चोट से लहरें स्तब्ध।

मैं बाहर घूमकर लौटती हूँ। छाता लेकर गई थी, मगर फिर भी ऊपर से नीचे तक भीगी हुई। कुछ लोग अकेले रहने से घबराते हैं। सबने अपने-अपने दोस्त खोज लिए हैं। मैं सोच रही थी कि मैं कहाँ बैठूँ, हॉल में या फिर लाउंज में? मगर लाउंज में बैठने की जगह कहाँ? जर्मन दम्पती सारे दिन अपने में मशगूल ताश खेल रहे हैं। ज़ोसेफ ने मुझसे कहा, ''मदाम! आप जरा-सा प्लम ब्रैंडी ले लीजिए। यह युगोस्लाविया की खासियत है।'' वह एक छोटे-से गिलास में पानी जैसी ब्रैंडी ले आया। मैं एक घूँट में हलक से उतार लेती हूँ। पेट की अँतड़ियाँ तक जल उठीं।

''ऐसे नहीं मदाम! ब्रैंडी, और वह भी प्लम ब्रैंडी ऐसे नहीं पी जाती।''

मैं हँसती हूँ, ''जोसेफ! तुमने तो दवा की तरह पीने के लिए कहा था। देखो, कान-वान एकदम सुर्ख हो गए। कितना गला जल रहा है।''

''अभी ठीक हो जाएगा। मदाम अकेली हैं, दो अमेरिकन आए हैं, कल ही आए हैं। मदाम! दोस्ती करना चाहेंगी?''

''नहीं जोसेफ! ये अमेरिकन बहुत बातें करते हैं और...''

''यस, मैं समझ रहा हूँ। फिर मदाम तो लेखिका हैं, एकान्त जरूरी है।''

मुझे हँसी आ जाती है, मगर लेखन का कितना सम्मान है इस देश में!

''मदाम, किस भाषा में लिखती हैं?'' जोसेफ ने फिर पूछा।

''हिन्दी में।''

''अंग्रेजी में क्यों नहीं?''

''मेरे लिए वह विदेशी भाषा है।''

''मैं पढ़ पाता...''

''शायद किसी दिन अंग्रेजी में अनुवाद करके भेज दूँ।''

''धन्यवाद! मुझे आप हमेशा याद रहेंगी। अब कैसा लग रहा है? जाड़ा तो नहीं?''

''नहीं, बिलकुल नहीं। प्लम ब्रैंडी के लिए धन्यवाद। सच में ताजगी लग रही है।''

''मदाम, अब आप लंच कर लीजिए। आपके लिए मैं वेजिटेबल प्लेट सजा देता हूँ।''

''जोसेफ! कुछ और नहीं मिल सकता क्या? वह भी ऐसे बरसाती मौसम में? सच कहूँ, मैं तुम्हारे टिन वेजिटेबल खाते-खाते ऊब गई हूँ।''

जोसेफ का चेहरा बुझ गया। फिर कुछ सोचते हुए बोला, ''मदाम के लिए करी बनाकर लाऊँ? राइस एंड करी?''

''बना पाओगे?''

"बिलकुल मदाम! आपने पहले क्यों नहीं फरमाइश की? मैंने सोचा था, उबली हुई सब्जियाँ मदाम को खाने के लिए बोला गया है। बेलग्रेड से आपके दोस्त ने हमें यही निर्देश दिया था।"

"ओ फिलिप? तब यह फिलिप की कारस्तानी है! सॉरी जोसेफ, हमारे दोस्त कुछ ज्यादा ही खयाल रखते हैं। अब तुम्हारा जो मन हो, बनाकर खिला दिया करो।"

उसकी आँखें चमक उठीं, "आज रात को आपको स्पेशल 'कीश' बनाकर खिलाऊँगा। और सच में चीज़ बॉल। ओह मदाम, मुझे पहले बताया होता...सॉरी, वेरी सॉरी!"

"नहीं गलती मेरी थी। धन्यवाद जोसेफ!"

जोसेफ ने टमाटर के रस में सब्जियाँ उबालीं और चावल वाकई अच्छा बनाया था, साथ में स्ट्राबेरी टार्ट था। चलो मुँह का स्वाद बदला। बिस्तर पर लेटते ही प्लम ब्रेंडी का असर मालूम हुआ। दो-तीन घंटे गहरी नींद थी। नींद खुली तो मैं खिड़की पर आकर खड़ी हो गई। समुद्र पर पड़ती बौछारें और फिर धुआँ-धुआँ होकर उठती हुई लहरों के बादल। पूरा शहर भीगा हुआ था। चट्टानों के पोर-पोर भीगे हुए थे और उन पर टूटती हुई बौछारों का नजारा ही अलग था। मुझे लगा, मैं हवा के साथ पानी पी रही हूँ।

कुछ देर मैं यों ही खड़ी चुपचाप देखती रही। बालकनी बैठने लायक बिलकुल नहीं थी। क्या करूँ? "लिखो..." मानो जूडी का आदेश था, पर ऐसे मौसम में और वह भी इतने अकेले? तब क्या लोगों की भीड़ में लिखा जाता है? अपनी बेवकूफी पर मैं स्वयं ही मुस्कुरा उठी।

अकेलेपन की तहों में लिपटी मुझे दूर से जिन्दगी की झंकार सुनाई पड़ रही है। अभी-अभी हुई बरसात के कारण मिट्टी की सोंधी महक नथुनों में समा रही है। धुन्ध भरे माहौल में लोगों का असल चेहरा पहचानना है।

बारिश कम हो रही है। बीच-बीच में बत्तियों की झिलमिलाहट चमक जाती है। लगता है आज की सारी शाम बरसती रहेगी। सुबह उठकर मैं सबसे पहले बालकनी में गई। तूफान और बारिश सब थम चुके थे। ताजा खिले गुलाब की तरह भीगी सुबह समुद्र की शान्त लहरों पर तैर रही थी। हर मकान, हर पेड़ और हर पत्ता, किनारे पड़ी गिट्टियाँ, सब मानो अभी-अभी ताजा नहाकर निकले हों।

अजीब-सी बेचैनी शिराओं में बह रही है। भीतर कुछ घुमड़ रहा है। एक अथाह समुद्र। गरजती हुई लहरों के साथ, इस किनारे पर खड़ी हुई बिलकुल अकेली मैं। निस्पन्द। कहीं से आवाज आ रही है, मगर मैं सुन नहीं पा रही। लहरों

के शोर में आवाज, डूबती, लेकिन फिर सुनने की चेष्टा करती हूँ। कौन है वह? उस पार, क्षितिज के उस पार, जहाँ कभी जमीन के किसी कोने पर हम सब लोग साथ थे...जहाँ मेरा घर था, बाबूजी थे। मैं बातें करना चाह रही हूँ उन सबसे, जिन्हें पीछे छोड़ आई हूँ।

"हैलो ऑपरेटर?"

"यस!"

"कैन यू गिव मी दिस नम्बर?"

मैं उसे फिलिप का नम्बर देती हूँ। एमस्टरडम से पचास मील दूर वालवाइक का, जहाँ फिलिप और जूडी रहते हैं। व्यापार का रिश्ता गहरी दोस्ती में बदल गया था। एक निष्पाप, स्वार्थरहित, पारस्परिक दोस्ती में। कुछ ही दिनों के परिचय के बाद व्यापार को धीरे से निकालकर अलग कहीं और किसी कम्पनी में रख दिया गया था। नहीं, व्यापार ही तो करते रहते हैं हम सब। ढेरों व्यापारी मिल जाएँगे, खरीदनेवाले, बेचनेवाले, पर दोस्त? हाँ, बड़ी मुश्किल से दोस्त मिलते हैं, ऐसा जूडी का कहना था।

"हैलो...हाँ फिलिप...ठीक हूँ, बिलकुल ठीक। क्या कहा...? आवाज में उदासी है? नहीं, सुनो फिलिप...क्या मैं कुछ दिन और तुम लोगों के साथ बिता सकती हूँ? नहीं, नहीं, घूमने नहीं जाना है...मुझे तुम्हारा घर चाहिए...एकान्त। ओह! फिलिप, सारी बातें फोन पर नहीं बताई जा सकतीं। तुम हमेशा जेट स्पीड में क्यों रहते हो? जूडी कहाँ है? अपने ऑफिस में? कहना मैंने याद किया है। ओ.के. बा...इ।" फोन रख देती हूँ?

खाना खाते-खाते मैं फिर सोचने लगी। अम्मा इन दिनों कितने सालों की होंगी? पचासी के ऊपर की तो जरूर। क्या दिन-पर-दिन उनकी ही शिथिलता और कड़वाहट मेरी भी रगों में लहू बनकर दौड़ रही है? क्या इसलिए मैं कभी अपने को स्वीकार नहीं कर सकी? भीतर रोती हुई दस वर्ष की लड़की को एक दिन मैंने जिन्दा दफना दिया था। नहीं, मैं औरत नहीं होना चाहती।

अम्मा! तुम्हारी जैसी, जीजी लोगों जैसी जिन्दगी मैं नहीं स्वीकारना चाहती थी। मैं बड़ी भाभीजी की तरह घुट-घुटकर नहीं मरना चाहती। मगर फिर भी इस परम्परा की जड़ें शरीर के रेशों में समाई रही हैं? सदियों की इस अमानवीय परम्परा को किस बीमारी का नाम दूँ जहाँ मेरी जैसी विद्रोही लड़कियाँ भी समर्पिता पत्नी और माँ बन जाने को विवश हो जाती हैं? मैंने अपनी जिन्दगी का एक लम्बा हिस्सा अम्मा की जैसी न हो जाने के संघर्ष में लगा दिया। फिर भी मैंने कब नहीं

चाहा था कि अम्मा भी खुश रहें, हँसें...पर नहीं। बाबूजी की मृत्यु के बाद अम्मा ने अपनी जिन्दगी को रेगिस्तान बना दिया था। कहीं नहीं जाती थीं, किसी भी जगह नहीं।

बाबूजी जब जिन्दा थे, तब हर साल पूजा की छुट्टियों में हम सब मय लाव-लश्कर के, महाराज और मुनीम, चार छोटे बच्चे हम लोग, दोनों भैया लोग, साथ में कभी-कभी सल्लो जीजी, कलकत्ता से बाहर जाते और वह भी कितनी दूर...? कभी राँची, कभी हजारीबाग तो कभी जसीडीह या देवघर, बस। बिहार की वह लाल जमीन, साँय-साँय करती ठंडी सूखी हवा, उबाऊ दुपहरिया और कभी न खत्म होनेवाली रातें।

जाने के पहले डॉ. गांगुली के सामने हर बच्चे का वजन लिया जाता। डायरी में मुनीमजी सबका वजन नोट करते। अम्मा कहतीं, "सेहत बनानी है। कमजोर हो गए हैं बच्चे। बंगाल का बरसाती मौसम..." डॉ. गांगुली का कहना था, "इहाँ का नोरोम हवा आँतों को भी सड़ा देता है, पोश्चिम का हवा जोरूरी है।" अम्मा भी मान लेतीं कि बिना पश्चिम की हवा के बच्चों की खाँसी-सर्दी ठीक होने से रही। फिर वे खुद भी तो बीमार रहती थीं। बाहर जाना उनके लिए भी जरूरी था। कोठी भाड़े पर ली जाती। महीनों पहले तैयारियाँ शुरू हो जातीं। अम्मा कहतीं, "सल्लो! जरा लिस्ट बना तो।" बक्सा और बक्सा। बड़े-बड़े लोहे के काले बक्सों में किसी में खाने-पीने का सामान तो किसी में बर्तन, किसी में दवाइयाँ, गरम कपड़े, कोट, स्वेटर, मोजा, मफलर, सबकी रजाइयाँ, फिर नौकर-चाकरों के लिए शाल, बिस्तरबन्द के बड़े-बड़े बंडल। स्टेशन पर बाबूजी का परेशान चेहरा। बड़े भैया को सख्त हिदायतें, कालूरामजी को सम्हलवाई गई रुपयों की थैली। और फिर हजारीबाग के जंगल का वह सूना बँगला, बड़े से बगीचे के बीच बड़े-बड़े पेड़ों से भरा हुआ। दस-पन्द्रह जिसके नाम...मुझे झुरझुर हो जाती थी, क्योंकि दाई माँ से मैंने हरिया को बातें करते हुए सुना था..."अरे मौसी! कल रात उहाँ भूतनीं बैठी रही थी।"

"अरे सच?"

"हाँ, हमको छनक-छनक का आवाज आवत रही...हम सोचन कि जाई जरा देखी।"

"अरी भगिवना...अपन जान से मत खेल...ऊ भूतनिया कोई यान्त्रिक क किरिया कलाप है।"

"दाई माँ! भूतनी को कैसे पहचाना जाता है?"

"भूतनी का पंजा उलटा होता है।" हरिया बोला।

इसलिए बरगद के चबूतरे की तरफ कोई नहीं फटकता। खाली सुबह दाई माँ शिवजी को जल चढ़ा आती। उसका कहना था कि शिवजी तो खुद भूत-परेत को लेकर रहत हई।

हाँ, तो पहला सप्ताह बड़े उत्साह से बीत गया। जाते ही अम्मा अपनी सारी दवाइयाँ बन्द कर देतीं। उनकी खुराक भी डबल हो जाती। राधा कहती कि बहूजी यदि तीन महीना हजारीबाग रह लें, तो हरदम के लिए बीमारी ठीक हो जाएगी। अम्मा कहतीं, "सवा महीना तो जरूर रहूँगी। बस, हम लोग धनतेरस के दिन कलकत्ता पहुँचेंगे।"

दूसरे सप्ताह पहली लड़ाई शुरू होती दाई माँ और राधा में। अम्मा का हुकुम रहता कि बच्चों को उबटन-तेल राधा लगाए। राधा इस काम से जी चुराती और कौन-सी हमीं लोगों को तेल-मालिश अच्छी लगती थी? दाई माँ का माथा गरम, "ई कवन तरीका हुआ उबटन मले का...अरे जाँगर चोर कहीं की।"

दूसरे, गोविन्दा महाराज सबसे बदमाश और अम्मा के गले गोविन्दा महाराज के ही पतले-पतले फुलके उतर पाते...और वही लौकी और पालक की सब्जी, मूँग की पतली दाल। बच्चों के लिए आलू-मटर, गोभी-पत्ता गोभी, पालक। हर सब्जी में हींग-जीरे का छौंक, ऊपर से हल्दी, सूखा धनिया, लाल मिर्च और अमचूर की खटाई। कोई भी सब्जी बनी हो, सबका स्वाद एक-सा। बस, शायद बचपन में तो यही सब्जियाँ खानी पड़ती थीं।

झगड़े का पहला कारण होता—चौका। चमेलिया की माँ ने चौका छू दिया था और वह भी चुपचाप। बच्चों के लिए सरसों के तेल में बैंगन और प्याज की सब्जी छौंकी गई थी। हाँ, बिलकुल उसी वक्त, जब कुएँ पर महाराजजी नहा रहे थे, और उनकी नाक में रसोई से आती प्याज की बदबू ने धावा बोल दिया था। लछमनिया पानी की डोलची छू देता था। खैर, कुएँ से महाराजजी को पानी खींचने में आलस आता था, इसलिए यह समझौता तो उन्होंने कर लिया था, पर उनके पीछे से चौका छूना और वह भी नीच जात की औरत का, जोकि सखरा-नखरा कुछ नहीं जानती और फिर हरिया...उसकी यह मजाल कि बच्चों के लिए टमाटर-प्याज की सलाद बनाए? महाराजजी चिमटा-बेलन पटककर पिछवाड़े जा बैठते। हम बच्चों के लिए वह सबसे आराम का वक्त होता। दाई माँ के हाथ की सिंकी हुई मोटी-मोटी रोटियाँ, आलू-बैंगन की सब्जी, प्याज का सलाद...इससे अच्छा और क्या खाना हो सकता था? पर घर में बाभन भूखा रह जाए, यह कैसे होगा? दाई माँ पूरा चौका वापस धोकर, लीप-पोतकर गोविन्दा महाराज की सौ गालियाँ सुनने चली जाती। और गोविन्दा महाराज! उस निरीह औरत को पीड़ा देने में उनको चरम

तृप्ति मिलती, "राँड पैली तो आग लगाव पीछ पाणी गैरन आव, म्हे जावा, तने म्हारो सराप लाग सी!" मैं कहती रहती, "दाई माँ! महाराजजी बदमाश हैं। तुम्हें गाली दे रहे हैं।"

"अरे जाय दे बिटिया! बाभन क गाली नाहीं लागत।"

पर दूसरे दिन और एक नई घटना। आज तो हरिया ने चौका भी नहीं छुआ था। बगीचे में दो ईंटों के बीच लकड़ी जलाकर बटलोई में मसालेवाली खिचड़ी ही तो बनाई थी और बगीचे से तोड़कर मूली, गाजर, टमाटर, प्याज, केले के पत्ते पर परोस दिए गए थे। सब बच्चों ने पूरी-की-पूरी हाँडी चाट डाली। महाराजजी अपना मक्खनवाला टिकड़ा लिए बैठे रहे। कोई खाने नहीं गया। इतनी भारी बेइज्जती? महाराजजी बड़बड़ाते हुए गए मुनीम की कोठरी में—"मुनीमजी, म्हे तो चाल्या...ये बहूजी स बोल दियो।" मुनीमजी लाख समझाते रह जाते, लछमनिया पीछे-पीछे स्टेशन तक दौड़ता, पर महाराज ट्रेन में बैठकर दिल्ली रवाना हो जाते। उनका गाँव था सुजानगढ़। हम लोग खुश। चलो, अब हरिया और दाई माँ के हाथ की बनी हुई खास-खास सब्जियाँ, जैसे आलू-बड़ी का झोल, प्याज-लहसुन से छौंकी हुई गोभी और सबसे बड़ी बात, शाम को चार बजे तेल में तली हुई प्याज और हरी मिर्च की पकौड़ियाँ खाने को मिलेंगी!

दूसरे सप्ताह के अन्त तक चौके की इस अराजकता से खुद अम्मा परेशान हो उठतीं। मुनीमजी का बड़बड़ाना अलग चालू रहता, "बहूजी! नौकरी करा ह जद के बोला, पर आ के बात हुई, छुआछूत को कोई विचार ही कोनी।" और हर बच्चे के मुँह से प्याज और लहसुन की गन्ध। चौका है या उठाईगिर कैम्प? घी से तर बादाम का हलवा कोई नहीं खाता, चाट-पकौड़ा होना चाहिए। इतना तेल खाने से लीवर नहीं खराब होगा क्या? हालाँकि अम्मा के लिए दाई माँ वैसा-का-वैसा ही बना देतीं...पर फिर दिन-भर वही चौके का झमेला। अम्मा का माथा गरम। एकदम आग। और तब तक बाबूजी का अपने चार-पाँच दोस्तों के साथ दो-तीन गाड़ियों में सप्ताहान्त बिताने आ जाना। ताश-पार्टी जमती। नाश्ते में कलकत्ता से बनवाकर लाया गया बीकानेर का भुजिया, मूँग की दाल की भरवाँ कचौड़ियाँ, तरह-तरह की मिठाइयाँ...हालाँकि अम्मा के हिसाब से दुनिया में तीन ही मिठाई सेहत के लिए अच्छी होती है, मामड़ा बादाम की बर्फियाँ, सन्देश और रसगुल्ले। सूजी और खोए के लड्डू, गुलाबजामुन, पेड़ा, यह सब कोई खाने की चीज हुई? बच्चों का पेट नहीं बिगड़ेगा? और सरोज तथा नीलू...ये दोनों लड़कियाँ तो रोगली थीं ही। छींक भी आ जाए तो अम्मा के हिसाब से बस खाने की गड़बड़ी के कारण। सेहत के बारे में अम्मा की अति सतर्कता और हेल्थ-फूड का वह

मेनू। यह मेनू डॉ. गांगुली लिख देते थे। मारवाड़ी भोजन से डॉ. गांगुली को भी चिढ़ थी और उस चिढ़ का कारण भी था। एक बार एक बरसती शाम में बाबूजी ने डॉ. गांगुली को भी अपनी ताश-पार्टी में शामिल कर लिया था और भोजन में बना पंचमेल की दाल-बाटी और चूरमा, सूखे सांगर की मिर्चेवाली सब्जी और लहसुन की चटनी। मूँग, उड़द, चला, अरहर और छिलकेवाली मूँग को मिलाकर बनाई जाती है एक गाढ़ी दाल, जिसमें अच्छे से साबुत लौंग, इलायची, दालचीनी के साथ बढ़िया घी का छौंक दिया जाता है। और बाटी का अर्थ आप आटे की लिट्टियाँ समझ लीजिए। उपलों पर सेंकी हुई लिट्टियों को घी से भरे पतीले में डुबोकर रख दिया जाता है। चूरमा तो लंगड़िया बाबा (हनुमानजी) का प्रसाद ही ठहरा। वह भी मोयन देकर रवेदार आटा कड़ा ओसन लिया जाता है। फिर मुट्ठियाँ बनाकर मन्द आँच पर लाल तला जाता है। बाद में चीनी और इलायची मिलाकर इसको कूटकर रवा बना देते हैं। फिर आधे-आधे पाव के लड्डू। हाँ, तो गांगुली बाबू ने भी सेठजी लोगों के साथ बड़े शौक से दाल, बाटी और चूरमा खाया। सूखे सांगर की सब्जी इतनी स्वादिष्ट बन सकती है? "एकदोम आचार! भालो खेलाम!" लेकिन रात को डॉ. गांगुली की तबीयत बिलकुल बिगड़ गई। अम्मा के लिए रात-बिरात फोन बाबूजी का आता था, उस दिन रात बारह बजे डॉ. गांगुली का फोन आया—"आरे भाई साँवोर बाबू! हामको ई आप किया खेला दिया? कठोर लाड्डू...मा गो पेटे गोड़ गोड़ कोरछे।" तब तक गिन्नी ने हाथ से फोन लेकर बाबूजी को उलाहना दिया, "दादा, आपनि तो जानेन और शोरीर कतो नोरोम?" बाबूजी नीबू के रस में सुखाई हुई हरी पीपलवटी और पत्थरहजम चूरन, खास दादी के हाथ का बना हुआ, लेकर डॉ. गांगुली के घर पहुँचे। गरम पानी के साथ चूरन खाने के आधे घंटे बाद पेट की गैस निकली, तब जाकर डॉ. गांगुली सो पाए। पर अम्मा उस दिन बाबूजी से बेहद नाराज हुईं। यदि डॉ. गांगुली को कुछ हो जाता तो अम्मा का क्या होता? ऐसा भला आदमी कहीं मिलता है!

उस दिन के बाद से मारवाड़ी खाने से चिढ़ न केवल डॉ. गांगुली को हुई बल्कि अम्मा का भी दिमाग घूम गया, बंगाल में रहने से..."माईजी बाच्चा देर ओई झोल भात दिन आर कांचा कला आर पेपे शेद्धो।" सदा बीमार रहनेवाली अम्मा के जेहन में यह बात जमकर बैठी हुई थी कि बच्चे स्वस्थ रहें।

बाबूजी का हजारीबाग आना क्या हुआ, मानो झमेला और बढ़ गया। एक तो गोविन्दा महाराज नहीं। बीस आदमियों का नाश्ता, भोजन...पिकनिक का सामान, दाई माँ दिन-भर चौके में लगी रहती। अम्मा का कुछ करने का सवाल ही नहीं

उठता था। हद-से-हद वे धनिए-पुदीने की चटनी के लिए पत्ते छाँट सकती थीं और इस काम के लिए भी राधा टोपिये में पानी और हाथ में तौलिया लिए खड़ी रहे, तब। रसोई के सन्दर्भ में जब मैं मन-ही-मन बातें कर रही हूँ तो अम्मा की बनाई हुई खिचड़ीवाली घटना याद आ गई।

सावन का महीना था। गोविन्दा महाराज देश गए हुए थे। कलकत्ता में जोरों का फ्लू फैला हुआ था। एक मुझे, बड़े भैया, अम्मा और बाबूजी को छोड़कर सब बीमार। दाई माँ का शरीर तप रहा था। खैर, यहाँ तक तो फिर भी ठीक था, पर आखिरी प्यादा हरिया भी सुबह से माथे पर पट्टी बाँधकर सो गया। लछमनिया या राधा खाना बना सकते थे, पर अम्मा को चौके में सबका जाना नहीं सुहाता था। जात-पाँत और धरम-करम का वहम उनके मन में पल्थी मारकर बैठा रहता। खासकर मेहतर की सीढ़ी अलग थी। एक आधुनिक आलीशान मकान के होते हुए भी अम्मा ने एटेच्ड बाथरूम नहीं बनवाने दिया था। अतः नहाने-धोने का कोना अलग था। दो लैटरीन अंग्रेजी और भारतीय स्टाइल के, पेशाबघर अलग, फिर गंगा मिट्टी से हाथ धोना पड़ता था। बाद में लाल साबुन हैजे के कीड़ों को मारता है, यह डॉ. गांगुली के समझाने से मिट्टी से हाथ धोनेवाली व्यवस्था खत्म हुई। अच्छा-खासा बड़ा-सा नहानघर, जिसमें बाथटब अलग, बैठकर नहाने की जगह अलग, इटालियन मार्बल का बेसिन अलग—कुल मिलाकर पूरब-पश्चिम की खिचड़ी बनाई गई थी। मेहतर की सीढ़ी बाथरूम से नीचे अलग जाती थी और उस पर से सिर्फ मेहतर ही उतरकर जा सकता है और कोई प्राणी नहीं। मेहतर ग्यारह बजे तक हाँक लगाते हुए आता, "अरे भाई! पानी लाओ।" उसे नल छूने की मनाही थी। नल खोलकर बीस-पच्चीस बाल्टी पानी लछमनिया डालता। अम्मा रोज गिनतीं, पूछ लिया करती थीं और मेहतर आया है, यह सुनकर ही अपनी कमरे में बैठी-बैठी नाक के सामने पल्ला लगा लेतीं। मेहतर बाथरूम साफ करके चला जाता। इसके बाद लछमनिया नहानघर में पानी पोंछने के लिए घुसता। यह सारा क्रिया-कलाप करीब घंटे-डेढ़ घंटे में खत्म होता था। और यदि इस बीच किसी बच्चे को टट्टी आ जाए तो उसकी शामत आ जाती। लछमनिया बाल्टी लेकर जब निकलता तो वह हॉल पार करके सीढ़ियों पर से होकर छत पर चला जाता। लछमनिया के जाने के बाद रामू का काम था कि वह फिर से हॉल में पोंछा मारे। "जरूर राम का मारा लछमनिया कहीं-न-कहीं पानी का छींटा गिरा गया होगा," ऐसा अम्मा कहतीं।

हाँ, तो मैं अम्मा की रसोई की बात कर रही थी। हरिया को अचानक जोर का बुखार, लछमन्निया तो मेहतर को धुलाया करता था। अतः उसको तो अम्मा

आधा अछूत मानती ही थीं, रामू कपड़े धोने चला गया था। राधा क्रिश्चियन थी। चौका नहीं छू सकती। बाबूजी का नौकर शम्भू सुबह ग्यारह बजे बड़ी जीजी के घर आम का टोकरा लेकर गया था, सो अभी तक 'नाड़ीटुयये' का पता नहीं। साढ़े ग्यारह बज रहे थे। घंटे-भर में बाबूजी जूट मिल से आ जाएँगे। खाना कौन बनाए? सुबह से सबको दवा और बार्ली तो मैं दे रही थी पर खाना बनाना तो मैं भी नहीं जानती थी। अम्मा चौके में गईं। पतीले में आलू उबालने के लिए चढ़ाया। पीढ़े पर थाली लेकर बैठीं चावल चुनने। राधा से कहा, "अनार का रस निकालकर सबको पिला दे।"

"अम्मा! दाई माँ ने सुबह से कुछ खाया नहीं है।"

"क्यों नहीं खाया? कोई मनाही है क्या?" अम्मा झुँझलाकर बोलीं। उनका एक हाथ अपनी दुखती गर्दन सहला रहा था। तब तक राधा ने बात छौंकी, "कितनी बार तो पूछने गया, कुछ खाता ही नहीं।"

"झूठी कहीं की। तू एक बार भी नहीं गई।" मैंने चिढ़कर कहा। फिर अम्मा से पूछा, "अम्मा! मैं दाई माँ के लिए दूध ले जाऊँ?"

"हाँ, ले जा और पूछ लियो कि साबूदाना लेगी क्या? बुखार कितना है, जरा थर्मामीटर भी लगाकर देख लियो। मेरे तो चमेलिया की माँ के बीमार होने से हाथ-पैर ही ठंडे हो जाते हैं।"

दूध लेकर जाते-जाते मैंने राधा की आवाज सुनी, "प्रिया बाईजी को नहीं भेजना चाहिए था बहूजी! फ्लू का छूत बहुत जल्दी लगेगा। और ओ चमेलिया का माँ को बुखार नहीं होगा तो क्या होगा? सुबू-सुबू उठकर नहाया, पूजा किया। आरे बाबा, तुमी एक ही पुजारी, हामी जीसू को नहीं मानता?"

मैंने पलटकर कहा, "अम्मा! आप राधा से कहिए कि दाई माँ की बुराई न किया करे। राधा! तू दाई माँ की बुराई कर रही है ना तो तेरे को भी बुखार होगा।"

"प्रिया! बहुत जबान चलाने लगी है। अब जरा भी कुछ बोली तो थप्पड़ लगाऊँगी।"

"अम्मा! दाई माँ ने नहीं नहाया था। यह झूठ क्यों बोलती है?"

"तू चुप होगी या मैं उठूँ?"

मैं तब तक जल्दी-जल्दी सीढ़ियाँ चढ़ रही थी। मैंने जाकर दाई माँ के सर पर हाथ रखते हुए पूछा, "दाई माँ, कैसी हो?"

"दाई माँ! दूध पी लो।"

"हमसे नाहीं पीवत जाई बिटिया! हमार जी ठिकान नाहीं।"

"नहीं, दाई माँ, दूध जरूर पी लो।"

वहीं बगल में हरिया भी लेटा हुआ था। दूध का गिलास उसकी ओर बढ़ाते हुए दाई माँ बोली, "ले हरिया! जरा ई दूध पी लेव तो, हमार का? पुरनिया शरीर है, अपने ही ठीक होइ जाई।"

"दाई माँ! मैं दूध का एक गिलास और ले आती हूँ।"

मुझे हरिया का यों दाई माँ के हाथ से गिलास लेकर गट-गट दूध पीना अच्छा नहीं लग रहा था। अभी तो सुबह चौके में बैठा-बैठा नाश्ता कर रहा था। पर नहीं, ममता का सागर मेरी उस दाई माँ का आँचल सबके ऊपर फैला रहता है न।

"ए बिटिया! तनी हमके एक गिलास पानी और ऊ हमार हड़िया में गुड़ का लावा रखा है, लेकर आ तो।"

एक मुट्ठी गुड़ का लावा पानी के साथ पीकर कराहती हुई दाई माँ नीचे उतरी। चूल्हे पर खिचड़ी चढ़ी हुई थी और आलू पतीले में खदबदा रहे थे। अम्मा के पीढ़े के पीछे खड़ी हुई राधा पंखा झल रही थी।

"अरे चमेलिया की माँ! तू क्यों आई? खिचड़ी और आलू ही तो बनाना था?"

तब तक दाई माँ ने पतीला उतारकर आलुओं को ठंडे पानी के नल के नीचे उलटा। आलुओं का ऐसे ही भरता हो गया था। अब खिड़की को टटोलने की बारी थी। दाई माँ ने बटलोई के ऊपर से ढक्कन उठाया। चम्मच डालकर खिचड़ी चलाई, फिर थकी हुई आवाज में अम्मा से बोली, "ए! बहूजी! ई का बनईले हो? ऊ तो दाल का माफिक पानी-पानी भईल है।"

अम्मा ने झुंझलाकर कहा, "तो क्या करूँ? मेरा तो चूल्हे की आँच से सर में दरद और हो गया। तू एक काम करना, इसमें नीबू निचोड़कर सब बच्चों को सूप की तरह पीला दे।"

"आऊर बड़ा बाबू को? ओनके भी तोहार ई सूप परोसब का?"

"अब तू जाने और तेरा काम। राधा! चल तो जरा, मेरे सर में यूडिकोलोन लगा दे..." कहती हुई मेरी प्यारी अम्मा उठ खड़ी हुईं। शायद जिन्दगी में उन्होंने यह पहली बार आखिरी रसोई बनाई थी। दाई माँ बड़बड़ाती जा रही थी, "पता नाहीं ई हमार बहूजी का हाल...छह बेटा-बेटी का माँ हो गइन, पर खिचड़ी भी नाहीं बनाय सके। ए बिटिया, तू जरा सबके ई सूप पिलाकर आ जा तो...हमार रानी बिटिया! हम अभ्भी बड़ा बाबू के लिए रसोई उतारत हई।"

"दाई माँ! तू भी खिचड़ी पी लेना।"

"लो सुनो हमार बिटिया की बात। घर के मालिक अभी खायो नाहीं, आऊर

हम खाय के बईठ जाई?"

बुखार से तपता हुआ चेहरा, पल्लू से बार-बार पसीना पोंछती हुई, वह पचपन वर्ष की प्रौढ़ा और उसकी स्वामीभक्ति...उसकी वह असीम ममता!

खैर, बाबूजी जब खाना खाने बैठे, तब तक अम्मा सैरिडान की दो गोलियाँ खा चुकी थीं। गृहस्थी औरत के लिए कितना बड़ा अभिशाप है? फिर यह टाबरी (बच्चे) तो दिन-रात ककड़ी-सा चबाते रहते हैं? अम्मा को इस बात की नाराजगी थी कि सब एक साथ बीमार क्यों पड़े और वह भी हरिया और दाई माँ...क्योंकि राम का मारा गोविन्दा महाराज तो आजकल साल में छह महीने देश ही रहता है। अबकी आते ही उसकी छुट्टी कर दूँगी। अम्मा ने सुबह से बस इतना-भर काम किया था कि डॉ. गांगुली के आने पर बच्चों के कमरे में आधा घंटा बैठी थीं और खिचड़ी का सूप बनाया था। बाबूजी ने तुरन्त ऑफिस में कालूरामजी को फोन करके ठेके पर रसोइया बुलवाया...डॉ. गांगुली को फिर शाम को आने के लिए फोन किया और मेरा गाल थपथपाते हुए कहा, "यह हमारी बहादुर बिटिया है।"

"उसके कुछ नहीं होने का, खा-खाकर सांडो माच री है!" अम्मा का उपेक्षा भरा स्वर।

"तभी तो तुम्हारी मदद कर रही है।"

"प्रिया! जा, सरोज का बुखार देखकर आ तो?"

ओह मेरी अम्मा! राहत का, प्यार का एक क्षण भी नहीं देतीं। मुझे भी बुखार हो जाए तो अच्छा है। पर नहीं, अभी कौन सम्हालेगा? दाई माँ बीमार है।

यह कहाँ से इतनी बातें याद आ रही हैं? मैंने घड़ी देखी, रात के बारह बजे हैं। समुद्री लहरों की मन्थर आवाजें आ रही हैं। सेतीस्टेफा में यह आखिरी रात। मैं उठकर बरामदे में आ गई। पूरे चाँद की रात है। चाँदी-सी चमकती लहरें। मैं अवाक् देखती रही बड़ी देर तक पर फिर बरामदे में पड़ी कुर्सी पर बैठ गई, कुछ सोचने लगी। बेतरतीब बातें, इतनी बातें याद रहेंगी...? और फिर लिख पाऊँगी? सोचना शुरू करती हूँ। कहाँ-से-कहाँ पहुँच जाती हूँ? मैंने फिर से सोचना शुरू किया, हजारीबागवाली घटना से। बाबूजी का आना। अब इसमें किस बच्चे को फुर्सत हो कि वह तेल-मालिश करवा के घंटा-भर धूप में बैठे, फिर नीम की पत्तियाँ डालकर उबाले हुए गरम पानी से नहाए। अम्मा की सारी परियोजना धराशायी हो जाती। न कोई बादाम का हलवा खाना चाहे। रोज शाम गरम नाश्ता अलग तरह का। बाबूजी गोविन्दा महाराज की कारीगरी जानते थे, इसलिए पहले ही

सोहन महाराज को ठेके पर भेज दिया करते। अतः अब नाश्ते में कभी बनते समोसे और गरम जलेबियाँ, तो कभी मटर की कचौड़ी और सूजी का हलवा। और सोहन महाराज ज्यादा छुआछूत का विचार भी नहीं करते थे। अतः दाई माँ मेरे लिए अलग से आटे का हलवा बनाकर रखती, वह भी गुड़ देकर। एक दिन प्रोग्राम बना कि हजारीबाग से सौ मील दूर राँची के हुंडरू फाल पिकनिक करने के लिए जाएँगे। बाबूजी के साथ तीन गाड़ियाँ आई थीं। भारतीयजी और बालू ताऊजी राँची चले गए थे पर पिकनिक में वे भी साथ जाएँगे। अम्मा किसी भी हालत में जाने को तैयार नहीं थीं। खैर बहुत मान-मनौवल के बाद उन्होंने हामी भरी। पर तय हुआ कि वे अलग गाड़ी में राधा नर्स और हरिया के साथ जाएँगी। अम्मा का टिफिन दाई माँ ने सुबह चार बजे उठकर तैयार किया। घी में तली नरम-नरम पूरियाँ, आलू-मटर की सूखी सब्जी, नीबू का अचार, छेने के सन्देश, थर्मस में सन्तरे का रस। एक अटैची में चार तौलिए, उनकी साड़ी-ब्लाउज, पेटीकोट, सर दर्द की दवा, उल्टी की दवा, हार्ट की दवा, पेट की दवा आदि-आदि।

दोनों भैया लोग बाबूजी के साथ आगेवाली गाड़ी में। दादी माँ घर की रखवाली के लिए पीछे रह गई और उसका कहना था कि उ कउन-सा कुम्भ का नहान है जो हमको जइबे पड़ी? जब गाड़ियाँ स्टार्ट होने लगीं तो अम्मा ने फरमाया कि एक बच्चे को उनके साथ कर दिया जाए ताकि उनका मन भी लगा रहे और सब साथ मिलकर ऊधम कम मचाएँ। राधा ने गेट खोलकर कहा, "आओ प्रिया बाई! तुम यहाँ मम्मी के पास बैठो।"

"नहीं, मैं नहीं उतरूँगी।"

मेरे मुँह से यह विद्रोह का पहला वाक्य निकला।

"आती है या नहीं? हरिया, ला तो इसे।" अम्मा की आवाज कड़की।

मैं कहना चाह रही थी—लेकिन क्यों अम्मा, क्यों? आपको मेरी क्या जरूरत पड़ गई? पर बोलने की हिम्मत नहीं हुई। बस आँखें बरसने लगीं। बाद में अम्मा राधा से कह रही थीं, "सरोज मानती नहीं, बिल्लू तो बांदरा है, तंग करके रख देता।" नीलू अम्मा की लाडली थी। वह कोनेवाली खिड़की पर चुपचाप बैठी थी। क्या मैं ही दब्बू थी जिसे अम्मा के हुकुम पर हमेशा नाचना पड़ता। सारे रास्ते उन वीरान घाटियों में, शालवन के बीच बहती हुई हवाओं के साथ-साथ अम्मा भी राधा से धारा-प्रवाह बातें किए जा रही थीं।

"राधा! हम तो फिर बीमार हो गया। दस दिन में जो भी थोड़ा तबीयत ठीक हुआ, सब खाया-पिया बराबर हो गया। सेठजी को तो सब समय हंगामा चाहिए, बच्चों में आप बच्चे हो जाते हैं। और फिर साथ में चार लठुओं (बाबूजी के दोस्त)

को और ले आए। एक तो शुरू में मेरा शरीर कमजोर, और प्रिया के होने के बाद तो मर-मरकर बची हूँ।''

''अब भी आप कौन-सी ठीक हैं बहूजी? महीना में पन्द्रह दिन तो मैला पड़ता है।''

''और क्या, फिर यह टाबरी मेरा जी खा जाए। आसान काम है क्या बच्चों का पालन-पोषण? अभी तो बरसात में सबको बुखार हुआ।''

''हाँ, हाँ, गांगुली बाबू भी बोला कि बहूजी को आराम का जरूरत है।''

''आराम मेरा तकदीर में है क्या? सेठजी तो जब से आया है, एकदम घुड़दौड़ हो रही है। कहाँ-कहाँ सब गाड़ियों में घूमने जाते हैं, हमारा तो डर से जान निकलने लगता है।''

''बच्चा लोग भी आजकल दोपहर को जरा भी नहीं सोता, सेठजी तो बच्चा लोग को एक बात भी नहीं बोलेगा। बिलकुल शासन नहीं।''

''राधा! हम लोगों का भी कोई जिन्दगी है? जब से शादी हुआ, हर दसवें महीने बच्चा पर बच्चा। एक लड़का तो मरा हुआ पैदा हुआ। पहली लड़की आठ बरस की उम्र में मर गई। चार बार तो ओगण (गर्भपात) हो गया। शरीर में कोई दम रहता है क्या? और सुमित्रा बाई को देखो, चौदह साल में शादी किया, पन्द्रह बरस में तो बुल्ली हो गया।''

''हाँ, बड़ा बाई तो बहुत छोटा है।''

''अट्ठाईस बरस की उमर में चार-चार बच्चा, अब बुल्ली और नीलू को तो मुझे ही पालना है? सुमित्रा कहाँ से सम्हालेगी? उस पर से सास का कड़ा स्वभाव। यह तो तू सोच कि चमेलिया की माँ है।''

''ऊँह, वह कुछ नहीं करती। उसको जरा भी अक्किल नहीं। गँवार आदमी, प्रिया बाई को तो एकदम बस में कर लिया। प्रिया बाई तो अब माँ के पास भी नहीं जाने को माँगता।''

''ठीक है, मेरे ही कौन-सा बेटी का चोंच पड़ा है? अब इसे पालूँ या बेटी के बच्चों को सम्हालूँ, दुनिया भी देखे तो क्या कहे?''

दो घंटे से बातें और केवल बातें। राधा दाई माँ से जलती थी। मैं खिड़की के बाहर सिर निकाले छोटा नागपुर की पहाड़ियाँ, शालवन और नीले आकाश में उछलते बादलों को देख रही थी। अचानक अम्मा ने कहा, ''खिड़की बन्द कर, ठंड लग जाएगी।'' फिर हुकुम हुआ, ''सीधे बैठ।'' उनींदी आँखों को जबरदस्ती खोलकर सीधा बैठना पड़ा। प्यास लगी थी पर बोलने की हिम्मत नहीं। सुसू जाना था। अम्मा से कैसे कहूँ? आँखों में आँसू आ गए। इस घर में दाई माँ के अलावा

और कोई मेरी जरूरत नहीं समझता। क्या मैं इतनी अकेली हूँ? अनचाही सन्तान बोझ और वह भी बेटी। पेट में ऐंठन होने लगी, अजीब-सा तनाव। लगा कि अभी उल्टी हो जाएगी और तब तक एकाएक जोरों की उबकाई। मैंने सबकुछ उगल दिया था। हाय राम! वह भी अम्मा के ऊपर! कयामत आ गई। "गाड़ी रोको, गाड़ी रोको ड्राइवरजी!"

राधा चीख रही थी। ऐंठन से मेरा शरीर सूखे छुहारे-सा हो गया था और भयकातर आँखों से मैं अम्मा की ओर देख रही थी। यह क्या किया मैंने? यह क्या किया? और अम्मा? घृणा, जुगुप्सा या मितली का भाव या फिर जब मेहतर को देखकर उनको सूँघ आती थी। हाँ वैसा ही चेहरा। गाड़ी एकाएक धक्के से रुकी। ड्राइवर दौड़ा पानी लाने, पर वहाँ कहाँ पानी मिले? गनीमत थी कि पानीवाला थर्मश पीछेवाली गाड़ी में रखा हुआ था। अम्मा काठ की मूरत-सी वहीं राह किनारे खड़ी थीं राधा ने गीले तौलिए से उल्टी साफ की, फिर वहीं खड़े-खड़े अम्मा ने कुल्लियाँ कीं। मुँह धोया। राधा जल्दी-जल्दी अम्मा के कपड़े बदल रही थी, फिर भी राधा के ऊपर अम्मा का उकताया हुआ स्वर—"जल्दी कर राधली, मुझे तो चक्कर आ रहा है।" गाड़ी साफ हो गई। भीतर यूडीकोलोन छिड़का गया। उसके बाद अम्मा गाड़ी में जाकर बैठीं। इतनी देर हम बच्चे वहीं खड़े थे। सरोज और नीलू सुसू करने झाड़ियों के पीछे चली गई थीं। बुल्ली वहीं सड़क किनारे कमर पर हाथ रखे खड़ा-खड़ा पेशाब कर रहा था। और मैं? मेरी इतनी भी हिम्मत नहीं हो रही थी कि एक गिलास पानी माँगकर कुल्लियाँ कर लूँ। पर न जाने क्यों उल्टी का खट्टा स्वाद अच्छा लग रहा था? गाड़ी में बैठने के बाद अम्मा को मेरा ध्यान आया। राधा ने फिर मुझे उतारकर गीले तौलिए से हाथ-मुँह पोंछकर फ्रॉक बदला।

राधा कह रही थी, "सारा शरीर से बदबू आ रहा। अभी हम कहाँ पर नहलाएगा?" तब तक मैंने देखा, नीलू को हरिया अम्मा की गाड़ी में बैठा रहा है। मुझे दूसरी गाड़ी में खिड़की के किनारे बैठा दिया गया। बुल्ली ने कहा, "हम अपना कोना नहीं छोड़ेंगे।" सरोज बोली, "लो बाबा, मैं ही बीच में बैठ जाती हूँ। क्या पता यह फिर उल्टी कर दे?" सरोज और बुल्ली मुझसे जितनी दूर सरक बैठ सकते थे, बैठे।

आगे जाने पर देखा—बाबूजी गाड़ी रोककर खड़े हैं। क्या हुआ? कहाँ रुक गए थे सब...? गाड़ी रुकते ही अम्मा ने झुँझलाकर सारी घटना कही। बाबूजी ने चिन्तित होकर मेरी ओर देखा, "कैसी है बेटा! फिर तो जी नहीं मितला रहा? अजय! जरा इसको अजवायन तो देना।" मन उमड़ा पर मैंने रुलाई को भीतर

ही गटक लिया। कितना अच्छा होता, यदि मैं अपने शरीर पर नियन्त्रण रख पाती?

हंडरू फाल पर सब नीचे नहाने चले गए। अम्मा ने मेरे लिए बिलकुल मनाही कर दी। क्या पता तबीयत और खराब हो जाए? प्रतिवाद की मेरी हिम्मत नहीं हुई। तब तक उन्होंने राधा से कहा कि उल्टी की बदबू से उनका सर दर्द कर रहा है और ऊपर से धूप? वे तो चट्टानी सीढ़ियाँ उतर ही नहीं सकती थीं। हम दोनों रह गईं। राधा अम्मा के पैर दबा रही थी। मैं चुपचाप उन उतरती हुई चट्टानी सीढ़ियों को देख रही थी। दूर कहीं से आता हुआ झर-झर झरने का स्वर कानों से टकराकर पूछ रहा था कि क्या यह मेरी गलती थी कि उल्टी हो गई? सब लोग नीचे मौज कर रहे होंगे। झरने का पानी, ठंडा पानी, ऊपर पहाड़ से अरबराकर गिरती हुई नदी का शोर, ''अम्मा! तुम क्यों अपने सुखों को, छोटे-छोटे सुखों को, नकारती रहती हो, क्यों अम्मा? और क्या इसके साथ तुम मुझे भी कतरकर नहीं रख देतीं?''

आधे घंटे में ही नीचे से रामसिंह ड्राइवर दौड़ता हुआ आया, ''बड़ा बाबू के पैर में चोट लग गया है और उनको दो आदमी सहारा देकर ऊपर ला रहे हैं?''

''क्या हुआ? जोर की तो चोट नहीं लगी?'' फिर घबड़ाहट के साथ अम्मा का बड़बड़ाना, ''इन पहाड़ों पर चलने की आदत है क्या? कुछ हो जाता तो? बैठे-बैठाए आफत। मेरी तबीयत ठीक हो तो कैसे? कोई मुझे शान्ति से रहने दे तब न?''

तब तक बाबूजी को सहारा देकर लाते हुए हरिया और बालू ताऊजी दिखे। चोट काफी जोरों की आई थी। दाहिने पैर के टखने की हड्डी निकल आई थी। पन्ना महाराज जल्दी-जल्दी चूना लेकर आया। अम्मा बच्चों के बारे में पूछने लगीं, ''विजय और अजय कहाँ रह गए? और तीनों छोटके?''

बाबूजी ने कहा, ''नहाकर आते ही होंगे। बच्चे आए हैं तो मौज कर लेने दो।''

''हो गई मेरी तो मौज। भाईजी, इनको तो मैं अभी कलकत्ता लेकर जाऊँगी। कहीं पैर की हड्डी में खोट रह गया तो?'' अम्मा की जिद के सामने किसी की नहीं चली। हजारीबाग पीछे लौटने के बदले दो गाड़ियों में अम्मा, बाबूजी, बड़े भैया, बालू ताऊजी, हरिया और राधा आगे पुरुलिया निकल गए। एक गाड़ी में हम लोग छोटे भैया के साथ हजारीबाग पीछे लौट गए। दो दिन बाद सारा लाव-लश्कर वापस कलकत्ते की ओर। बाबूजी को चोट काफी आई थी। छह महीने लँगड़ाकर चलते रहे। अम्मा छह महीने हुंडरू फाल की पिकनिक को कोसती रहीं।

बस इसी तरह साल-दर-साल हम लोग बचपन में अम्मा के साथ पश्चिम की सूखी हवा में साँस लेने के लिए कभी देवधर, कभी जसीडीह, कभी राँची, कभी हजारीबाग जाते रहे थे। बस एक बार पुरी गए थे। कुल मिलाकर सोलह वर्ष की उम्र तक अम्मा के साथ ही मेरी वार्षिक छुट्टियाँ बीतती थीं, जहाँ जाकर मैं एक-एक दिन गिनती रहती कि कब ये छुट्टियाँ खत्म हों और सेहत बनाने के इस सारे कर्मकांड से पिंड छूटे। हम लोग ट्रेन से लौटते और बंगाल की हरियाली देख मैं तालियाँ बजाने लगती—"सरोज! देख, बाहर देख कितने सुन्दर धान के खेत! और ये आम, कटहल के बगीचे! झोंपड़ियों पर फैली लौकी-कुम्हड़े की बेलें और ये कतार-दर-कतार नारियल के पेड़! बंगाल—जहाँ धूल नहीं उड़ती, जहाँ की सोंधी मिट्टी की महक से मेरे नथुने फड़क उठते, जहाँ की सद्यःस्नाता हरियाली आँखों को तरी देती थी। और फिर छुट्टियाँ खत्म हो जातीं क्योंकि यकीनन हम लोग महालया के दूसरे दिन जाते थे और दीवाली के चार-पाँच दिन पहले लौट आते। पाँच-सात दिन पटाखों के शोर में बीत जाते। अम्मा से छुपाकर छोटे भैया दो सौ अनार बनवाकर लाते थे। इस मामले में लछमनिया से उनको पूरा सहयोग मिल जाता था।

और फिर दीवाली के चार-पाँच दिन बाद घर के सामने स्कूल की बस खड़ी होती। बस्ता उठाकर मैं जल्दी-जल्दी भागती, मानो जेल से कैदी भाग रहा हो। हाँ, घर...मुझे हमेशा जेलखाना लगा। जब थोड़ी और बड़ी हुई तो बोर्डिंग हाउस लगा। हाँ, स्कूल मेरी जिन्दगी के रेगिस्तान में एक छोटा-सा हरा कोना हुआ करता था। मुझे मेरी स्कूल की दुनिया बेहद अच्छी लगती थी। मेरी सहेलियाँ मुझसे प्यार करतीं। शिक्षिकाएँ मेरी प्रशंसा करतीं।

और मेरी माँ की जगह बड़ी बहनजी ने ले ली थी। उनके धवल वस्त्रों में, सफेद बालों में, शुद्ध आचरण में, कहीं कोई दाग मुझे तो नजर नहीं आया। मेरी हर समस्या का व्यावहारिक समाधान बड़ी बहनजी करतीं। वह भी बिना किसी से कुछ कहे। कभी अम्मा को घर जाकर समझातीं तो कभी फोन करके कहतीं कि लड़की को एन.सी.सी. कैम्प में जाने दीजिए।

अब दाई माँ के पास मेरा मन उतना नहीं लगता था। मेरे पास अब किताबें थीं और थीं मेरी सहेलियाँ। दाई माँ अब साल में दो बार महीने-भर के लिए घर भी हो आती। बस रात को मेरी चोटी किए बिना और मेरे तलवों में तेल लगाए बिना दाई माँ की ममता नहीं मानती। बी.ए. में कॉलेज में जाने के बाद एक-एक कर मेरी सहेलियों की शादी होने लगी। सबसे पहले पुष्पा इन्दौर चली गई। सुनीता बम्बई चली गई। विभा पढ़ने के लिए दिल्ली। और सुधा की भी शादी हो गई

थी। ज्यादातर मारवाड़ी सहेलियों की शादियाँ हो गई थीं। एक मैं ही अकेली मारवाड़ी लड़की प्रेसीडेंसी कॉलेज में पढ़ रही थी। नई सहेलियाँ, नया माहौल, को-एजूकेशन का कॉलेज। विद्वान प्रोफेसर। पहली बार लगा कि आर्य कन्या महाविद्यालय में मेरी बहनजी लोग कितना कम जानती थीं! वह तो मेरा घर था। बाहर की दुनिया में तो अब कदम रखा है।

किले की पूरबवाली पहाड़ियों पर शाम झुक आई है। हल्की हवा धीमे-धीमे पत्तों को सहला रही है और अचानक शान्त समुद्र की लहरों का डूबते सूरज को देखकर क्षितिज की ओर लहराना! आकाश सँवलाता जा रहा है। और परछाइयाँ! हर ओर बढ़ती हुई परछाइयाँ! अतीत की परछाइयों को क्या मैं पकड़ पा रही हूँ? सबकुछ कितना घुला-मिला? सुख-दुख, धूप-छाँह, सबका रोशनी के अँधेरे में गुम हो जाना। कहाँ-कहाँ तलाश करूँ? मन के किन-किन अँधेरे कोनों को टटोलूँ? जिन्दगी कितनी रहस्यमय हो जाती है, जब उसे आप शब्दों में अभिव्यक्त न कर पाएँ? जबकि आपका सारा प्रयास होता है उसे पारदर्शिता का जामा पहनाने का, मगर क्या जिन्दगी को यों खोलकर रखा जा सकता है?

ऊँची-ऊँची हिलोरें लेती लहरें। सूरज खो गया उफनते फेनिल झाग में। अभी शाम पूरी तरह डूबी नहीं है। मैं अचानक स्तम्भित हो समुद्र पर नीले और लाल रंग का छिड़काव देखने लगती हूँ। शान्त, निस्तब्ध गोधूलि वेला, एक हल्के झटके के साथ क्षण-भर को सबकुछ रुका हुआ, फिर अजाने निकली हुई साँसें बहती हुई हवाओं का आँचल पकड़ क्षितिज की ओर दौड़ जाती हैं। मेरे भीतर एक आदिम वेदना सिसक उठती है।

एक ठंडी साँस के साथ मेरी आँखें दूर अँधेरे में कुछ टटोलने लगती हैं। स्मृतियों का एक-पर-एक मन की सतह पर तैरना। पहले क्या सोचूँ? किसे पीछे ढकेलूँ? कल शाम की गोधूलि वेला याद आ जाती है। पूरा दिन बरसता हुआ... प्लम ब्रैंडी...फिर शाम को उठकर जीवन की घटनाओं के बारे में सोचते-सोचते सो जाना। सुबह कॉफी का कप।

एक बार की घटना मुझे याद है। बी.ए. अन्तिम वर्ष में थी। भयानक बारिश हुई। सड़कें नदियों की तरह बह रही थीं। घर जाना असम्भव था। कुछ लड़के-लड़कियाँ, जो आसपास रहते थे, पानी ठेलते हुए हाथ पकड़-पकड़कर आगे बढ़ने लगे। शाम के साढे चार बजे थे। पर अँधेरा झुकता आ रहा था। दूर रहनेवाले लोग कैसे जाएँगे? मेरा एक दोस्त असीम लैंसडाउन रोड के पास ही रहता था। खूबसूरत चेहरा। सीधा भला लड़का। प्रायः हम लोग गप्पें मारते हुए

लाइब्रेरी से साथ ही घर लौटते। खैर, मैंने असीम से कहा, ''चलोगे पैदल?''

''इतने कमर-भर पानी में?''

''दब्बू, डरपोक कहीं के!''

''ठीक है, चलो।''

रमेश बाबू, हमारे दर्शन विभाग के प्रोफेसर, वहीं खड़े थे।

''एई जे प्रिया?''

पर मैं इतनी तेजी से निकली मानो उनकी आवाज कान में ही नहीं पड़ी। दो घंटे में हम लोग लैंसडाउन रोड के मोड़ तक पहुँचे। पानी कमर से कुछ ही ऊँचा भले हो मगर थकान से लग रहा था—अब गिरी, तब गिरी। शायद यही हालत असीम की भी थी पर वह एक बार दब्बू, डरपोक का विशेषण हासिल कर चुका था, अतः चुप था। दोनों एक-दूसरे को सहारा देते हुए चल रहे थे पर अब तो घना अँधेरा भी घिर आया। धीमी बत्तियों में चारों ओर पानी-ही-पानी और उसमें डूबी हुई गाड़ियाँ, बसें। केवल चलते हुए नजर आ रहे थे, इक्के-दुक्के रिक्शे या फिर मिलिट्री और पुलिस की जीपें। अब एलगिन रोड का मोड़ था।

''असीम, और कितना चलना होगा?''

''क्यों झाँसी की रानी, थक गईं?''

''नहीं, चलो।''

अपने पैरों को फिर मजबूत किया तथा और तेजी से आगे बढ़ी। असीम को अपनी गलती समझ में आई। वह खुद अधमरा हो रहा था, पर क्या करता?

अब मैं उसका हाथ पकड़े बिना चल रही थी।

''प्रिया! गड्ढे हैं। खुले हुए मैनहोल! सम्हालकर।''

''तुम अपने को सम्हालो तो।''

तब तक बगल से एक रिक्शा गुजरा—''जरूरत है?'' रिक्शेवाले ने पूछा। मैं कुछ बोलूँ इसके पहले असीम बोल उठा, ''हाँ भइया, जरूरत है। सदर्न एवेन्यु तक जाना है।''

''पच्चीस रुपए लूँगा और वह भी एडवांस!''

हम लोगों ने अपनी-अपनी जेबें टटोलीं! मेरे पास पन्द्रह मिले। असीम के पास पाँच थे। रिक्शावाला मान गया। तय हुआ कि पाँच घर पहुँचकर देंगे। घड़ी देखी, साढ़े सात बजे थे। दोनों रिक्शे पर बैठे। हल्की बौछारें पड़ रही थीं। रिक्शेवाले ने पर्दा डाल दिया। रिक्शे के हिचकोले और थकान...राहत की ठंडी साँस ली। असीम के हाथ मेरे कन्धों को कसते जा रहे थे। उसके तपते हुए होंठ पागल की तरह मुझे चूम रहे थे। उन्माद...? नहीं, देह का एक धर्म होता है जिसे

हम नकार नहीं सकते। उसकी सुखद अनुभूति की तात्कालिकता में कौन नहीं बह जाता? मेरे भी होंठ उससे मिले, फिर सहमकर मैंने मुँह घुमा लिया। पर उसकी पकड़ मजबूत हो रही थी। हमारी साँसें टकरा रही थीं। तब तक रिक्शेवाले ने रिक्शा रोककर पर्दा उठाकर कहा कि वह थोड़ा सुस्ताना चाह रहा है। अँधेरे में लैम्पपोस्ट की बत्ती में एक-दूसरे को देखकर हम मुस्कुरा दिए। बड़ी मासूम और निर्दोष मुस्कुराहट थी। भले घर का लड़का, जिसको सारे प्रोफेसर 'भालो छेले' की संज्ञा देते।

'भालो छेले' की प्रेसीडेंसी कॉलेज में कई खास-खास विशिष्टताएँ होनी जरूरी होती थीं। वह किसी डॉक्टर, बैरिस्टर या आई.ए.एस. का लड़का हो। उसे बीड़ी-सिगरेट नहीं पीना चाहिए। लड़कियों के चक्कर में नहीं, मृदुभाषी, देखने में खूबसूरत और मेधावी। विश्वविद्यालय में प्रथम या द्वितीय स्थान पानेवाला। असीम से भी पोलिटिकल साइंस के अध्यापकों, खासकर हेड ऑफ डिपार्टमेंट की यही अपेक्षा थी।

दर्शन विभाग के हेड डॉ. सुखमय चैटर्जी ने मुझे एक दिन बुलाकर पूछा था, "तुम्हारी भविष्य की योजना क्या है?"

"कभी सोचा नहीं, पर ऑक्सफोर्ड या कैम्ब्रिज में पढ़ने का मन है।"

"क्या प्रोफेसर बनना चाहती हो?"

"नहीं, बैरिस्टर।"

"ठीक है। फिर प्रथम और द्वितीय स्थान सुबोध तथा मंजुला के लिए रहने दो।"

लेकिन कॉलेज में लड़कों के साथ पढ़ते हुए भी कोई पुरुष मेरी आँखों में नहीं उतर पाया था। मुझे अपने और तपने से चिढ़ थी। और तपना? इसकी परिभाषा थी लड़कों की ओर क्लास में ताक-झाँक, उनकी चर्चा, रूमानी कल्पनाएँ और फिर शादी के सपने। सब बकवास है।

लेकिन सच में अच्छा लगा था एक युवा शरीर का आलिंगन, उत्तेजित गर्म साँसें, गहरे चुम्बन, शरीर में होती हुई मीठी सिहरन। घर पहुँचते-पहुँचते रात के नौ बज गए। बहुत डाँट पड़ी, क्योंकि बड़े भैया पुलिस की जीप में मुझे लेने कॉलेज पहुँचे थे और पता चला कि मैं पैदल दोस्तों के साथ निकल गई हूँ। मुझे अम्मा की बकबक कहीं भी छू नहीं पाई। मैं एक अजीबोगरीब नशे में मदमस्त थी। मेरा पोर-पोर कसमसा रहा था। एक मीठी पीड़ा। रात सपनों में बीती।

सुबह जोरों का बुखार था। तीन-चार दिन तक जब बुखार नहीं उतरा, तब खून टेस्ट करवाया गया। डॉ. गांगुली ने कहा, "टायफॉयड है। यानी पन्द्रह दिन

कम-से-कम कॉलेज नहीं जा सकोगी।" पता नहीं क्यों मुझे राहत मिली। हाँ, मैं नहीं चाहती थी कि फिर असीम से मिलूँ। अपने शरीर का यों अवश हो जाना भी मुझे अच्छा नहीं लगा था। और प्रेम? मुझे न प्रेम करना है और न शादी। फिर शादी और बच्चे? अम्मा को तो मैंने कभी सुखी नहीं देखा। उपन्यासों में पढ़ती थी कि बच्चों से औरत सम्पूर्ण होती है पर अम्मा को यों अपने ही बच्चों पर झींकते रहना, बड़ी जीजी की जिन्दगी का चार बच्चों के बावजूद अधूरापन, सर का दर्द लिए पड़े रहना, सल्लो जीजी का रोज वही माइग्रेन का दर्द, बड़ी भाभीजी की घुटन। सुखी कौन था? कोई भी तो नहीं। जो समाज के बने-बनाए चौखटों में किसी तरह अपने को फिट नहीं कर पाता वह न केवल दूसरों की नजर में गिर जाता है, बल्कि अपने-आप पर भी सन्देह करने लगता है। इधर बढ़ती हुई उम्र के साथ नाते-रिश्तेदार, सरोज और मेरी शादी की पूछताछ, हर दिन, हर पल—"इन लड़कियों का ब्याह नहीं करेंगे क्या? कब तक घर में बैठा रखोगे?"

बड़ी जीजी ने ऐलान किया कि वे नीलू की शादी करेंगी। नीलू मुझसे छह महीने छोटी थी। अम्मा ने सरोज के दहेज का सारा सामान उठाकर नीलू के दहेज में दे दिया। भात में मामा के घर से जितना रुपया जाना चाहिए था, उससे दुगुने का सामान दिया। कोई यह नहीं कह दे कि धन के अभाव में शादी नहीं हो रही। उन दिनों आर्थिक अवस्था अच्छी थी भी और सरोज के लिए, चूँकि वह डॉक्टरी पढ़ रही थी, घर बैठे प्रोपोज़ल आते रहते। पर वह ना करती जाती। मैं एक बार रिजेक्ट हो चुकी थी और मेरे लिए फिर कभी कोई प्रस्ताव आया भी नहीं। मैं अपनी नजर में एक काली बदसूरत लड़की थी। कॉलेज में जो लड़का थोड़ा भी हाथ आगे बढ़ाता, मैं झटक देती। टायफॉयड से उठकर जब मैं कॉलेज गई, मुझे देखते ही असीम खिल उठा, "कॉफी हाउस चलोगी?"

"नहीं।" मेरा कटा-सा उत्तर था।

बस में हम लोग साथ-साथ चढ़े, पर उतरते वक्त मैं साथ नहीं उतरी, "मुझे गरियाहाट बड़ी दीदी के घर जाना है।" मैं उसकी खुली उपेक्षा करने लगी। वह जितना मेरे पीछे भागता, मुझे उससे उतनी अधिक चिढ़ होती। घंटों बस स्टाप पर मेरी प्रतीक्षा करता रहता। मैं कॉमन रूम से नीचे सड़क पर नहीं उतरती या फिर अन्य सहेलियों के साथ दूसरी बस में चढ़ जाती।

एक दिन वह मुझसे अकेले में मिल गया।

"नाराज हो?"

"नहीं तो।'

"फिर साथ क्यों नहीं चलतीं?"

"क्योंकि तुम जो चाहते हो, वह मैं तुम्हें दे नहीं सकती?"

"मैं प्रतीक्षा करूँगा। सच कहता हूँ प्रिया! मैं आजीवन प्रतीक्षा करूँगा।"

"मुझे देवदासवाली इस लिजलिजी भावुकता से बेहद चिढ़ है।" उसका मुँह अपमान से काला पड़ गया।

"तुम इतनी क्रूर क्यों हो प्रिया? मैंने तो देवदास बनने का दावा नहीं किया।"

"तब तुम क्यों आजीवन प्रतीक्षा की बात उठा रहे थे?"

"प्रतीक्षा करने में और खुद को तिल-तिलकर मारने में फर्क होता है।"

"मैं समझी नहीं।"

"समझ जाओगी। एक दिन मैंने तुम्हें चाहा था, क्षण-भर सही, पर जो तुमसे मिला, वह यदि कोई और देगा तो उसके साथ चला जाऊँगा, पर तुम्हें नहीं भूलूँगा प्रिया! तुम्हें एक बार पाकर कोई भूल नहीं सकता।"

"जब चले जाओगे तो दावा किस बात का कर रहे हो? फिर चले जाओ, प्रतीक्षा की बात क्यों उठा रहे हो?"

"ओह! तो तुम अपनी जिन्दगी में एक आरक्षित स्थान रखना चाहती हो?"

"मतलब?"

"मतलब यही कि मैं प्रेम करता हूँ और शायद यह एक इतना मीठा सपना है कि मैं आजीवन चेष्टा करूँगा कि इसे जिलाए रखूँ...पर आरक्षित स्थान का पूरक होकर रहा जाना...? नहीं प्रिया! इतना सस्ता मैं नहीं।"

उस दिन उसकी वे बातें मैं नहीं समझी थी और न ही समझने की मैंने चेष्टा ही की थी। अपने को नकारने में, अपनी हर कोमल भावना को कुचलने में ही मुझे आनन्द मिलता। मैं बिलकुल मर्दाना स्वभाव अपनाती जा रही थी।

हाँ, लेकिन वह मिला था बाद में एक दिन। बहुत-बहुत वर्षों बाद।

मैं जर्मनी से बिजनेस ट्रिप से लौट रही थी। एयर इंडिया की फ्लाइट में वह मिला था। वह भी अपनी पत्नी के साथ भारत लौट रहा था। पता चला, बाबा की मृत्यु के बाद असीम ने लन्दन में अपनी मौसी के साथ रहना शुरू कर दिया था। बार एट लॉ भी वहीं पर किया। शादी भी लन्दन में की। माँ बचपन में ही चली गई थी, बाबा भी नहीं रहे और मौसी? अमीर, अकेली मौसी। किसी अंग्रेज से शादी करने के अपराध में लन्दन का कारावास झेल रही थी। पीटर तो कब का छोड़कर चला गया था, पर मौसी किस मुँह से बंगाल लौटती?

"अभी भारत क्यों जा रहे हो?"

"पुरानी यादों को ताजा करने।"

उसकी आँखों में एक बड़े पुराने सपने की सतरंगी झाँकियाँ थीं।

"व्यापार में लगी हो?" असीम बोला।

"तुम्हें कैसे पता चला?"

"इंडिया टुडे में तुम्हारे बारे में पढ़ा था तुम हमेशा विद्रोही रही हो।"

"असीम! विद्रोह की भाषा मैं भूल चुकी हूँ। मैं जिन्दगी में क्रान्ति चाहती हूँ। मैंने अपनी जिन्दगी की तारीख खाली पन्नों पर खुद लिखी है।"

"इतना अकेला चलना जरूरी है? ऐसा तो हो नहीं सकता कि तुम पर किसी की नजर नहीं पड़ी हो।"

"मैं एक बच्चे की माँ हूँ।"

"पर इंडिया टुडे में इसका जिक्र क्यों नहीं?"

"मैं अलग रह रही हूँ।"

"ओह!"

उसकी बड़ी-बड़ी आँखों में उस वक्त भी एक अजीबोगरीब प्यास थी। क्या असीम को उसकी पत्नी नहीं भर पाई थी? कौन किसको भर पाता है? मैंने जिसके लिए अपनी जिन्दगी होम कर दी, क्या वही मुझसे सन्तुष्ट हुआ?

"तुम क्या सोचने लगीं और तुम्हारे चेहरे पर दर्द की यह छाया?"

"कुछ नहीं असीम! तुम जाओ, वहाँ अपनी पत्नी के पास बैठो।"

"क्या हम दोस्त भी नहीं? अपना कार्ड नहीं दोगी?"

"मेरा कार्ड खत्म हो गया है। तुम अपना दे दो, मैं सम्पर्क करूँगी।"

"जरूर करना, जब भी लन्दन आओ। मेरा ऑफिस पार्क एवेन्यु पर है। खोजने में कोई परेशानी नहीं होगी।"

उसकी आँखें फिर मुझ पर टिक गईं। उन आँखों में फिर वही पुरानी प्यास ठहरी हुई नजर आई और इतने वर्षों बाद उस दिन फिर मैंने औरत का वह पक्ष नकारा, जिसको लेकर मैं बार-बार ठगी जाती रही हूँ। कह नहीं सकी कि असीम, तुम भी शादी-शुदा हो, तुम मुझे क्या दे दोगे? और मेरे पास बचा ही क्या है? बहुत रो चुकी हूँ। प्रेम करके उस एक पुरुष के लिए आधी जिन्दगी रोती रही हूँ। नहीं असीम, मुझमें अब और रोने की हिम्मत नहीं, क्योंकि मेरी सबसे बड़ी दिक्कत है कि मैं भ्रमों में नहीं जी सकती। और प्रेम? वह उठती-गिरती लहरों का भँवर है, मरीचिका है। मैं प्रेम की कोई वैश्विक परिभाषा नहीं कर रही। यह मेरे निजी अनुभवों का सार है और खट्टे-मीठे अनुभवों के परे कौन जा सकता है? आदमी तो वही दोहराता आया है जिसका उसे एक बार अभ्यास हो जाता

है। मैंने प्यार नहीं करने की आदत डाल ली है। हाँ, सच कहती हूँ असीम! अब और रोया नहीं जाता। नहीं, बिलकुल नहीं। लेकिन मैंने कुछ नहीं कहा था। चुपचाप हाथ की किताब में खो गई थी। विमान दिल्ली हवाई अड्डे पर उतर रहा था। वह जाकर अपनी पत्नी के पास बैठ गया। बगल में चार साल का एक गुदाज बच्चा बैठा था। खूबसूरत शालीन पत्नी, एक सुखी जिन्दगी। जो उसने अपने बचपन में देखा वही उसने दोहराया। यही उसकी आदत बन चुकी है, पर उसकी आँखों में वह पुरानी प्यास अब तक क्यों है? क्या हमने हजारों सालों से कुछेक रोमांटिक शब्दों से अपने मानस को अनुकूलित नहीं कर लिया? पर एक सपने को, एक प्यास को, जिन्दगी भर जिलाए रखना भी कम बड़ी बात नहीं। कम-से-कम आज की दुनिया में। अपने को मारना बहुत आसान है। हाँ, मैं कायर हूँ। प्यार करने से, चोट खाने से डरती हूँ। सच, रोने से, आसुओं से, मुझे बहुत-बहुत डर लगता है।

हाँ, कॉलेज के दिनों में ज्यों-ज्यों मैं बड़ी हो रही थी, मेरे लिए दुनिया खुलती जा रही थी। एक बात बड़ी गहन मन में बैठती जा रही थी।...नहीं, मुझे अम्मा की तरह नहीं होना, कभी नहीं। भाभी की घुटन भरी जिन्दगी की नियति मैं कदापि स्वीकार नहीं कर सकती। मैं अपने जीवन को आँसुओं में नहीं बहा सकती। क्या एक बूँद आँसू में ही स्त्री का सारा ब्रह्मांड समा जाए? क्यों? किसलिए? रोना और केवल रोना, आँसुओं का समन्दर, आँसुओं का दरिया और तैरते रहो तुम। अम्मा, जीजी, भाभीजी, ताई, चाचियाँ, यहाँ तक कि मेरी शिक्षिकाएँ भी, जिनकी ओर मैंने बड़ी ललक से देखा, जिनको मैंने क्रान्तिचेता पाया था, वे भी तो उसी समन्दर को अपने-अपने आँसुओं से भरती चली जा रही थीं। क्यों नहीं लड़कियाँ वैसे ही खिलखिलाकर हँसतीं, मदमस्त, जैसे कॉलेज में लड़के हँसते हैं? कॉफी हाउस में हम लड़कियाँ जातीं जरूर, पर इठलाती हुई आत्मप्रदर्शन से बाज नहीं आतीं। वहाँ एक टेबल पर हम चार लड़कियाँ बैठतीं पर बातें घूम-फिरकर लड़कों पर, इश्क पर आ जातीं। मैं कुछ और जानना चाहती थी, कुछ और बहस करना चाहती थी। उन दिनों विश्वविद्यालय के प्रांगण में छात्र परिषद् के समर्थकों का जोर था। बात-बात में बम फेंके जाते। घंटे-भर में आठ ट्राम और बसें धू-धू कर जला दी जातीं। रमेश बाबू कहते—"यह प्रतिक्रिया है, क्रान्ति नहीं।" क्रान्ति किसे कहते हैं? जो इतिहास की तारीख बदल दे। क्या मैं कभी इतिहास की; हाँ, कम-से-कम अपनी जिन्दगी के इतिहास की तारीख बदल पाऊँगी? मैं एक साधारण लड़की। पर डॉ. चैटर्जी ने एक दिन मुझे स्टाफ रूम में बुलाया।

"क्या बात है? मैं देख रहा हूँ, इन दिनों तुम्हारा मन क्लास में नहीं लगता?"

"सर! मेरे मन में दर्शन की जो रूपरेखा थी, वह नहीं पढ़ाया जा रहा, सर... सर..."

"हाँ, हाँ, कहो। डरो मत।"

"सर देकार्त, कांट, हीगेल, ब्रैडले, सबको तो पढ़ डाला। इतनी अमूर्त बातें, आधी बातें तो समझ में नहीं आतीं...और भारतीय दर्शन...वह भी नहीं सर...अद्वैत वेदान्त...ब्रह्म सत्यम् जगत् मिथ्या, यह वाक्य बस हम रटे जा रहे हैं। रटकर लिखने से फायदा?"

"तुमने दर्शन का चुनाव क्यों किया था? तुम्हारे तो नम्बर अच्छे थे। तुमने पोलिटिकल साइंस क्यों नहीं लिया या फिर अर्थशास्त्र?"

"पता नहीं सर. बिना कुछ सोचे-समझे मैंने चुनाव कर लिया था। पर मैं जब तक अपने को, अपनी स्थितियों को, नहीं जानूँ, तब तक पढ़ने से क्या लाभ? केवल मुझे समाजशास्त्र का ही विषय अच्छा लगता है। जॉन स्टुआर्ड, मिल विदकेनस्टाइन और...और...सर, सबसे अच्छा मार्क्स का दर्शन लगता है।"

"हूँ।" डॉ. चैटर्जी ने गम्भीरता से सर हिलाया। वे एंटी एस.एफ. थे। गांधी के परम भक्त। क्या मार्क्स का नाम लेने से नम्बर कट जाएँगे? कटने दो, मुझे कौन-सा फर्स्ट क्लास चाहिए!

"कल इसी वक्त आना। तुम्हारी किताबों की लिस्ट तैयार रखूँगा। हाँ, कुछ अमूर्त धारणाओं को भी समझना जरूरी है।"

"मसलन?"

"अरस्तू और प्लेटो, हीगेल और शंकराचार्य, इन चारों में एक अकेले शंकराचार्य का अद्वैत वेदान्त भी ध्यान से पढ़ लो तो तुम्हारे मानस की जमीन पुख्ता हो जाएगी।"

"चेष्टा करूँगी।"

"नहीं, भारतीय दर्शन को जरूर पढ़ो, बार-बार पढ़ो। अर्थों की पर्त-दर-पर्त खुलती चली जाएगी। हाँ, तुम्हारे अन्दर तीन बातों का होना जरूरी है—अभीप्सा, जिज्ञासा और संकल्प। और फिर बार-बार दोहराते रहने का अभ्यास।"

दूसरे दिन डॉ. चैटर्जी ने किताबों की एक लम्बी लिस्ट दी। पूछा, "खरीद पाओगी? कुछ किताबों को जरूर खरीदो। किताब खरीदकर पढ़ने की आदत डालो।" मैंने लिस्ट पर नजर दौड़ाई। हीगेल, नीत्शे, कीर्केगार्द, हर्सेल की पोइट्री, हाइडेगर की बीइंग, सार्त्र की साइकोलॉजी ऑफ इमैजिनेशन, ईगो का सिद्धान्त, लानॉशे उपन्यास, मार्टिन व्युकर का आई एंड दाऊ, कामू के उपन्यास, प्लेग, मिला ऑफ सिसिफिस, मार्लो पोंती के नोट्स।

''जहाँ नहीं समझ पाओ, मुझसे पूछना। स्टाफरूम या मेरे घर आने में संकोच मत करना। तुम्हारे मानस की जो बनावट है, तुम जो खोज रही हो, उसका उत्तर इनमें है। हाँ, और एक बात। दर्शन की सबसे बड़ी व्याधि है कि यह विश्लेषणात्मक दृष्टिकोण को बढ़ावा देता है। पर मेरी समझ में जिन्दगी का एक समग्र दृष्टिकोण अपनाओ। गीता को धर्म की तरह मत पढ़ो, एक महाकाव्य की भाँति पढ़ती रहना आजीवन।''

''पर संस्कृत नहीं आती।''

''आ जाएगी। पढ़ते-पढ़ते अर्थ खुलने लगेंगे और हाँ, कॉफी हाउस की राजनीति में हिस्सा मत लेना, कभी नहीं।''

''पर अराजनैतिक दृष्टिकोण?''

''पहले अपने स्त्री होने की गुलामी को समझो।''

मैं स्टाफरूम से सीधे लाइब्रेरी में आ गई। डॉ. चैटर्जी का स्पेशल नोट था—मोटी-मोटी किताबें। मैं उन किताबों को सूँघती रही थी। चिकनी पर्तों पर हाथ फिराती रही। और जब पढ़ना शुरू किया—मैं कौन हूँ...? मैं से शुरू होनेवाली समस्या, चुनाव की समस्या...हर दूसरे-तीसरे दिन डॉ. चैटर्जी के पास मैं चली जाती। वे घंटा-आधा घंटा, अपनी व्यस्तता में से जितना निकाल पाते, निकालते। एक दिन की घटना मुझे याद है। सर नीत्शे को समझा रहे थे और नीत्शे पर प्रभाव पड़ा था फ्रेंच दार्शनिक बर्गसाँ का। मैं भाव-विभोर सुन रही थी। स्टाफरूम के एक कोने की मेज पर रमेश बाबू साप्ताहिक परीक्षा के लिए पेपर करेक्ट कर रहे थे। कांट की कैटगरी। मेरा पेपर लेकर वे डॉ. चैटर्जी की मेज पर आए।

''देखिए, यह क्या लिखा है, इसने कांट के ऊपर...'' डॉ. चैटर्जी ने हँसते हुए कहा, ''रमेश! इसको कांट पर नोट्स दे दो और यह जो पढ़ना चाह रही है, पढ़ने दो। अरे भाई, कितने छात्र-छात्राएँ फर्स्ट क्लास का मोह छोड़कर ज्ञान की पिपासा लेकर आते हैं?''

''अच्छा प्रिया! यह बताओ गुरुदक्षिणा क्या दोगी?'' हँसते हुए सर ने पूछा था।

''सर, मैं क्या दे सकती हूँ?''

''बहुत कुछ। स्त्री होना कोई अपराध नहीं है पर नारीत्व की आँसूभरी नियति स्वीकारना बहुत बड़ा अपराध है। अपनी नियति को बदल सको तो वह एकलव्य की गुरुदक्षिणा होगी।'' मैं अवाक् उन्हें देखती रह गई थी। वह गौरवपूर्ण, उन्नत ललाट, काले घुँघराले बाल, वह स्वच्छ पारदर्शी दृष्टि...पुरुष का ऐसा भी रूप होता है! मैंने उठकर चरण छुए—''सर! आज से आप मेरे गुरु हुए।''

"नहीं, किसी भी बाहरी व्यक्ति को गुरु मत स्वीकारना। वह जो सिखाए, सीखना और कृतज्ञता सहित धन्यवाद देकर आगे बढ़ जाना। आत्मा ही आत्मा का गुरु हो सकता है।"

पर विधाता का विधान। डॉ. चैटर्जी एक दिन स्टाफरूम में चक्कर खाकर गिर पड़े। तुरन्त उन्हें पी.जी. अस्पताल में ले जाया गया। खून की उल्टियाँ हुईं। ब्रेन ट्यूमर था। उनकी पकड़ाई हुई किताबों की लिस्ट, वह स्वच्छ हँसी और वह आदेश—औरत होने की यह आँसूभरी नियति कभी मत स्वीकारना, कभी नहीं। मैं याद करती रही थी और डॉ. चैटर्जी दुनिया से विदा ले चुके थे।

सूरज आखिरी साँसें ले रहा था। मन कर रहा था—काश, इस वक्त यहाँ कोई होता, चाहे कोई अजनबी ही सही। पर सामने की कुर्सी पर बैठकर वह भी चाय पीता। हम बातें नहीं करते। कभी-कभी एक-दूसरे की उपस्थिति का एहसास ही कितनी राहत देता है।

समय के आँचल से मैं अपने इन क्षणों का एक टुकड़ा काटकर रख लेना चाहती हूँ। जिन्दगी कितनी छोटी है और कैसी अजीबोगरीब बेवकूफियों में, दूसरों को खुश करने में ही मैंने इतना समय बिता दिया? हाँ, कमोबेश मैं सक्रिय काफी रही मगर फर्क क्या पड़ता यदि कुछ नहीं करती?

यहाँ समुद्र पर रात अचानक पसर जाती है। या कभी-कभी यों लगता है जैसे समुद्र के गर्भ से एक आदिम अँधेरा रोज फूट पड़ता है, पूरी धरती को बाँहों में जकड़ने के लिए और कुछ क्षणों के लिए छटपटाती हुई पृथ्वी खामोश हो जाती है। आकाश में अभी-अभी निकले हुए शुक्र तारे की चमक मेरे खयालों को मन की सतह पर खींच लाती है और मैं रात की अँधेरी तरलता में बहने लगती हूँ।

आज यहाँ की आखिरी चाँदनी रात है। बालकनी में बैठी ऊपर आकाश देख रही हूँ। बढ़ते-बढ़ते चाँद अब अपनी पूरी छटा पर है। लहरों पर चाँदी की परतें झिलमिलाती हुई, झीनी हवा और नक्षत्रों की जगमगाहट, प्रकृति का वैभव! कितना आश्वस्त करता है यह सबकुछ। एक अबोली व्यथा मन को मथने लगती है। मैंने अब स्वयं को स्वयं के प्रति सहज समर्पित करना सीख लिया है। यह आत्मकेन्द्रित भाव नहीं। फ्रॉयड के बाद नारसिसिस्म या आत्मपूजा जैसे विशेषण बड़े फैशनेबल हो गए हैं। मगर आत्मस्थ होना तो वास्तव में अपने-आपको जस- का-तस स्वीकारना है। अपने प्रति आश्वस्त होना है...यह स्वीकृति ही वास्तव में नई शक्ति देती है। ब्रेकफास्ट की टेबल पर बैठी हुई मैं फिर सोचने लगी—कल रात को फिर वही पुराना सपना देखा। दहशत भरे इन सपनों से कब मुक्ति मिलेगी? जिस दिन

ये सपने आते हैं, मैं सारा दिन उदास रहती हूँ। ये अपने क्यों आते हैं, मैं समझती हूँ। भूल जाना चाहती हैं, पर क्या भूलना इतना आसान होता है? और फिर पुरुषों से इतना डरना? कहीं कोई अकेले में, हाँ, हाँ, डॉ. चैटर्जी तक के लिए मन में यह बात आई थी कि कहीं वे भी ऐसा-वैसा व्यवहार कर बैठें तो? किससे कहूँ मन का भय? एक दाई माँ मेरे इस अतीत को जानती थी। बस, वही एक साझी थी।

भेदभाव से भरा बचपन। खैर, क्या फर्क पड़ता है? नहीं, मुझे कुछ नहीं चाहिए इस बड़े घराने से। मुझे नहीं बैठना बड़ी गाड़ी में। जरूरत नहीं है कपड़ों की। भैया और माँ, सबकी स्नेहभाजन सरोज थी। वह डॉक्टर बनेगी, बहुत पैसा कमाएगी और प्रिया...? वह सामनेवाली पड़ोसन मिस गुप्ता की कुतिया पर रिसर्च करेगी! मजाक में कही हुई बातें क्या चुभती नहीं? और यह भी कैसा क्रूर मजाक था। मुझे अपने घरवालों के साथ चलना है पर इन भाई-बहनों का चुनाव क्या मैंने किया था? एक ओर मुझे लगता कि मैं इनसे अलग हूँ, कि मेरी चेतना का धरातल बदलता जा रहा था, लेकिन फिर वही भयकातर दहशत में चीखती हुई लड़की, टूटती, बिखरती, मरती हुई। कभी शीशे में अपना नग्न शरीर देखती। कहीं कुछ टूटा तो नहीं है? चिकनी मांसल देह पर कोई खरोंच का निशान तो नहीं? लेकिन ज़ख्मी होने का यह एहसास क्यों हर समय मुझे रुलाता रहता है? हाँ, मैं धीमे-धीमे सुबकियों में रोती रहती थी? छिः! मुझे नफरत है इस पुरुष जाति से। नफरत है उससे जो मासूम, छोटी, नादान लड़की को भी नहीं छोड़ता। अब मुझे समझ में आता है कि हर समाज में इनसेस्ट प्रेम पर इतना भयानक टैबू क्यों है? क्यों सहज प्रकृति का मृत्यु-धर्म इनसेस्ट प्रेम पर लागू होता है। नहीं तो जन्म से औरत...असहाय औरत। उसे न पिता छोड़ता है और न भाई! अपनी नारी देह में, स्वयं में क्षत-विक्षत होकर रह जाती है। वह कभी किसी पराए पुरुष को प्यार नहीं कर पाती और न ही सृजन के सबसे सुन्दर रूप किसी और के बीज की रक्षा अपने गर्भ में कर पाती है। मानवजाति के लिए यह प्रसार जरूरी है। पर क्या समाज स्त्री की रक्षा करता है? क्या पुरुष की कामुक हवस का शिकार होने से मासूम लड़कियाँ बच पाती हैं? कब और कहाँ नहीं मुझ पर आक्रमण हुआ? वह कैसा बचपन था? क्या मेरा बचपन...न केवल भाई ने बल्कि एक दिन एक नौकर ने भी अपनी गोद में बिठाया था। बहुत छोटी थी, पाँच साल की। तब तो बाबूजी भी जिन्दा थे और दाई माँ ने उसे देख लिया था। बाघिन-सी झपटती हुई दाई माँ और उनकी गालियों की बौछार...। मैं गलत-सही कुछ नहीं समझी थी। मुझे

बस मेरे फ्रॉक में लगा एक लिसलिसा पदार्थ याद है, जिसे दाई माँ रगड़-रगड़कर बड़ी देर तक छुड़ाती रही थी। "...तू हमार मंगल का उमर का हो... हमार बेटा जईसा, नाहीं तो आज तोहार हम गर्दन उतरा देईत...भाग अभ्भी जा निकल यहाँ से मरिगउना..." फिर दाई माँ का वही आदेश—"ए बिटिया! ई बात कभ्भो किसी से कहियो मत। भगवान काहे अवरत का जिन्दगी में इतना दुख लिखत हई?... ओही जाने उनकर माया।"

चुप्पी। हमेशा चुप्पी। पर कब तक? कभी किसी पुरुष का कन्धे पर हाथ रख देना। सिनेमा हॉल के अँधेरे में सारे शरीर में सौ-सौ कीड़े रेंगने लगते, तो कभी...हाँ, वह क्रिसमस का दिन था। मैं, छोटे भैया और सरोज न्यू मार्केट में क्रिसमस के खिलौने और टाफियाँ खरीदने गए। उस समय मैं बारह साल की थी। ठसाठस भीड़। कन्धों-से-कन्धों की टकराहट। मुझसे चला नहीं जा रहा था। मैं पैर घसीट रही थी हाँ, अब याद आया। मुझे पीरियड्स हो गए थे, और मेरे साथ, मेरे पीछे-पीछे पैंट के बटन खोले वह आदमी! पुरुष का रुग्ण प्रदर्शन...! और मेरी हिम्मत नहीं हो रही थी कि भैया से या सरोज से कहूँ। क्यों? मैं क्यों इतनी दब्बू? इतनी कायर? क्या दाई माँ के कारण भय का संस्कार पनपा? या अम्मा की उपेक्षा में या फिर हमारे समाज की हजारों-लाखों स्त्रियों के साथ ऐसा ही घटता रहा है? पर हर औरत मुँह खोलने से घबड़ाती है। क्या सबको एक ही निर्देश मिला है अपनी माँ से? अपनी बहन से? मत बोलना, बिटिया! कभी नहीं। क्या घुटती हुई हर माँ ने औरत के जनम को ही नहीं कोसा? क्यों? नहीं, मैं औरत होना नहीं चाहती। मैं कभी किसी से प्रेम नहीं करूँगी। कभी शादी नहीं। सेक्स से घृणा है मुझे, बेहद घृणा। मैं एक ठंडी औरत हूँ, ठंडी रहूँगी। पुरुष से बदला लेने का मुझे एक यही तरीका समझ में आया।

सोचा तो यही था कि हर पुरुष के सम्पर्क से बचती रहूँगी, लेकिन क्या बच पाई? एम.ए. की परीक्षाएँ सर पर थीं, साथ ही लॉ का इंटरमीडिएट था...और वह पुरुष मेरी जिन्दगी में आया। वह एक बड़े सम्भ्रान्त परिवार का अकेला बेटा था। जब वह कक्षा में लेक्चर देने खड़ा होता तो सारी कक्षा मन्त्रमुग्ध हो जाती। मैं पहली कतार में बैठती थी। बातें आँखों से शुरू हुईं और जब दो आँखें चार हुईं तो कल्पना के सोलह पंखों पर सवार मैं सपनों की दुनिया की सैर करने लगी। एक दिन उसने मुझे स्टाफरूम में बुलाया। उसके पास खड़े होने से हृदय की धड़कन बढ़ती जा रही थी। उसने पूछा, "मेरे घर चलेंगी?"

"हाँ।"

वह आगे-आगे और मैं पीछे-पीछे। बस स्टाप से 2-बी ली। हम लोग

गरियाहाट मोड़ के पहले उतरे। वह मुझसे आठ-दस कदम की दूरी रखकर चल रहा था शाम के झुटपुटे में। जाड़े के दिन थे। वह बीच-बीच में पीछे मुड़कर देखता और हल्के-से मुस्कुरा देता। दो तल्ले के एक मकान के सामने रुका। फिर भीतर चला गया। मैं झिझकती-सी आगे बढ़ी। उसके कदमों की आहट ऊपर की सीढ़ियों से आ रही थी। फिर खटाक से ताला खोलने की आवाज हुई। कुंडी सरकाई गई और सीढ़ियाँ चढ़ते हुए मैंने उसकी पीठ देखी। एक क्षण तो मैं ठिठककर खड़ी हो गई। यह क्या कर रही हूँ? कुछ नहीं! और मैं भीतर चली गई। दरवाजा बन्द करके वह मेरी ओर पलटा। मेरी आँखें नीचे थीं, साँस की गति तेज। उसने कमर में हाथ डालकर अपनी ओर खींचा। मैं लतर-सी झुक आई और फिर जो होना था, वही हुआ। देह ने अपना धर्म निभाया। कानों में उसके शब्द थे शहद-से घुलते हुए—"मैं तुमसे प्यार करता हूँ...केवल तुमसे।"

उस दिन न मुझे कोई ग्लानि महसूस हुई और न ही जुगुप्सा। पुरुष का स्पर्श इतना मादक होता है, इतना सुखद! वह इतना कमनीय, इतना आकर्षक हो सकता है, मुझे पहली बार पता चला। मैं बाईस की उम्र में एक पूरी औरत बन चुकी थी। वह बत्तीस का अनुभवी पुरुष था। सप्ताह में दो-तीन दिन, इसी प्रकार यह खेल छह महीने चला। परीक्षाएँ सर पर थीं। एक दिन उसने कहा भी, "अब तुम पढ़ने में मन लगाओ।"

"लगाती तो हूँ पर आपके बिना मन नहीं लगता।" फिर वही उन्माद, वही गहरा आवेग। कुछ दिनों से वह कॉलेज नहीं आ रहा था। मैं बेचैन हो गई। क्या हो गया उसे? कहीं बीमार तो नहीं? एक दिन स्टाफरूम में जाकर प्रोफेसर दासगुप्ता से पूछा, "सर! प्रो. मुकर्जी नहीं आ रहे...?"

"उन्होंने पन्द्रह दिनों की छुट्टी ली है।" मैं अब अपने को रोक नहीं सकी। जरूर कहीं कुछ गलत घटा है। पर मुझे फोन तो कर सकते थे? हो सकता है संकोच से नहीं किया हो। ठीक है, एक बार उनके घर जाकर तो देखूँ? वे अपने घर में अकेले ही तो रहते हैं, ऐसा उन्होंने ही कहा था। मेरे पैर उनके घर की ओर बढ़ चले। फ्लैट का ताला नहीं लगा हुआ था।

"ओह! तो वह घर में हैं? जरूर बीमार होंगे।" मैं मन-ही-मन अभिमान से क्षुब्ध हो उठी। वह मुझे इतना पराया समझते हैं? न जाने कौन उनकी देख-रेख करता होगा? घंटी बजाई। कुंडी खोलने की आवाज आई। मेरा दिल धक्‌धक् कर रहा था। अब वह सामने होंगे। अब वह मुझे अपनी बाँहों में भर लेंगे। दरवाजा खुला।

उम्र में मुझसे कुछ बड़ी एक खूबसूरत स्त्री सामने खड़ी थी। माँग में सिन्दूर,

लाल ताँत की साड़ी, हाथों में गुच्छा-गुच्छा सोने की चूड़ियाँ, शाखा, नोवा, गले में सोने का सीताहार, कानों में सोने में जड़े हुए हीरे के सतफूल।

"आप?" उस स्त्री का प्रश्न था।

"मैं प्रोफेसर मुखर्जी से मिलना चाहती हूँ। क्या वे हैं?

"आइए, भीतर बैठिए।" भीतर कमरे की सजावट बिलकुल बदली हुई थी। नया सोफासेट, खिड़की पर झूमते हुए साफ पर्दे। वह भीतर चली गई। तब तक पर्दा उठाकर सामने वह खड़ा था, आग्नेय दृष्टि से देखता हुआ। न जाने क्यों मैं घबरा गई–

"मैं आती नहीं, पर मैंने सोचा कि आप बीमार हैं..."

हाथ पकड़कर मुझे उठाते हुए दबी जुबान में वह गुर्राया, "मूर्ख लड़की! मैंने कब कहा था कि मैं तुमसे शादी करूँगा? हम दोनों ने मौज की। बस, बात खतम। और सुनो, फिर कभी यहाँ मत आना। मैं अब शादीशुदा इंसान हूँ।"

ओह! इतना अपमान! मुझे चक्कर-सा आ गया। उसकी पत्नी भली स्त्री थी। वह ट्रे में चाय और नाश्ता लेकर खड़ी थी–

"अरे, तुम इनकी छात्रा हो। कम-से-कम मुँह तो मीठा करके जाओ।"

"नहीं, मैं बहुत जल्दी में हूँ, फिर कभी..."

मैं तूफान की तरह कमरे से बाहर निकली। शाम के पाँच बज रहे थे। फरवरी का महीना था। कहाँ जाऊँ? किस ओर? सामने से डबल डेकर बस आ रही थी। मन किया, चक्के के नीचे कूद जाऊँ। नहीं, मरूँगी नहीं, कभी नहीं...पर यह क्या हुआ मेरे साथ? एक पढ़े-लिखे शरीफ इंसान ने इतना बड़ा धोखा दिया? आखिर उसने ऐसा क्यों किया? भारतीय वेदान्त पढ़ानेवाला आदमी इतना निर्मम? इतना जालिम?

मैं चलती जा रही थी। मुझे होश नहीं था। बस एक ही वाक्य तेज गति से मेरे माथे में घूम रहा था। मुझसे कुछ कहा तो होता! मैंने कभी कुछ नहीं माँगा, बिना शब्दों का, बिना वाक्यों का सरल शर्तहीन समर्पण। मुझे क्यों ठगा? आखिर क्यों? तुम्हारी तो और भी बहुत-सी छात्राएँ थीं? क्या तुम्हारे जीवन में लड़कियों की कमी थी? पर इतना बड़ा झूठ...यह धोखा...क्यों? आखिर क्यों?

मैं लेक के किनारे घुटनों पर माथा टेके धीमे-धीमे रो रही थी। अचानक मैंने सर उठाकर देखा। आसपास तीन-चार छोकरे खड़े थे। मैं हड़बड़ाकर उठ खड़ी हुई। तब तक एक ने कहा–

"पिरेम कोन्छे, ताई जोन्नो कान्ना!" (प्रेम किया था इसीलिए रोती हो!)

दूसरे ने कहा, "आ हा, मोरी मोरी।" (मरा मरा)

तीसरे ने कहा, "की दिदि! आमादेर पछोन्दो हौबे की?" (क्या मैं पसन्द हूँ?)

मैं भाग खड़ी हुई।

वे पीछे ठठाकर हँसते रहे...

"एई रे, पालिये छे बेचारी!" (अरे रे, भाग गई बेचारी)

मैं दौड़ती चली जा रही थी...काफी दूर तक। अचानक मैं रुक गई। मैंने देखा, राह चलते लोग मेरी ओर आश्चर्यचकित होकर देख रहे हैं। मैं विवेकानन्द पार्क के पास से घर की ओर मुड़ गई। महीने-भर बाद एम.ए. की फाइनल परीक्षा थी, पर मैं एक लाइन भी नहीं पढ़ पा रही थी। मेरे साथ इतना बड़ा धोखा? क्यों? किसलिए? मैंने तुम्हारा क्या बिगाड़ा था? तुम पढ़े-लिखे अमानुष। मुझसे कुछ भी नहीं कहा? और मैं बाथरूम में, बरामदे के कोने में हिचकियाँ भरती रहती। मेरी अपनी तस्वीर काँच की किरचों-सी बिखर चुकी थी। दरारों को जोड़ा जा सकता है, खाइयों को भी पाटा जा सकता है, पर काँच की बिखरी किरचों में कभी कोई अक्स उभरेगा?

हाँ, मैंने प्यार किया था, पूरी ईमानदारी के साथ अपने को समर्पित किया था, बिना किसी शर्त के, बिना किसी से कुछ पूछे। बहुत बाद में समझ में आया कि यह बिना पूछे शर्तहीन सम्बन्ध आपकी मानवीयता का द्योतक भले ही हो, पर आपके व्यावहारिक दिवालिएपन का परिचायक भी होता है। जैसे-तैसे परीक्षा दी और उसके बाद यूनिवर्सिटी के आँगन में कभी पैर नहीं रखा। न ही कलकत्ता के भीड़ भरे जन-समुदाय में उसकी शक्ल देखी। वह कहाँ होगा, आज इस वक्त नहीं जानती। जीवित है या मृत, यह भी पता नहीं, पर उसका यह दोगलापन भुलाए नहीं भूलता। वह हृदय के अँधेरे कोने में अब भी खटकता है। इस घटना ने मेरे आत्मबल को, विश्वास को एक झटके में तोड़कर रख दिया था। अब मुझे पुरुष की जरूरत महसूस हो रही थी। मुझे किसी की सुरक्षा चाहिए थी। यह दुनिया दरिन्दों से भरी हुई है और जो हम देखते हैं, वही वास्तव नहीं होता। "एपिरियन्स इज नॉट रियल्टी"—ब्रैडले के ये शब्द हैं। उपाधिरहित व्यक्ति क्या रह जाता है? निर्गुण ब्रह्म। उसकी पहचान क्या है? नेति-नेति। मेरे जीवन में प्रेम की भूमिका नेति-नेति रही है। कुछ नहीं...अन्त में कुछ नहीं। केवल शून्यता। नहीं...सब धोखा है। प्रेम, समर्पण, पारस्परिकता, क्या इन शब्दों को बार-बार, दोहराते हुए मैं आत्मसम्मोहित नहीं हो गई? औरत प्रेम के जाल में क्यों फँस जाती है? मैं रात-रात-भर बैठी सोचती रह जाती। पीड़ा, भयानक यन्त्रणा और प्रचंड क्रोध। मगर आश्चर्य था कि मैं उसे दोष देने के बजाय खुद को अपराधी मान रही थी। मुझे अपने पर गुस्सा था। मैं अपने से भयानक बदला लेना चाहती थी।

अपने प्रस्फुटित होते जीवन के अँधेरे कोने में मैंने सौ-सौ नुकीले अस्त्र-शस्त्र छुपा लिए थे। मैं अब इतने जोरों से ठहाका लगाती कि प्रायः अम्मा या भैया लोगों को टोकना पड़ता। मैं सारे अपमान को, ठगे जाने की यातना को हँसी के शोर में डुबो देना चाहती थी। सरोज विदेश जाने की तैयारी कर रही थी और मेरे सामने अँधेरा भविष्य था।

मुझे प्रेम, सेक्स, विवाह, ये सारे सदियों पुराने घिसे हुए शब्द लगने लगे थे। नहीं, शब्द नहीं, मन के ताजा टुकड़े, लहू टपकते हुए। इन शब्दों के पीछे की दीवानगी और आदिकाल से चली आ रही परम्पराओं का चेहरा सिर्फ औरत के आँसुओं से तरबतर है। अपने गीले चेहरे को कभी-कभी मैं अपनी हथेलियों से पोंछती हुई मुस्कुराते रहने की चेष्टा भी करती थी। मैं सुखी होने का ऐलान करती थी।

वह उदासी का एक दौर था। भीतर से सन्नाट जिन्दगी थी, जिसे दुनिया के सामने मैं हँसकर झेल रही थी। मैं औरत बनना नहीं चाहती थी लेकिन एक पूरी औरत बन चुकी थी। रोने से कुछ नहीं होगा, यह मैंने समझ लिया था। डिप्रेशन और डिप्रेशन को बढ़ाता है। बड़ी भाभीजी मौत की अँकवार में सिमट गई थीं। उनकी मृत्यु के छह महीने बाद एक और भाभीजी आ गई थीं। एहसानमन्द हूँ अपनी इस भाभी का, जिन्होंने स्वयं को भैया के अनुसार ही ढाला। भैया अब एक सुखी और स्वस्थ इंसान थे, पर कहीं बदल भी गए थे। वे धन पर पूरी पकड़ रखते थे। हम छोटी बहनों को अब कुछ भी नहीं मिलनेवाला था। सरोज को कम-से-कम विदेश जाने के लिए पैसे तो मिले, पर मैंने जिस दिन अम्मा को थिगली लगी धोती में देखा, मन-ही-मन सौगन्ध खाई कि नहीं, इस घर से अब एक पैसा नहीं लूँगी। एम.ए. की फीस भी अपनी दोस्त विभा से लेकर भरी। तीन सौ रुपए और उधार लिए। कुछ किताबें खरीदनी थीं। पढ़ती थी। पढ़ने की चेष्टा करती थी, पर मन? क्षत-विक्षत घायल मन, वह खाली रो-रोकर मुझसे ही पूछता—क्यों? मेरे साथ ऐसा धोखा क्यों हुआ? मेरा अपराध क्या था? वह तो एक पढ़ा-लिखा इंसान था। बात-बात में गीता और उपनिषद् के श्लोक बोलनेवाला। मुझे ईशावाष्योपनिषद् के श्लोक याद आते हैं—"हे प्राणी! तू अपने किए का स्मरण कर...स्मरण कर!" ओह शिट!! ये सब पढ़ाने के लिए पढ़ाए जाते हैं। जैसे-तैसे एम.ए. की परीक्षा खत्म हुई। एम.ए. में फर्स्टक्लास भी नहीं आया। प्रोफेसर नाराज हुए, निराश हुए। हाँ, तर्कशास्त्र में गोल्ड मेडल मिला।

तर्क और विश्लेषण। मैं अपने जीवन का, परिस्थितियों का जर्रा-जर्रा विश्लेषण

कर रही थी। विश्लेषण, चीड़-फाड़, अजीब-सा द्वन्द्व। अपने होने और नहीं होने के बीच, मेरे अपने ठोस हाड़-मांस के जीवित शरीर के भीतर यह कैसा अभाव कैंसर की तरह खाए जा रहा था? इससे पहले कभी किसी पुरुष की ओर नजर नहीं उठती थी और अब हिरणी-सी आँखें चौकड़ी भरती रहतीं। बिना शराब के जैसे शराबी की हालत होती है, मेरी भी बस वही हालत थी। उचित-अनुचित के द्वन्द्व में क्यों पड़ूँ? क्या दुनिया ने मेरे साथ इंसाफ किया? क्या जो कुछ घटा, उसका औचित्य सिद्ध किया जा सकता है? पर अपने प्रति हताशा का भाव? और हताशा के इस भाव से भविष्य की कौन-सी तस्वीर उकेरूँ? मेरी सबसे बड़ी जरूरत थी अपने पैरों पर खड़े होने की। घर में पड़े रहकर दो वक्त का खाना मिल सकता था। बस, उस बड़े घर में जहाँ दस-दस नौकर, दाई, महाराज, दरबान, ड्राइवर थे; जहाँ अंगूर और अलफांसो आम कुछ विशिष्ट जनों के लिए खरीदा जाता था और आम जनता के लिए खीरे, ककड़ी, मौसम्बी। फलों का खैर मुझे ऐसा कोई शौक नहीं था, पर मन विद्रोह करता था। अम्मा की भेदभाव की नीति देखकर कुछ खाने को मन नहीं करता था। सन्तरे का रस, अम्मा बड़े भैया, सरोज और छोटे बच्चों को देती थीं। यदि मौसम की पहली मटर महँगी आ रही है तो वह बड़े भैया और सरोज की थाली में परोसी जाएगी। एक दिन मैं रोती-रोती थाली से उठ गई। बात यह हुई थी कि दाई माँ ने छेने का सन्देश मेरी थाली में परोस दिया था। यह सन्देश कुछ विशिष्ट लोगों के लिए ही बना था। उन लोगों के लिए जिनकी सेहत अम्मा की नजर में कमजोर थी।

"चमेलिया की माँ! तू तो रात-दिन अपनी बेटी को लाड़ करती रहती है, पर और बच्चे भी तो हैं? जानती तो है कि दूध आजकल कम लिया जाता है। सन्देश तो विजय बाबू के लिए था।"

"बाबू तो खाईबे नाहीं किए आज?"

"तो तू सरोज बाई को खिला देती। दस दिनों से खाँसी से बेचारी छोरी अधमरी हो रही है, उस पर से डॉक्टरी की पढ़ाई।"

"ए बहूजी! हमसे अब ई नोकरी नाहीं होइबे...खावत हुआ बचुआ क मुँह पर तोहार जो मर्जी सो बोलत जात हो?"

"तू तो और घर लुटाने खड़ी हो जाती है। अब वे पहलेवाले दिन हैं क्या?"

"वैसन दिन नाहीं, तो हमसे अब तोहार नोकरी भी नाहीं होइबे।"

मैं भरी-भरी डबडबाई आँखों से छेने के सन्देश किसी तरह पानी के सहारे गटक गई। पर उसके बाद दाल-रोटी और सब्जी के अलावा मैंने उस घर में कभी किसी चीज को मुँह से नहीं लगाया। कभी दूध का एक गिलास नहीं पिया, कभी

दही का कटोरा अपनी थाली में नहीं रखा। मैंने उस घर में, हाँ, उस घर में, न कभी बादाम की बर्फी खाई और न ही सन्देश। लेकिन फिर भी मैं एक बड़े घर की बेटी थी।

उस घटना के सप्ताह-भर बाद दाई माँ की चिट्ठी पाकर उसका बेटा मंगल आकर उसे घर ले गया। उस दिन सन्देशवाली बात पर दाई माँ बरामदे में बैठी-बैठी अम्मा को घंटों कोसती रही थी। बुढ़ापे में आजकल दाई माँ रोती नहीं थी और न किसी से डरती थी, बल्कि कठोर हो गई थी। शायद दाई माँ अन्याय देखते-देखते बागी हो गई थी, और दाई माँ को यह भी समझ में आ गया था कि मेरा ब्याह नहीं होगा। दहेज के लिए रुपया चाहिए और अम्मा का हाथ खाली था। झूठी आन-बान बनाए रखने में अम्मा के गहने बिकते जा रहे थे। दाई माँ समझ गई थी कि उसका वह सपना कि मेरी शादी धूमधाम से किसी बड़े घर में हो और नाती को वह गोद खिलाकर मरे, कभी पूरा नहीं होने का। दाई माँ चली गई।

मैं बहुत देर तक बरामदे में खड़ी काली-पीली टैक्सी निहारती रही थी। गरमी की उमस भरी शाम। एक थकी हुई गौरैया आकर बरामदे की रेलिंग पर बैठ गई। मैंने उदास आँखों से गौरैया की ओर देखा। आज हम दोनों चुप थे। गौरैया आँखें झपका रही थी और मैं बार-बार आँखें पोंछ रही थी। मैं नहीं चाहती थी कि मेरे आँसुओं के बारे में किसी को पता चले, क्योंकि उसी दोपहर को मैंने अम्मा और भाभीजी लोगों की आपसी बातचीत भी सुनी थी—"अच्छा है कि अब चमेलिया की माँ अपने घर चली जाए। सारे दिन का इसका हंगामा? वश में तो आती नहीं।"

"और माँजी, इतना खाना बनाकर नीचे ले जाती है कि कोई क्या कहे...हमार मनई आवे हई पानी पिला आई।"

"और क्या? यह महँगाई का जमाना है। चलो वह भी राजी रहे और अपने को भी छुट्टी मिले।"

दाई माँ जाने लगी थी तब मैंने अपने गले की चेन उसके हाथों में जबरदस्ती रख दी थी, चुपचाप।

"दाई माँ! क्या अपनी बेटी की एक भी यादगार तुम नहीं रखोगी?"

"ना मोर बचवा, ई कंठी तू रख। वक्त-जरूरत पर काम देई। हम माँ होकर बिटिया का चीज लेऊब? हमो पाप नाहीं लगिहें?"

नहीं, उस महामना ने सोने की चैन नहीं ली थी। मुझसे विदाई में कुछ भी नहीं लिया था और वह कंठी सच में एक दिन मैंने दो हजार रुपयों में बेची थी।

मुझे विभा का कर्ज चुकाना था और आगे साल-भर का खर्च चलाना था। दाई माँ से मिलने बड़े भैया की शादी के वक्त हम लोग गए थे। दूसरी भाभी इलाहाबाद की थीं। हम लोग काफी सारे फल और मिठाई लेकर मिर्जापुर के अहिरीटोला में गए थे। आँगन में बाहर खटिया पर बैठी वह वृद्धा, मोतियाबिन्द के कारण दृष्टिहीन।

"दाई माँ! कैसी हो?"

"अरे ए बहुरिया? ए भोला? मंगल! देख, इधर आओ सब लोगन, हमार बिटिया आई है..." और उसके बाद वे सलवटों से सूखे हाथ सर से कन्धे तक मुझे टटोलते रहे थे—"जरा भी शरीर में फरक नाहीं, पड़योठरी होय रही है। का जरूरत है एतन पढाई-लिखाई के? ए विजय बाबू, बिटिया का बियाह करौ अब।"

हम लोग चले आए थे। विदाई में दाई माँ ने अपनी गुदड़ी में से पाँच का नोट निकालकर मेरी हथेलियों में थमा दिया था। मंगल की बहू ने कहा, "माई रात-दिन प्रिया बाई, आप ही का बात करती रहती है। और आप जो कभी-कभी रुपया भेजती रही न, ऊ सब जमा करके रखी है। कहती है, हम आपन बिटिया का बियाह में बनारसी जोड़ा लेकर जाऊब।" उफ! आदमी प्रेम में प्रतिदान नहीं माँगता, सिर्फ समिधा बनकर हवन कुंड में स्वाहा हो जाता है। साल-भर बाद मिर्जापुर से मंगल की चिट्ठी आई—"माई का सरगवास हो गया।" हमारे घर में कोई प्रतिक्रिया नहीं हुई। अम्मा ने बस इतना-भर कहा कि वह भली औरत थी। इतना-भर, वह भी केवल अम्मा के मुँह से। बाकी किसी के पास इतना-भर भी कहने का वक्त नहीं था। मैं घर से बिना बोले चुपचाप बाबूघाट पर गंगा नहा आई थी। अब मैं पूरी तरह अनाथ थी।

मैंने एक नर्सरी स्कूल में नौकरी कर ली थी। साढ़े तीन सौ रुपए महीने हाथ खर्चे के पैसे निकल आते थे, पर पढ़ाने का काम मेरे वश का नहीं था। मुझे पढ़ाना अच्छा नहीं लगता था। खैर, इसी बीच मैंने यादवपुर विश्वविद्यालय में थीसिस के लिए आवेदन किया। आर्थिक सहयोग तो नहीं मिला पर परमीशन मिल गई। शाम की एक ट्यूशन ले ली थी। एक मारवाड़ी महिला को अंग्रेजी पढ़ने का शौक हुआ था। वे दो सौ रुपए देतीं। शाम को छह से आठ तक, सप्ताह में पाँच दिन। महीने-भर में समझ में आया कि उनके पतिदेव रात गए घर लौटते हैं। बेचारी बोर होती रहती हैं। मैं केवल एक कान हूँ जिसको किसी का रोना सुनना है। वे अपने बारे में बोलती रहती थीं। मैं रोज उनकी घुटन, उनका दर्द नोट कर लिया करती थी। एक दिन शाम को वे महिला अपने कमरे में नहीं थीं। बदले में उनके पतिदेव थे। मैं उल्टे पैरों लौट आई थी, बिना कुछ कहे। उसके बाद वहाँ कभी

नहीं गई। सुबह से रात तक यों ही जिन्दगी चल रही थी। घर मुझे घर नहीं लगता और सड़क मुझे थकान से भर देती। ऐसे कब तक चलेगा मेरे भगवान!

सरोज लन्दन पढ़ने चली गई। वह कमा भी रही थी। एक पत्र में उसने पैसों के लिए पूछा भी। मैंने उसे ना कर दिया। घर में अम्मा की झिड़कियाँ, भाभियों की उपेक्षा और जीजी लोगों के सामने अम्मा की एक ही रटन--"हे रामजी! इसकी नैया कौन-से घाट पर लगेगी?" लॉ का फाइनल ईयर था, पर पढ़ने का मन नहीं किया। परीक्षा नहीं दी। बड़े भैया और नाराज हुए। मैं बाईस की हो गई थी।

नहीं, मुझमें ऐसी कोई खासियत नहीं थी जिस पर गर्व किया जा सके। कोई शादी भी कहाँ से करे? इतनी पढ़ाई के बाद लड़का मिलना भी मुश्किल, मगर एक दिन बिल्ली के भाग से छींका टूटा। रामकुमार नाऊ, शादी का दलाल, एक रिश्ता लेकर आया। रामकुमार ने ही बड़े भैया का दूसरा ब्याह करवाया था।

"बड़ा नामी परिवार है...अग्रवाल लिखते हैं...कौन नहीं जानता उनको? सम्बन्ध हो जाने से हम पक्का दो पर्सेंट कमीशन लूँगा। आप आँखें मूँदकर हाँ करो। एक नम्बर घर है और स्मार्ट लड़का, अमेरिका से बिजनेस मैनेजमेंट पढ़कर आयो है, सोचो मत।"

"कितना लगाना होगा?"

"बाबू बाई को पसन्द करे तो पीछे लगाने की बात करूँगा। लेन-देन की बात करणिया आदमी कोनी। लक्ष्मी बरस बाक तो। बस बनान तो पढ़ी-लिखी स्मार्ट लड़की चाहिए। पैसा ही पैसा है।" अम्मा और बड़े भैया की बाँछें खिल गईं, "रामकुमारजी, ये सम्बन्ध करा दो तो जनम-भर गुण कोनी भूला।" बड़े भैया बोले।

"जरा-सी बाई न एक बार देख लूँ तो रंग कितना साँवलो है?"

बड़ी भाभीजी मुझे जल्दी कपड़े बदलवाकर अम्मा के कमरे में लेकर गईं। इधर रामकुमार नाऊ की दृष्टि—"चलेगी, बिलकुल चलेगी। बहूजी! काम मैं पटवा दूँगा पर हमरी दलाली मना मारियो..."

वे लोग मुझे देखने आए। नरेन्द्र ने मुझे देखा। अंग्रेजी में दो-चार बातें कीं और हाँ कह दिया। मुझसे अनुमति लेने की किसी ने जरूरत नहीं समझी। वैसे नरेन्द्र वाकई स्मार्ट लड़का था। नरेन्द्र के पापा और मम्मी मेरे हाथों में पाँच गिन्नी देकर चले गए। तुरन्त बड़े भैया फल लेने न्यू मार्केट दौड़े। फल की इक्यावन टोकरियाँ भेजी गईं। हर तरह के फल। सबकुछ इतनी जल्दी घटा कि कुछ सोचने

का वक्त ही नहीं मिला। सुबह प्रस्ताव आया था। भैया ने चार घंटों में ही जो पता लगाना था, लगा लिया। करोड़ों का आसॉमी है और अकेला वारिस! अमेरिका से पढ़कर लौटा हुआ लड़का! मेरी उम्र तेईस की और वह छब्बीस का। रात तक घर जीजी लोगों के परिवारों से भर गया। हँसी-मजाक के फव्वारे। हँस मैं भी रही थी। अपने सौभाग्य पर विश्वास नहीं हो रहा था। बस, एक लाल बत्ती बार-बार जल रही थी। कहीं वह मुझसे मेरा अतीत न पूछ ले। मैं अब कुँवारी नहीं। सुहागरात के दिन उसे जरूर पता चल जाएगा। पर क्या अच्छा नहीं हो कि मैं उससे सब बातें साफ-साफ कह दूँ? लेकिन इस बात पर वह मुझे छोड़ दे तब? मैं कहाँ जाऊँगी? व्यवस्था का सम्मोहन। नहीं, शादी के बाद अब कोई शोषण नहीं करेगा। कोई यों आम की चूसी हुई गुठली-सी नाली में नहीं फेंकेगा। प्रिया! समझ से काम लो। तुम्हें स्वीकृति और सुरक्षा दोनों मिल रही है। तुम बड़ी हो गई हो प्रिया! बिना व्यवस्था की स्वीकृति के तुम क्या कर लोगी? बेवकूफ मत बनो! यहाँ बिना किसी प्रयास के तुम्हें थाल में परोसकर छप्पनभोग दिया जा रहा है। कहाँ सड़क पर चप्पलें घसीट रही थी, और कहाँ रातों-रात करोड़पति की बीवी!...

धूमधाम से शादी हुई। मेरे ससुरजी ने भैया से बस एक ही माँग की थी कि बारात की खातिरी जोरों की हो। उसमें भैया लोगों ने कोई कसर रखी नहीं। बाकी बक्सा में बन्द क्या सामान गया या नहीं, वह अम्मा ने ताई-चाचियों को दिखाया नहीं। और तिलक के समय नगदी लाख रुपए की थैली ससुरजी ने पहले भिजवा दी थी। उन्हीं का पैसा उन्हीं के घर। इसी प्रकार विदाई के वक्त चाँदी के कटोरे में सवा लाख फिर रख दिया गया था। बड़े भैया ने मेरे ससुरजी के पैर पकड़ लिए थे...

"शाहजी! आपके एहसान का बदला मैं कहाँ से चुकाऊँगा? आपने मेरी इज्जत रख ली।"

"आप क्या बातें कर रहे हैं विजय बाबू? आपकी इज्जत हमारी इज्जत है।"

विदा के वक्त मुझे जरा भी रोना नहीं आया। लगा, चलो बाबा, नरक से छुट्टी तो मिली। अम्मा को इतना खुश मैंने कभी नहीं देखा था। बेटी की ससुराल से आए हुए एक-से-एक गहने-कपड़े। मर्सिडीज गाड़ी में विदा होती बेटी। उन्होंने बस सल्लो जीजी से कहा, "वह ज्योतिषी तो ठीक ही कहता था कि इसका भाग्य बहुत ऊँचा है!"

मुझे बस दाई माँ की याद आई। दाई माँ का रखा हुआ बनारसी जोड़ा कहाँ है? आज दाई माँ होती तो सच में बहुत खुश होती।

ब्रेकफास्ट टेबल पर ही मैं काफी देर तक बैठी रह गई। पास की टेबल प्रायः खाली हो चुकी थी। तीसरी बार जब वेट्रेस ने आकर पूछा–

"मदाम, सम मोर कॉफी?"

"ओ नो, थैंक्स।"

वह बर्तनों को समेटने लगी। उसकी काली आँखें और सुर्ख गाल। काले घुँघराले बालों को उसने कसकर पीछे बाँध रखा था, एक हँसमुख खूबसूरती लेकिन मोटे-मोटे हाथों को देखने से समझ में आ रहा था कि श्रम एक पुश्तैनी धन्धा होता है, जहाँ विरासत में औरत को पुरुषनुमा सख्त हाथों की बेहद जरूरत होती है। मुझे उठना चाहिए, अब वह मेज पोंछने के लिए हाथों में स्पंज लिए खड़ी थी। मेरी आँखें टकराईं। "हैपी डे मदाम..."

टिप के कुछ सिक्के रखकर मैं उठ खड़ी हुई। काउंटर में बैठी हुई मोटी औरत ने एक पहचानी मुस्कान से स्वागत किया। बिल साइन करके हाथों में छाता लिए मैं बाहर सड़क पर निकल आई। बिना किसी उद्देश्य के टहलना अच्छा लगता है, खासकर उस वक्त जब आपके भीतर कोई कहानी चल रही होती है।

हाँ, बिदाई के बाद गाड़ी में बैठे-बैठे मैं सोच रही थी कि मैं एक बड़े घर की बहू हूँ। सासूजी ने बाँहों में भरकर गाड़ी से उतारा। मेरे शरीर पर पचास हजार का वह घाघरा और दस लाख का वह हीरेवाला सेट! यह सेट भी ससुराल से ही चुपचाप भेज दिया गया था। लेकिन अब आगे जीवन में क्या होगा? मैं भय से सन्न हो रही थी। घुटनों पर ठुड्डी टिकाए पीढ़े पर बैठी मैं वहाँ होकर भी शायद नहीं थी। हँसी-मजाक, चुहलबाजियाँ, कहीं कुछ भी मन को नहीं छू रहा था। कपड़े बदलकर आए हुए नरेन्द्र ने मुझे जब वैसे ही पीढ़े पर बैठे हुए देखा तब मम्मी से उसने झुँझलाकर पूछा, "मम्मी, क्या इसे ऐसे ही मूर्ति-सी बैठाए रखेंगी? अभी भी आप लोगों का नेगचार खत्म नहीं हुआ?"

बड़ी बुआजी ने हँसकर कहा, "अरे मुन्ना, यह तुझे आज मिलेगी क्या? कल होगी सुहागरात!"

"क्यों?" उसके स्वर में झुँझलाहट थी...आवेग-उत्कंठा के अलावा एक छुपा हुआ दर्प।

"बेटा! शादीवाली रात तो अलग ही सोते हैं ना, कल देवी-देवताओं की पूजा हो जाए, सुहागथाल जीम ले, उसके बाद ही..." मम्मी का मुलायम स्वर था।

"आपके देवी-देवताओं की पूजा अभी बाकी है क्या? मैं नहीं मानता यह सब। सब बेकार की पोंगापन्थी बात है।"

हॉल में ससुरजी के साथ दो-चार और लोग खड़े थे। मेरी आँखों ने सिर्फ दृढ़ता से जमे नरेन्द्र के पैरों को देखा। मैंने सोचा—यह कैसी बात हुई? कुल-देवता की पूजा बिना माँ...बड़ी बुआजी कुछ बोलें इसके पहले मेरी सास उन्हें उठाकर अपने कमरे में ले गई। पास में बैठी चचेरी ननद ने चुहल की, "क्यों नरेन्द्र भैया, एक रात भी नहीं रुक सकते?"

"व्हाट नानसेन्स!"

ससुरजी चाचाजी आदि को लेकर नीचे जा चुके थे। मैं शर्म से नीचे झुकी जा रही थी। यह क्या तमाशा है...इतना तो मुझे भी पता था कि शादी की रात को साथ नहीं सोते। नाग-देवता की कहानी याद आ गई। भय से मन सिहर उठा। कहीं कोई अपशकुन न हो जाए...मैंने आँखें उठाईं। देखा, नरेन्द्र वैसे ही खड़ा है। धक्-धक्...आज भी, इतने वर्षों बाद मेरा हृदय वैसे ही धड़क रहा है। बुआजी का हाथ पकड़े-पकड़े सासूजी बाहर निकलीं...

"ठीक है बेटा, जैसे तू कहे।"

"और इसके कपड़े बदलवाइए, ऐसे मत भेज दीजिएगा।" नरेन्द्र के जाते हुए पैरों की पदचाप हँसी-ठिठोली में डूब गई। नींद और थकान से शायद सभी चूर हो रहे थे।

सासूजी ने कानों के पास झुककर धीरे से कहा, "चलो बेटा, उठो।"

सोफे पर बैठी बुआजी का चेहरा तमतमाया हुआ था। वे बोले बिना नहीं चूकीं, "भाभी, तेरे घर की रीत ही न्यारी है।"

"क्या करूँ बाईजी! आप तो सब जानती हैं। जिसमें बच्चे राजी रहें।"

"फिर भी..."

मगर सासूजी अब नहीं रुकी थीं, लगभग मेरे हाथों को खींचते हुए वे आगे बढ़ गईं।

पहाड़ों को छूकर आई हुई ठंडी हवा सनसनाती हुई निकल गई। मैंने बालों की लटों को पीछे किया, गले में पड़े स्कार्फ को कसकर लपेटा। सड़क अभी ढलान पर थी...

मैं तो सुहागरात के दिन से ही ठंडी हो गई थी। जिस्म को नोचता-खसोटता छब्बीस का युवक नरेन्द्र। जिस्म का भी एक स्वाद होता है...ठीक वैसे ही जैसे झागवाला बीयर। लेकिन मैं तो भय से सूखे पत्ते की तरह काँप रही थी। मैं कहना चाह रही थी—नरेन्द्र मैं कुँआरी नहीं...मैं पहले ही टूट चुकी हूँ। हर पुरुष ने मुझे चोट मारी है, आहत किया है। मेरा घायल मन। नरेन्द्र! हम जीवनसाथी हैं...मैं

तुमसे सबकुछ कह देना चाहती हूँ...एक पूरी बेबाक ईमानदारी के साथ। नरेन्द्र! तुम पढ़े-लिखे हो, अमेरिका से एम.बी.ए. करके लौटे हो; मगर नहीं, वह पढ़ा-लिखा आदमी बीस मिनट में अपनी भूख मिटाकर करवट बदलकर सो गया था। मैं थकी हुई बेदम पड़ी रही। नरेन्द्र की गहरी साँसें, फिर नींद। उनींदे स्वर में कहना, "बत्ती बन्द कर दो, आँखों में रोशनी लग रही है।" मैं चुपचाप दबे कदमों से बाथरूम में जाकर बाथटब के पाँयताने बैठ गई थी। मैंने मेहँदी रची हथेलियों से पलकों पर टिकी बूँदों को पोंछा। फिर उठकर शावर खोल दिया। बड़ी देर तक मल-मलकर नहाती रही। पानी की ठंडी फुहारों के नीचे, कुछ राहत मिली। यह मेरी जिन्दगी की पहली रात थी, मेरे जीवनसाथी के संग। मेरे दिमाग में बस दो ही शब्द अटक गए थे—सुहागरात और जीवनसाथी।

दो दिन बाद हम लोग हनीमून के लिए बाहर चले गए। दहेज में आया हुआ सामान मेरी सासूजी ने खोलकर देखा। कुछ बोलीं नहीं। बस अधिकतर सामान बक्से में ही बन्द करके बॉक्सरूम में रख दिया गया था। अम्मा से अधिक गहने-कपड़े मेरी सास ने दिए थे—चुनी हुई साड़ियाँ, पश्मीने की काश्मीरी शॉल और गहने। हनीमून का बक्सा भी मेरी सास ने ही पैक किया था। कैसी-कैसी ब्रा और पैंटियाँ थीं। एक-से-एक महँगी नाइटी और कुल दो सलवार तथा दो साड़ियाँ। शायद माँ को बेटे का स्वभाव मालूम था, क्योंकि हनीमून के दस दिनों में नरेन्द्र मुश्किल से दो-तीन बार ही बाहर निकलने को तैयार हुआ था। मेरा पोर-पोर जख्मी हो गया था। नरेन्द्र ने मेरे अतीत के बारे में जानने की कोई चेष्टा ही नहीं की, ना ही मेरी पसन्द-नापसन्द के बारे में उसने कुछ पूछा। वह खाने का ऑर्डर भी अपनी पसन्द से दे दिया करता और खाते-खाते जब पेट भर जाता तो अचानक पानी पीकर उठ जाता। यह भी नहीं देखता कि मैं अभी तक पहली रोटी ही नहीं निगल पाई हूँ।

नरेन्द्र की वहशी भूख से मैं सच में घबरा उठी थी और बाद में तो उसकी यह सेक्सुअल भूख बढ़ती ही गई। केवल रात के प्रथम प्रहर में ही नहीं, बल्कि रात में, दिन में, शाम को—वक्त-बेवक्त कभी भी। पार्टी के लिए तैयार होकर हम निकलनेवाले होते कि वह मुझे वापस कमरे में घसीट लेता।

"प्रिया, नही, तुम मेरी चीज हो...लोग इतनी अच्छी चीज को देखकर लार टपकाएँ, इसके पहले मुझे स्वाद चखने दो!"

"छिः नरेन्द्र, मेरा मन नहीं करता।"

"तुम्हारा तो कभी नहीं करता। किसी दिन तुमने कहा कि तुम्हें सेक्स की जरूरत है?"

"नरेन्द्र, मुझे प्यार चाहिए।"

"तुम सोचती हो बिना प्यार के कोई तुम्हारे लिए इतना पागल हो सकता है?"

"लेकिन प्यार और सेक्स में फर्क होता है।"

"तुम अपनी फिलॉसफी रहने दो तो।"

"नरेन्द्र, मेरी बात सुनो...मेरी बात..."

नहीं, होंठों पर मोटे-मोटे होंठ रख दिए जाते। चारों हाथ-पैरों को कसते हुए उसका वही वहशी उन्माद!

हाँ, नरेन्द्र में पैशन था। वह पैशन ही उससे रात-दिन गधे की तरह काम करवाता रहता। रुपया, और रुपया! जिस दिन वह कोई सफल डील करके आता, उस दिन खाना खाते वक्त जरूर किसी खास चीज की फरमाइश करता या फिर ऑफिस से ही फोन कर देता, "खाना अच्छा बनवाकर रखना।" अब अच्छे खाने का अर्थ मैं समझने लगी थी, अतः या तो सीधे चौके में जाकर महाराजजी को बोल देती या फिर सासूजी को। बेटे की फरमाइश सुनते ही उनका चेहरा खिल जाता। मैं ध्यान से उनकी ओर देखती।

माँ-बेटे में एक अजीब-सी समानता है वही संग्रही वृत्ति और भावनात्मक लगाव की कमी। मम्मी का भी यों दिन-रात शॉपिंग में व्यस्त रहना। दिन में तीन-तीन बार साड़ियाँ बदलना, मैचिंग की चूड़ियाँ, मैचिंग की चप्पल। उनके ड्रेसिंग रूम में लाइन से लगी हुई आलमारियाँ थीं और उनमें कम-से-कम एक हजार साड़ियाँ, ब्लाउज, पेटीकोट, चूड़ियों के ढेर, चप्पलों की कतारें, मेकअप का सामान...हालाँकि लगातीं वे केवल हल्की लिपेस्टिक और बिन्दी ही थीं। चीजों की बहुतायत और मुझे इस संग्रही वृत्ति से बेहद चिढ़ उठती। मेरा चीजों के प्रति व्यावहारिक दृष्टिकोण था। पहले-पहल सासूजी टोक भी दिया करतीं—"प्रिया बेटे, कपड़े और अच्छे पहना करो और देखो गले में कुछ नहीं पहन रखा?"

"मम्मी मुझे गहने नहीं सुहाते...और यह साड़ी तो अच्छी ही है मम्मी।"

"अच्छी तो है मगर जाड़े के मौसम में तो सिल्क पहना करो। कब काम आएँगी वे साड़ियाँ?"

कभी संकोचवश मैं बदल भी जाती। माँ-बेटे के ठीक विपरीत पापा थे। लम्बा छरहरा शरीर, गोरा रंग, पहनते वे खादी का धोती-कुर्ता, पर कितने सौम्य लगते, कितने मृदुभाषी। पापा को कभी किसी से ऊँचे बोलते नहीं सुना। लेकिन बेटा? वह इतना विपरीत कैसे हो गया?

नरेन्द्र के स्वर में अनुरोध के बदले आदेशों की गर्जना रहती। उसकी

हाजिरी में सारा घर खड़ा रहता। मम्मी दूध का गिलास लिए—"बेटा, दूध तो पी ले!"

शायद आज भी वे नरेन्द्र के लिए वैसे ही दूध का गिलास उठाए पीछे-पीछे रहती होंगी। बचपन से आज तक भी, इस उम्र में भी, उसके जूते के फीते नौकर ही बाँधता है। ऑफिस से घर लौटने पर नरेन्द्र की आदत थी—सीधे अपने कमरे में जाने की। जूतों सहित ही वह पलँग पर लेट जाता। कोट एक ओर सोफे पर फेंक देता, टाई की गाँठ ढीली और पीछे-पीछे नौकर उसके जूते खोलता हुआ, मोजे निकालता हुआ, गीले तौलिए से तलवों को रगड़ता हुआ। फिर पावडर और यूडीकोलोन।

नरेन्द्र बदला नहीं होगा। वह आज भी वैसा ही होगा। वह कभी हाथ में ब्रीफकेस लेकर नहीं चलता था। रामू आगे-आगे दौड़ता था 'बाबू' का ब्रीफकेस लेकर। अम्मा के घर मैंने कभी किसी को जूते पहनते हुए नहीं देखा था। मुझे अजीब-सा लगता। नरेन्द्र बाल कटवाने सैलून भी नहीं जाता। उसका स्पेशल हज्जाम था। हर हफ्ते पेडिक्योर और मेनिक्युर। पता नहीं वह सेंट की कितनी बोतलें अपने ऊपर छिड़कता, कपड़ों का ऑर्डर दर्जनों में देता। नरेन्द्र का सारा हिसाब-किताब फिक्स्ड और रिजिड। नाक की सीध में चलनेवाले उस व्यक्ति को दाहिने-बाएँ देखने की फुर्सत भी नहीं थी। सेक्स में भी मुझे पता था वह कैसे हाथ बढ़ाएगा, मुझे कितने नजदीक खींचेगा और मेरे भीतर किस प्रकार कितनी देर तक हाँफता हुआ पड़ा रहेगा। धन कमाने का भी उसका अपना तरीका था, मेहनत से नहीं। स्पेक्युलेशन...गजब की कुशाग्र बुद्धि थी। माल का स्टॉक करना और ऊँचे-से-ऊँचे दाम में बेचना। कभी पेट्रोलियम का कोई सामान, कभी कोई कैमिकल, कभी स्टील तो कभी दाल। वह कुछ भी स्टॉक कर सकता है, बशर्ते दलाल उसे ऊँची-से-ऊँची कीमत के लिए राजी न कर सकें।

वह हारना नहीं जानता। जिस दिन शेयर बाजार मन्दा होता, बस माइग्रेन के दौरे। मैं घंटों उसका सर दबाती रहती। "नरेन्द्र कुछ खाओगे।" चार बार सासूजी पूछ जातीं। बच्चों की तरह उसका ठुनकना—"ओ हो मम्मी, तंग मत करिए...मुझसे कुछ नहीं खाया जाएगा।"

"खा ले बेटा, मेरा मन रख ले। एक फुल्का भी खाएगा तो मैं रात को चैन से सो सकूँगी।"

मुझे अकेले खाना खाते देखकर शायद मेरी सास को अच्छा नहीं लगता, पर अकेले तो वे भी खाती थीं। अजीब-सा घर था, एक नाश्ते की टेबल के अलावा

बाकी चार सदस्य...अपनी-अपनी दिशाओं को टटोलते हुए।

पापा रोज शाम को चाय पीकर बाहर चले जाते। गए रात लौटते। पहले-पहल मैंने समझा था शायद क्लब जाते हैं तांश खेलने। एक दिन यों ही मैंने मम्मी के सामने कह दिया, "मम्मी, पापा रोज बाहर ताश खेलने जाते हैं, कभी घर में ताश-पार्टी क्यों नहीं करते?" मम्मी की साँसें तेज-तेज चलने लगी थीं। उठते हुए उन्होंने कहा, "तुम्हीं क्यों नहीं पापा से पूछती?"

मैं समझी नहीं थी, सच में नहीं समझी थी लेकिन अचानक शादी के पहले अम्मा और सल्लो जीजी के बीच होती बातें याद आ गईं। सल्लो जीजी का अम्मा से पूछना, "अम्मा, सुनते हैं उनके घर का वातावरण अच्छा नहीं, किसी बंगालन को रख रखा है।"

"तो क्या हुआ, घर में तो नहीं?"

"लेकिन अम्मा, सुनते हैं उस औरत से एक लड़की भी है।" सल्लो जीजी का स्वर दबा हुआ था।

"तू भी सल्लो दो बच्चों की माँ हो गई, लेकिन अब भी बचपने की बात करती है। अगले में कुछ कमी है तभी न अपने यहाँ करा रहा है, फिर अपनी ओर की कमजोरी भी तो पहचानो।"

अम्मा का इशारा दहेज की ओर था।

मैं सोचती--कौन हैं वे, जहाँ पापा शाम को जाते हैं और रात गए लौटते हैं? क्या मम्मी को मालूम है? मैं अपनी सास के निष्क्रिय चेहरे की ओर देखती...नहीं, कहीं कोई शिकन नहीं, बिलकुल सपाट! हाँ, कभी-कभी सुबह नाश्ते की मेज पर उनकी आँखें सूजी हुई लगतीं, मानो रात को बहुत रोई हों। पापा की आवाज में खुशामद होती और वे हाँ-ना में उत्तर देतीं। मैं ही पूछती, "क्यों मम्मी, आपकी तबीयत ठीक नहीं है?"

"नहीं बेटी, बिलकुल ठीक है।"

"मम्मी, आपकी आँखें कैसे सूजी हुई हैं?"

वे हड़बड़ाकर कह बैठतीं, "बेटा, जुकाम लगने के पहले मेरी आँखें ऐसी ही सूज जाती हैं।"

पापा सर नीचे किए कप में चम्मच हिलाते रहते, "और नरेन्द्र की जलती हुई हिंसक आँखें, क्षण-भर को पापा पर ठहरकर वापस नाश्ते की मेज को घूरने लगतीं।

लगता है टहलती हुई मैं काफी दूर निकल आई हूँ। एकदम खुला हुआ आकाश,

चमकती हुई पहाड़ियाँ। इधर उगता हुआ सूरज और दूर क्षितिज पर जमते हुए बादलों के टुकड़े। गर्मी लग रही है। मैं कोट उतारकर हाथों में लटका लेती हूँ... दुपट्टे से माथे का पसीना सुखाती हूँ। अब और कितना चलूँगी? लौटना होगा।

होटल पहुँचते-पहुँचते साढ़े बारह बज गए। भूख लगी है। क्यों न सीधे खाना खाकर ही रूम में जाती। पर अभी तक तो मैंने नहाया भी नहीं। चलो, कोई बात नहीं। खाना खाकर नहा लूँगी।

खाना खाते हुए मैंने फिर जर्मन जोड़े की ओर देखा। जोसेफ कब पास आकर खड़ा हो गया था, मुझे पता नहीं चला।

"मदाम?"

मैं चौंक उठी।

"मदाम, जर्मन जानती हैं?"

"नहीं जोसेफ।"

"वे लोग भी अंग्रेजी नहीं जानते, वरना वे आपसे बातें करते।"

"हाँ, मुझे खुशी होती। अच्छे लोग हैं।"

"बहुत ज्यादा मदाम! और ये हर साल यहाँ पर आते हैं पन्द्रह-बीस दिनों के लिए।"

"कब से आ रहे हैं?"

"पिछले दस वर्ष से। मदाम, आप स्ट्राबेरी सूफले लेंगी? एकदम फूल की तरह हल्का बनाया गया है, मुँह में रखते ही गल जाएगा।"

"जोसेफ, तुम्हें मीठा बहुत पसन्द है क्या?"

"बहुत ज्यादा! मगर मेरी बुढ़िया खाने नहीं देती।"

"क्यों?"

"मेरे बाप को डाइबिटीज है, कहीं मुझे भी हो गया तो!"

"तुमको बहुत चाहती है। तुम्हारे बच्चे नहीं?"

"यही तो मुश्किल है। बच्चे हैं नहीं, मैं सोफी का बिग बेबी हूँ।"

हम दोनों हँसने लगे। जर्मन जोड़े ने मुझे विश किया। मैंने अंग्रेजी में प्रत्युत्तर दिया। अब हमारे बीच जोसेफ दुभाषिए का काम कर रहा था। उन्हें मेरे कुर्ते की कढ़ाई बहुत पसन्द आई, फिर मैं किस भाषा में लिख रही हूँ, क्या लिख रही हूँ। अचानक जोसेफ को लगा, आते-जाते शब्दों के बीच वह संवादों का पुल हो गया है। सूफले लाने के बहाने वह बाहर लपका। हम लोग हँस दिए।

कमरे में जाकर पलँग पर लेट गई। सोचा कुछ देर बाद नहाऊँगी। आँखें खुलीं तो देखा साढ़े चार बज रहे हैं। अरे, इतनी देर तक सोती रही। उठकर बाहर

बालकनी पर आ गई। दूर तक समुद्र का अथाह पानी और पथरीली किनारे...जहाँ से करीब-करीब नुकीले पठार सीधे ऊपर को उठ गए थे।

चेयर खींचकर वहीं बैठ गई। ऐसे में कभी बचपन में बरामदे में बैठा करती थी। वहाँ गौरैया हुआ करती थी, यहाँ कौन-सी चिड़िया का चुनाव करूँ?

क्या चुनाव करने से चिड़िया मिल जाती है? शायद मिल जाए पर क्या हम अपने भविष्य का भी चुनाव कर पाते हैं?...व्यवस्था जहाँ सुरक्षा देती है वहीं घुटन भी। मगर मैंने बिलकुल शुरू में हर सीमा को--सहज या आरोपित जो भी हो, सब स्वीकारा।

नरेन्द्र के पीछे-पीछे सासूजी रहतीं। अपने सुपुत्र की वे साँस-साँस गिनती रहतीं। मुझसे भी उन्हें यही आशा थी। मैंने किया भी। काफी वर्षों तक करती रही...और एक दिन लगा...मैं नरेन्द्र की पत्नी हूँ...सेक्रेटरी और नौकरानी नहीं।

नरेन्द्र कहता, ''प्रिया, जरा इस-इस जगह फोन मिलाना तो और यह लो पार्टी की लिस्ट। इन सबके पास वक्त पर कार्ड चले जाने चाहिए। और सुनो, कल तक मुझे पार्टी के मेनू की लिस्ट मिल जानी चाहिए।''

फिर मेनू पर घंटों माथापच्ची। कभी किसी कैटरर से तो कभी किसी से। सबकुछ एवन होना जरूरी होता। हाँ, शुरू के पाँच साल हर पार्टी एवन होती थी। मर-मरकर मैं फूल सजाती। हमेशा मेज पर नई क्रॉकरी! एपलपाई सूफले, टार्ट कहाँ कौन अच्छा बना रहा है? खोजती रहती। घंटों नई-नई डिशों के पीछे माथा पचाती रहती।

पार्टी के पहले दो दिन की तैयारी। पार्टीवाले दिन सोलह घंटे की मेहनत और उसके दूसरे दिन बर्तनों को रखवाना, लॉन साफ करवाना, हिसाब तैयार करना। मुझसे ज्यादा मेरी सास को इन पार्टियों का उत्साह रहता, अहसानमन्द हूँ कि उनके सहारे ये पार्टियाँ ठीक-ठिकाने हो जातीं। पापा जरूर चुपचाप बेलाग-से कहीं किसी कोने में खड़े नजर आते, बुझे-बुझे से, वहाँ रहकर भी नहीं के बराबर। बहुधा मेहमानों के आ जाने पर पापा धीरे से सरक भी जाते। दूसरे दिन सुबह सासूजी की सूजी हुई आँखें! वे पार्टी की थकान का बहाना करतीं।

पार्टी में न केवल घर और मेज ही सजाना पड़ता, बल्कि खुद को भी। ''प्रिया, वह फिरोजी फ्रेंच शिफॉन पहनना जो मैं अबकी पेरिस से लाया था; और सुनो, साथ में वह फिरोजेवाला सेट भी। लोग देखें तो हमारी श्रीमतीजी का रौब!'' लेकिन तैयार होकर नीचे उतरते-उतरते वह टोक देता, ''यह क्या? वह कार्टियरवाली घड़ी नहीं पहनी? अचार डालोगी...और कितनी बार कहा बालों को जरा स्टाइल से सँवारो...क्या यह एक पोनीटेल लटका लेती हो?''

मैं मन-ही-मन कटकर रह जाती।

और पार्टी में, बड़े फक्र से नरेन्द्र मेरा परिचय किसी बैंक के चेयरमैन से करवाता, "दर्शन में पी-एच.डी. हैं।" बड़े-बड़े अफसर। "प्रिया इधर आओ, इनसे मिलो। ये हैं जस्टिस बनर्जी...मिस्टर कौल, ये हैं प्रिया, मेरी पत्नी...आप मिस्टर कौल कलक्टर कस्टम्स। प्रिया, जरा इधर आना। शंकर भैया से मिलो। तुम इन्हें नहीं पहचान रहीं। अपने पापा के खास दोस्तों में..." और शंकर भैया की तोलती हुई दृष्टि...साड़ी की सलवटों के भीतर मेरे नंगे शरीर तक पहुँचती हुई। "प्रिया ये कनोडियाजी...प्रिया...प्रिया...प्रिया..."

हाँ, वे शुरू के दिन थे। हर रात थकान से चूर मैं सोचा करती—क्या जिन्दगी ऐसे ही बीतेगी? यही सब करते हुए...? मारवाड़ियों के ये दो-ढाई सौ करोड़पति घराने? वही-वही चेहरे? उन्हीं के बीच घूमना? कलामन्दिर जाओ, तब भी वही चेहरे, क्लब में जाओ तब भी वही रटे-रटाए शब्द और वाक्य—"कैसी हैं?" "ठीक हूँ, आप अच्छी हैं?" "हाँ, बिलकुल।" फिर किसी से टकराना और उन्हीं वाक्यों को दोहराना। सब चेहरे पहचाने हुए लगे, लेकिन फिर भी तो कोई दोस्त नहीं बना।

नरेन्द्र का सर्कल गूलर के फल की तरह था। अपने में असंख्य बीजों को समेटे हुए।

मेरी रुचि कम होती जा रही थी। मैं बात-बात में झल्ला पड़ती। दाई-नौकरों पर बरस पड़ती। मैं बैंकाक से मँगाए गए पपीते, लीचू, कीवी और अमरूदों से ऊब गई थी। बम्बई से मँगाए गए अलफांसो आम और स्ट्राबेरी के सूफले से चिढ़ होती। स्काईरूम से मँगवाई हुई एपल स्ट्रडल, चित्तरंजन मिष्ठान्न भंडार के रसगुल्ले और मोहनभोग, नूतन बाजार से सन्देश, कॉलेज स्ट्रीट से कांचा गोल्ला, शर्मा की केशरिया रबड़ी...ओ नो, अब नहीं। क्या सारी जिन्दगी मैं बस टेबल सजाती रहूँगी? बर्तनों को सम्हालती रहूँगी...एक ही अनुभव का बार-बार घटना... घटते चले जाना, सबकुछ कितना नीरस लगने लगता है।...गृहस्थी के झमेले कभी शान्त न होनेवाली लहरें...क्या इसी को संसार-सागर कहा गया है? कभी खत्म न होनेवाले झमेलों में मैं पाती रिपीटेशन...सबकुछ वैसा का वैसा, बिलकुल सैट, बना-बनाया ढाँचा, मुझे समझ में आने लगा था कि यह ढाँचा नहीं बदलेगा।

शादी के डेढ़ साल बाद ही तो संजू हो गया था। वही खिचड़ी का नेग। अम्मा की लाचारी और मेरे सास-ससुर की दरियादिली! हमेशा दिखावे में सासूजी अच्छी-से-अच्छी चीजें रखतीं। उन्होंने अपने पास से लाख रुपए का सामान निकालकर बाँटा। अम्मा का हाथ बहुत तंग था। ससुरजी का भैया से फिर गाड़ी

में दोहराना—"विजय बाबू, आपकी इज्जत हमारी इज्जत है।"

संजू को गोद में लिए मेरी आँखें बार-बार आनेवालों की ओर उठ जाती थीं। फिर मैंने सोचा—मैं उन्हें पहचानूँगी भी कैसे? नहीं, पापा का चेहरा देखकर समझ जाऊँगी। पापा का चेहरा कैसा बुझा-बुझा लग रहा है! इस एक साल में मुझे यह भी समझ में आ गया था कि कहने के लिए पापा ऑफिस जाते हैं लेकिन वे रिटायर्ड की स्थिति में हैं। सारा धन बेटे की मुट्ठी में है। वही कमाता है न? अपने इकलौते लायक बेटे के हाथ में पापा ने सारी सत्ता सौंप दी है।

रात को मेरी सासूजी ने चार थाल फल, मिठाई और लड्डू के सजाए। एक भारी साड़ी, चाँदी का कटोरा और ग्यारह सौ रुपए लिफाफे में रखकर सासूजी ने धीरे से पुराने ड्राइवर रामसिंह से कुछ कहा। मैंने बस इतना-भर सुना, "देखो, छोटे बाबू को पता नहीं चल जाए।"

मैंने पहली बार अपनी सासूजी से पूछा, "क्यों मम्मी, यदि पता चल जाएगा तो क्या होगा? और यदि नरेन्द्र को नहीं पसन्द है तो छुपाकर भेजने की फिर क्या जरूरत है?"

"अब मैं क्या करूँ? बाप-बेटे की लड़ाई में मेरी तो शामत आ जाती है। नहीं भेजूँगी तो इनका मुँह फूल जाएगा और भेजते हुए यदि नरेन्द्र अभी देख ले तो घर में महाभारत मच जाए।"

पता नहीं क्यों, मगर उस दिन मुझे लगा कि अपने बचाव के लिए मेरी सासूजी ने बड़ी कूटनीति से काम लिया है। जो बातें वे खुद नहीं कहना चाहतीं उन्हें नरेन्द्र से कहला देती हैं। पति भी वश में और बेटा भी।

मैं संजू को लेकर डेढ़ महीने बाद जब जापे से उठकर पीहर गई तब लौटते वक्त मैंने धीरे से रामसिंह से कहा, "रामसिंह! जरा कारनानी स्टेट्स चलिएगा।"

"जी, बहूजी...मगर छोटा बाबू?"

"उनको मालूम नहीं होगा।"

हाँ, अपनी इस रखैल सास से वह मेरी पहली मुलाकात थी। मुन्ने को छाती से लगाते हुए उनकी आँखें उमड़ आई थीं। पचास वर्ष की इस प्रौढ़ा स्त्री के पैर छूते हुए मैं समझ नहीं पा रही थी कि क्या कहकर सम्बोधित करूँ? फिर अनायास ही मेरे मुँह से 'छोटी माँ' निकल गया था। क्या किसी को माँ कहने पर बन्दिश है? उन्होंने दोनों बाँहों में भर लिया था और फिर अपने हाथों के सोने के मोटे-मोटे कंगन पहना दिए थे।

"छोटी माँ, इसकी जरूरत है क्या?"

"है कैसे नहीं? तेरे ब्याह पर मैं जा नहीं सकी। नीना तो बहुत रोती रही थी पर समाज में किस-किस का मुँह बन्द किया जाए?"

"नीना कहाँ पर है?"

"अभी आती होगी बेटा!"

"कितनी बड़ी है?"

"उन्नीस वर्ष की। तू देख लेना।" उन्होंने मुस्कुराते हुए कहा।

मेरा मन किया छोटी माँ से पूछूँ कि आपको अपनी इस जिन्दगी से क्या शिकायत नहीं होती और नीना का भविष्य? हालाँकि आप पापा का नाम अपने नाम के पीछे लगाती हैं, अपने गले में मंगलसूत्र पहन रखा है और माँग में सिन्दूर भर रखा है, लेकिन फिर क्यों, किसलिए मेरे ब्याह पर नहीं आईं? और तब मुझे शादी के वक्त की अम्मा की दबी हुई रोषपूर्ण आवाज सुनाई दे रही थी, "बेटा विजय! एक बात तो शाहजी से कह दो, रंडियों और रखैलों को लेकर वे बारात में आएँगे तो बात कैसे छिपेगी? सब मुँह छिपा-छिपाकर हँसेंगे। हमारी भी कोई इज्जत है।" बाद में डरते-डरते सल्लो जीजी से पूछा था, "रखैल किस अर्थ में?" जीजी का कहना था कि बिना विवाह किए पुरुष जिसका भरण-पोषण करता है, जो जायज पत्नी नहीं, उपपत्नी है, रक्षिता है। पहले दो-दो शादियाँ होती थीं, अब नहीं होतीं। मैं चुपचाप अपनी इस रखैल सास का शान्त स्निग्ध चेहरा देख रही थी। उस उम्र में भी सोने-सा दमकता हुआ रंग। क्या यह पवित्र चेहरा कलंकित है?

छोटी माँ से ही बातों में पता चला था कि उनके पिता कलकत्ता हाईकोर्ट के एक प्रसिद्ध बैरिस्टर थे। मेरे ससुरजी का बैरिस्टर शुभेन्दु सेन के यहाँ मवक्किल की तरह आना-जाना शुरू हुआ था। फिर दोस्ती हो गई। पापा की उम्र लगभग चालीस की थी और छोटी माँ इक्कीस वर्ष की नवयौवना। लॉरेटो कॉलेज से अंग्रेजी में बी.ए. ऑनर्स। पापा बैरिस्टर सेन के परिवार में बिलकुल घुलमिल गए थे। एक लड़का था जो बार एट लॉ के लिए लन्दन बस गया था। मेरी सासूजी को छोटी माँ शुरू से दीदी कहकर पुकारती थीं। पापा, मम्मी और छोटी माँ। पत्नी की आड़ में पापा और छोटी माँ, जिनका नाम तिलोत्तमा था, का प्रेम-प्रसंग बढ़ता ही गया। मम्मी को जब तक होश आया, बात हाथ से निकल चुकी थी। पिता ने बेटी को इस अपराध की कड़ी सजा दी। उसे घर से निकाल दिया। कालीघाट जाकर पापा और छोटी माँ ने शादी कर ली। कानून माने-न-माने, धर्म साक्षी है। बिना किसी विरोध के ऐसे जीवन की मौन स्वीकृति, एकोन्मुखी अग्नि की तरह पापा के लिए अहर्निश जलते रहना। हाँ, पीहर से नाता हमेशा के लिए टूट गया।

न वो लोग कभी आए और न छोटी माँ ही गईं। नीना ने अपने नाना का मुँह कभी देखा ही नहीं। ''बाबा मुझे कभी माफ नहीं कर सके, मैं तो उनके लिए कलंक थी। बैरिस्टर समाज में बाबा सर उठाकर कभी चल ही नहीं पाए...'' छोटी माँ अपनी कहानी सुनाती जा रही थीं। औरत के जीवन में जरा-सा खुरेचो, दर्द, पीड़ा और त्रासदी के बहते हुए दरिया मिलेंगे।

नीना को देखकर मैं निहाल हो गई थी। उन्नीस वर्ष की वह लम्बी छरहरी नवयौवना, घने काले बाल, बड़ी-बड़ी आँखें और होंठ तथा चिबुक पापा की तरह।

''नीना?'' मैंने पुकारा।

''भाभी...।'' कहकर वह गले से चिपट गई, ''भाभी, आप शादी के बाद बहुत निखर आई हैं!''

''तुमने मुझे कब देखा?''

''शादी के दिन! हाँ, मैं सबसे छुपकर गई थी। किसी को पता ही नहीं चला। पापा को, मम्मी को, किसी को नहीं। बस, मैं यह देखना चाहती थी कि मेरे भैया-भाभी कैसे लगते हैं।''

मेरी आँखें छलछला आई थीं। निष्ठुर, यह दुनिया मासूमों के प्रति इतनी निष्ठुर क्यों है?''

मैं नीना का चेहरा देखे जा रही थी। गजब की लुनाई थी उसके चेहरे पर। बड़ी-बड़ी आँखें, तीखे नाक-नक्श...बंगाल की नजाकत और राजस्थान की कद-काठी। लॉरेटो में बचपन से अब तक पढ़ी हुई उस लड़की में गजब का खुलापन था। कहीं कोई कुंठा नहीं। सहज सीधी आर से पार बातें करनेवाली। उसे क्या करना है, क्या नहीं, यह वह बहुत अच्छी तरह जानती थी।

''देखा भाभी, पापा चाहते हैं कि मेरी शादी हो जाए लेकिन मैं नहीं करूँगी। मैं पहले अपने पैरों पर खड़ी होऊँगी।''

''तू एम.ए. तो कर ले।''

''नहीं, कोई जरूरत नहीं। मैं कल ही ग्रैंड होटल में इंटरव्यू देकर आई हूँ। मुझे लगता है, यह नौकरी मुझे मिल जाएगी।''

''नीना! क्या पापा पसन्द करेंगे?''

''भाभी! क्या मुझे उनकी इच्छा-अनिच्छा का खयाल करना चाहिए? भाभी, मुझे पता है कि मैं एक नाजायज सन्तान हूँ। मम्मी कितना भी माँग में सिन्दूर लगाएँ, उस लाल रंग में थोड़ी कालिख घुली हुई है? इसीलिए तो मम्मी का सिन्दूर चमकता नहीं।''

''नीना! इतनी कड़वाहट में क्यों घुट रही हो? तुम्हारा ही नुकसान होता है न?''

"नहीं, जिन्दा रहने और अपनी लड़ाई स्वयं लड़ने के लिए यह जरूरी हो जाता है कि हम अपमान और वंचना को भी याद रखें। मुझे आप ये सब 'चुप-चुप रहो' वाली बातें न सिखलाएँ तो!"

"नहीं, लेकिन क्या तुम दुखी नहीं?"

"यदि दुखी हूँ तो सुख भी अर्जित करूँगी। अपने पैरों पर खड़ी स्त्री का कोई निरादर नहीं कर सकता। भाभी! पापा का यों महीने का महीने रुपए देना? मुझे नफरत होती है उनसे। सच कहती हूँ भाभी, ऐसे बुजदिल इंसान से मुझे सख्त नफरत है।"

तब तक चाबी के झुमके की आवाज। छोटी माँ ट्रे में चाय-नाश्ता लेकर आ गई थीं। उनकी पति-भक्ति, उदार मन, सहज समर्पण और बधिर गाय-सी अपनी स्थिति के प्रति मौन स्वीकृति।

सीढ़ियाँ उतरते-उतरते छोटी माँ ने धीरे से कहा था, "बेटा प्रिया! किसी को पता नहीं चले, खासकर जीजी को या तेरी माँ को, पर बीच-बीच में जरूर आती रहना।"

"छोटी माँ!" मैं अपनी इस रखैल सास की छातियों में मुँह छिपाकर रो पड़ी थी। मुझे पता नहीं क्यों अपनी दाई माँ की गोद याद आ गई थी।

हाँ, पापा मेरे प्रति सच में कृतज्ञ रहते। छोटी माँ के घर जाकर मुझे अजीब-सा सुकून मिलता। नीना...नीना मेरी बहन, दोस्त सबकुछ थी। नीना का भविष्य क्या होगा? कैसा होगा? माँ-बाप का कलंक? बीच-बीच में मैं संजू को भी भेज दिया करती थी, पर बच्चा तो बच्चा ठहरा। उस दिन खाने की मेज पर बैठा-बैठा बकबक किए जा रहा था, "हम नीना बुआ को बोला कि जब तक तुम हमारे साथ लूडो नहीं खेलोगे हम कभी नहीं..."

"कौन नीना बुआ...?" सासूजी ने पूछा।

ओह! इतना अज्ञान? मैं कुछ बोलूँ इसके पहले संजू बोल उठा—"वह जो हम लोगों का दूसरा घर है...छोटा दादी माँ भी हमको भोत पियार करता।"

सासूजी का चेहरा रोष और अपमान से लाल हो गया था और जैसे फूस के झोंपड़े पर चिनगारी पड़ी, वैसे ही नरेन्द्र धधक उठा था, "इसे वहाँ कौन ले गया था? पापा, आप?"

पीड़ा और अपमान से पापा का चेहरा काला पड़ गया था। बात मैंने ही सम्हाली, "मैंने भेजा था।"

"क्यों? किसके हुकुम से?" नरेन्द्र की ज्वाला अभी शान्त नहीं हुई थी।

"अपने घर में, अपनी बुआ और दादी के पास जाने के लिए संजू को

इजाजत लेनी पड़ेगी?''

''क्या बक रही हो प्रिया? होश में आओ।''

''क्यों? क्या चुटकी-भर सिन्दूर से ही पत्नी कहलाने का हक मिल जाता है, और बीस वर्ष बिना सात फेरे के सम्बन्ध को यों ही नकार दिया जा सकता है?''

''वह रखैल है...मिस्ट्रेस...मेरी माँ नहीं।''

घृणा से मेरा सारा शरीर जल उठा। और आज पहली बार मैंने अपनी सासूजी के निष्क्रिय चेहरे की ओर देखा। वहाँ एक परम तृप्ति का भाव था। पापा उठकर जा चुके थे।

''सुनो प्रिया! संजू अब कभी वहाँ नहीं जाएगा।'' नरेन्द्र ने एलान किया।

''तब तुम भी सुन लो, मैं जाऊँगी और संजू केवल तुम्हारा बेटा ही नहीं, मेरा भी हक है उस पर। वह भी जाएगा। दया, ममता, इंसानियत कुछ भी नहीं तुम लोगों में? मैं पूछती हूँ, पापा किसके सहारे चलते-फिरते नजर आते हैं? कौन है जो पापा का खयाल रखता है?''

''प्रिया? तुम चुप करो, मैं कहता हूँ, चुप करो।''

''नहीं, मैं चुप नहीं करूँगी। अब नहीं। नीना मेरी ननद है। संजू की बुआ है। इस घर की बेटी है।''

तड़ाक...

एक थप्पड़ मेरे दाएँ गाल पर। मैं फटी-फटी आँखों से इस चालीस वर्षीय नाबालिग पुरुष की ओर देख रही थी। हाँ, इसी तरह एक दिन किसी ने कहा था, ''बेवकूफ लड़की! तुमसे किसने कहा था कि मैं तुमसे शादी करूँगा?'' हाँ, इसी तरह...इसी तरह सब घटता जाएगा...और मैंने डबडबाई आँखों से सासूजी की ओर देखा। वे खामोश पत्थर की मूरत-सी बैठी थीं। शून्य, प्रतिक्रियाविहीन एक गोरा चिकना चेहरा। नाक में हीरे की लौंग चमक रही थी। माथे पर लाल बिन्दिया और माँग में सिन्दूर। सुहाग...पत्नी...जायज सन्तान! छि! औरत के लिए यह समाज इतना निर्मम क्यों? और इस समाज को बनानेवाला पुरुष इतना कायर क्यों?

नहीं, नरेन्द्र में मानवीय संवेदना नाम की कोई चीज नहीं थी। वह बस पैसा, अच्छा खाना और सेक्स समझता था। मुझे लगता मानो चारों ओर सबकुछ बुरी तरह उलझता जा रहा है।...और उस दिन गाल पर वो थप्पड़ और सासूजी का चुपचाप देखते रहना, पापा का उठकर चले जाना। मुझे अपनी सबसे बड़ी कमजोरी लगती थी कि एक ओर तो विद्रोह में कपूर की तरह भभक उठना और वहीं तुरन्त आँसुओं में उमड़कर शान्त हो जाना...अपनी इस प्रवृत्ति को मैं कभी दया, कभी

उपेक्षा...कभी अन्य कोई विशेषण देती, पर अपने इस खंडित व्यक्तित्व की परिसीमा से क्या मैं परिचित नहीं थी? नरेन्द्र को मैं छोड़ नहीं सकती। क्यों? क्या इसका कारण है—सुरक्षा का मोह? व्यवस्था की स्वीकृति? मैं खुद से पूछती, "प्रिया! सच कहो प्रिया! इन स्याह गुफाओं से तुम कब निकलोगी?" मन कह रहा था—"सहन करो।" पर क्या सहन करूँ? गाली-गलौज, मारपीट और उसके बाद दमन का समर्थन करते हुए घरवालों के उपदेश।

मैंने धीरे-धीरे आलमारी से बक्सा निकाला। दो-चार कपड़े, पर्स में हजार रुपए, पैरों में चप्पल और मैं सीढ़ियाँ उतर गई थी। मेरा ही मन मुझ पर हँस रहा था, "वाह! मिसेज प्रिया अग्रवाल, यह किस फिल्म का दृश्य है?" मैंने धीरे से अपने दाएँ गाल पर हाथ रखा, जहाँ अब भी उँगलियों के निशान थे।

"तारासिंह! ड्राइवर से गाड़ी गेट पर लाने को कहो, अम्मा के घर जाना है...।"

और मैं जाकर चुपचाप अम्मा के सामने गद्दे पर बैठ गई थी। पलँग पर बैठी हुई अम्मा ने पूछा, "क्यों बेटा कैसी है? राजी तो है ना?" भाभीजी ने पूछा, "क्या लेंगी बाई? शर्बत या चाय?"

"मैं...मैं...यहाँ रहने आई हूँ।" कहते-कहते मेरा स्वर लड़खड़ा गया था।

"हाँ, हाँ, तो क्या पीहर में बेटियाँ रहने नहीं आतीं? मैं तो खुद तुझसे कहती हूँ, कभी-कभी आ जाया कर।"

"नहीं अम्मा! मैं अब उस घर में नहीं रह सकती। अम्मा! मैं नरेन्द्र से तलाक लेना चाहती हूँ।"

"क्या बक रही है? तुझे होश तो है ना?"

"लगता है प्रिया बाई का आज नरेन्द्र बाबू से झगड़ा हो गया। ठीक हो जाएगा। आप परेशान मत होइए माँजी।"

"नहीं भाभी! मैं सीरियस हूँ। अम्मा को तुम समझाओ...मुझे ऐसे नरक में क्यों भेजा था?"

"क्या समझाएगी तू मुझे? हाँ बोल, मुझे क्या तेरा कड़ा स्वभाव पता नहीं? वहाँ जाकर और बिगड़ गई। स्वभाव में जरा भी समाई नहीं?"

"ठीक है माँजी! पीछे बातें कर लीजिएगा। चलिए प्रिया बाई, मेरे कमरे में आराम कर लीजिए। आपको मुन्ने की तरफ भी देखना चाहिए न? दस वर्ष का हो गया...अगले दस वर्ष में बहू आ जाएगी।"

"तू तो जब से जन्मी, तब से ही मेरी छाती पर मूँग दल रही है...मेरी दूसरी बहू-बेटियों की तेरी जैसी जबान नहीं चलती। सरोज डॉक्टर है, तब भी क्या

मजाल कभी कमल बाबू से कहा-सुनी हो? देख, मैंने तो तुझे इस घर से विदा कर दिया। अब मेरे घर में तेरी जगह नहीं है। अभी-अभी तेरी सासूजी का फोन आया था। बेचारी रोए जा रही थी, ''सायणजी! मेरी इज्जत आपके हाथ में है। आप तो जानती हैं नरेन्द्र के स्वभाव को? गुस्साऊ बहुत है, पर प्रिया भी चुप नहीं रहती।''

''ओह! तो आपके पास इस बीच फोन भी आ गया?''

''और क्या करे वह बेचारी गाय जैसी सीधी औरत? तू उसी के पास खटाती है, और कहीं ब्याही गई होती ना तो अकल ठिकाने आ जाती।''

''क्या फर्क पड़ता है प्रिया बाई, मियाँ-बीबी में झगड़ा तो होता ही रहता है। कौन नहीं कड़ा बोलता? आपके भैया को गुस्सा नहीं आता क्या?''

मैं उठकर भाभी के कमरे में चली गई। जाते-जाते अम्मा के स्वर कान में पड़े, ''बिणनी! इसे समझा-बुझाकर भेजो वापस, अपने कहाँ खटाएगी? कल तुम लोगों की बेटियाँ ब्याहने लायक होंगी। कहाँ सम्बन्ध मिलेगा?''

तब तक नरेन्द्र का फोन आ गया, ''मैं अभी आ रहा हूँ।'' भाभीजी लोग मीठे-मीठे मुस्कुरा उठीं। छोटी भाभीजी तुरन्त रसोई में दौड़ गईं। नरेन्द्र आया। हाथ पकड़कर बोला, ''चलो, अभी चलो, आई एम सॉरी...'' और मैं मन्त्रमुग्ध-सी पति के साथ सीढ़ियाँ उतर गई।

घर आकर ऊपर कमरे में। सामने सोफे पर सासूजी बैठी थीं संजू को गोद में लिए। संजू को देखकर मैं बुक्का फाड़कर रो उठी।

मैं—वही डरी हुई लड़की, व्यवस्था की सुरक्षा खोजती हुई।

मुझे अपना ही लिया हुआ निर्णय बचकाना लगा था। पलँग पर पड़ी मैं हिचकियाँ भर रही थी। नरेन्द्र मुझे बाँहों में भरे हुए कह रहा था, ''प्रिया, तुमको दौरे पड़ते हैं। गुस्से में तुम एकदम पागल हो जाती हो।''

उसने धीरे से मेरे कन्धों को पकड़कर अपनी ओर किया, ''सुनो, इधर देखो मेरी आँखों में...तुम्हें मेरी सौगन्ध। फिर कभी ऐसा कदम उठाया तो। यह क्या बचपना है?'' उसने आँसुओं से तर मेरा चेहरा अपने हृदय से लगा लिया। हिचकियाँ रुक गई थीं। और वह पागलों की तरह मुझे चूम रहा था। मेरा सम्पूर्ण समर्पण...मैंने घबराकर दरवाजे की ओर देखा। वह मुस्कुराकर बोला, ''घबराओ नहीं, दरवाजा बन्द है।''

उस दिन पहली बार पापा ने मुझसे खुलकर बातें कीं।

''बेटी प्रिया, तुम पढ़ी-लिखी हो।''

"पढ़े-लिखे तो वे भी हैं पापा!"

"नहीं, अपना-अपना मानस होता है। तुम्हारी संवेदनाएँ गहरी हैं और इसीलिए मैं तुमसे ही कह रहा हूँ, बेटा! मेरे लिए तुम्हारा जीवन नरक हो जाए, यह मैं कैसे बर्दाश्त कर सकता हूँ? मेरा अपराध मुझे ही ढोने दो। नरेन्द्र मुझे कभी माफ नहीं कर सकता..." कहते-कहते पापा का गला भर आया था। वे फिर बोले, "यह हमारा अपना त्रिकोण है, तुम मत उलझो। संजू को अब वहाँ कभी मत भेजना।"

मैं बहुत कुछ कहना चाहती थी। मैं पापा से बहुत कुछ सुनना चाहती थी। पूछना चाहती थी कि पापा, छोटी माँ के प्रति आपका कोई कर्तव्य नहीं? आपके बाद छोटी माँ को कौन सम्हालेगा? नीना...नीना क्या हमेशा-हमेशा एक नाजायज सन्तान रह जाएगी?

पर कुछ पूछ नहीं पाई। होंठों को किसी ने सेलोटेप से चिपका दिया था। पापा उठकर चले गए। उनके झुके हुए कन्धे, अधपके बाल...सफेद धोती-कुर्ता में लिपटा हुआ इकहरा शरीर। मैं बस पापा की झुकी पीठ देखती रह गई थी।

धीरे-धीरे दिन ढल गया। पेड़ों की लम्बी होती छायाएँ अपनी बेचैनी को घायल चिड़ियों की तरह हवा में बिखेर चुकी थीं और अब बची रह गई थीं लहरें। नीरस और शुष्क पारदर्शिता। बदलते हुए मूड के साथ ये दृश्य कितने ऊबाऊ और फूहड़ लग रहे हैं। आकाश से झरनेवाली काली राख रोशनी और आवाजों को अपने अँकवार में लपेट लेती है। मैं स्वयं से दूर अपने ही अस्तित्व के निषेधक तत्त्वों के सामने निहत्थी घुटने टेक देती हूँ।

दूसरे दिन नींद खुली। फिर वही सुबह, धूप और हवा के साथ चिड़ियों का शोर, डाइनिंग हॉल में किसी सिम्फनी का बजना और नीले आकाश का धीरे-धीरे गुनगुनाना।

चाय पीते हुए सोच रही थी, क्या करूँ? आज कौन-सी तारीख है? याद नहीं आ रहा। यहाँ रहते हुए कुल सात दिन हुए पर लगता है मानो महीनों से रह रही हूँ। समुद्र की लहरें और दूर से आती हुई वह लाल मोटरबोट एक अद्भुत आनन्द मेरी ओर उछाल देती हैं। हवा अपने-आपको पौधों की खुशबू में डुबो देती है। मैं एक ही सच को समझती हूँ, वह मेरी अपनी जिन्दगी। एक ऐसी जिन्दगी जिसके पास गर्म चट्टानों की ऊष्मा है, जो समुद्र की नमकीन लहरों को चूमकर फिर ताजा हो गई है। मैं खुद से कहती हूँ—प्रिया, इस वर्तमान को भोगो, बाद में वक्त आने पर अपने आप सृजन की कृति उभरेगी। वर्तमान के इस वैभव को

छोड़ना, इसका परित्याग करना कम-से-कम मेरे वश में तो नहीं।

एक अतीत है जो आज भी वर्तमान के साथ घिसट रहा है। संजूवाली घटना के साल-भर बाद तो पापा दुनिया से चले गए। मैं तड़पकर रह गई कि एक बार कोई जाकर छोटी माँ को ले आए। वे भी पापा के आखिरी दर्शन कर लें। पर नहीं...इस घर में, इस अग्रवाल हाउस में रखैल और रंडियाँ नहीं आ सकतीं। नरेन्द्र के यही शब्द थे। निष्ठुर, पाषाण और न जाने मन-ही-मन मैंने उसको क्या-क्या कहा था। एक बार मैंने धीरे से अपनी सासूजी से भी कहा। सासूजी ने और जोरों से रोना शुरू कर दिया था, "अरे मेरे मालिक...आप मुझे किसके सहारे छोड़ गए? अब मैं कैसे जीऊँगी?" मैं एकदम चुप हो गई थी, केवल अवाक् सासूजी की आँखों से कितनी देर से बहते दरिया को देख रही थी। बड़ी बुआजी कह रही थीं, "भाभी, रो मत! दोनों हिम्मत रखो...तुमने तो सदा बर्दाश्त ही किया है, सहन करो।" मेरी आँखों के सामने बार-बार छोटी माँ का चेहरा तैर रहा था। किसने किसको बर्दाश्त किया? इस वक्त कौन होगा उनके पास? सान्त्वना के दो शब्द भी तो कोई नहीं बोल रहा होगा?

हाँ, बाबूघाट पर मुझे दूर एक औरत नहाती हुई दिखी थी। अरे, यह कौन, क्या छोटी माँ हैं? हाँ, छोटी माँ घाट पर अकेले, अपनी चूड़ियाँ तोड़ रही थीं। माँग का सिन्दूर मिटाया था और अकेले, बिलकुल अकेले। फिर भीड़ से अलग चुपचाप निकल गई थीं। ओह! आज भी आँखें भर आती हैं। मेरी सास को तो दस-दस औरतें थामे हुए थीं। सब पत्थर-दिल। पर मैं किसको गालियाँ देना चाह रही थी? व्यक्ति को? समाज को? परम्परा को, किसको? पता नहीं। या फिर ऐसी निष्क्रिय मौन स्वीकृति के लिए छोटी माँ स्वयं जिम्मेदार थीं? पीढ़ियों का अन्तर, उन्हीं के खून नीना का कहना—"सुख नहीं है तो उसे अर्जित करके दिखा दूँगी।"

पापा के जाने के बाद घर और वीरान हो गया था, और इधर नरेन्द्र कुछ और तगड़ा। पहले पापा का डर, लिहाज कुछ तो था; मगर अब घर का अकेला कर्ता-धर्ता...पूरी हुकूमत उसके हाथ में। शादी के पाँच साल पूरे हो गए थे...और हम लोगों के सम्बन्ध चटकने लगे थे। खरोंच तो पहले ही लग चुकी थी। क्या सुहागरात के दिन...या फिर हनीमून के दौरान...नहीं, शायद संजू के होने के बाद। याद नहीं आता, कुछ-न-कुछ तो रोज घटता ही रहता...जो हमें एक-दूसरे से दूर फेंकता चला जाता।

शायद हम लोगों के स्वभाव बिलकुल भिन्न थे, शायद इसीलिए हम एक-दूसरे को सह नहीं पाते थे। नरेन्द्र के साथ मैं पहली बार जब अमेरिका गई तो पन्द्रह

दिन का साथ असहनीय हो गया। न्यूयार्क में मेरा मन करता था कोई आर्ट गैलरी देखूँ, रात को ब्राडवे में कोई नाटक...और मिस्टर नरेन्द्र अग्रवाल...? वे सुबह से शॉपिंग के चक्कर में मेरी ब्लुमिंगडैल और सेक्स के चक्कर लगाना शुरू कर देते। चीजें ढोते-ढोते मेरा दम निकल जाता। मैं पूछती रहती, "नरेन्द्र, क्या होगा इतनी चीजों को लेकर?" "तुम्हें नहीं चाहिए ना? ठीक है, तुम जोगन बन घूमती रहो। मेरी खरीदारी के बीच मत बोलो।" शॉपिंग, शॉपिंग, शॉपिंग! सुबह नौ बजे से शाम छह बजे तक। कमीजें, पैंट्स, स्वेटर्स, जैकट, टाइयाँ, परफ्यूम, साबुन, पेस्ट, क्या कुछ नहीं? और वह भी दर्जनों की संख्या में। और रात को भोजन की तलाश में एक-से-एक भारतीय और चाइनीज़ रेस्टोरेंट में। और उसके बाद टाइम्स स्क्वायर की दाहिनी गली में ब्लू फिल्म देखना। सेक्स की जीवन्त कलाबाजियों का वह भौंडा प्रदर्शन! छिः, मेरा जी भन्ना जाता।

"नरेन्द्र, एक दिन देख लिया, हो गया न?"

"अरे वाह! क्या बात करती हो? ऐसे थ्रिल क्या रोज-रोज मिलते हैं?" और बाद में होटल लौटकर उसकी वही वहशी उत्तेजना और एक-एक कर मेरे अंगों का निस्पन्द होना। औरत के शरीर का बेहूदा प्रदर्शन देखकर क्या कोई औरत उत्तेजित हो सकती है? शायद होती हो। शायद मैं ही कहीं गलत हूँ। पर उस पश्चिमी भोगवादी में औरत क्या रह गई है...महज एक जिंस। वे सारे लाइव शो मुझे सर्कस की याद दिला जाते हैं। खैर, जब हम वाशिंगटन के लिए रवाना हुए तब मेरी एक ही शर्त थी, मैं ऐतिहासिक स्थानों को जरूर देखूँगी। और म्यूजियम तथा आर्ट गैलरी भी।

"नरेन्द्र! तुमने न्यूयॉर्क में मुझे ईस्ट विलेज भी नहीं देखने दिया?"

"अरे क्या देखोगी? मुझसे बाबा, इन लाइनों में नहीं खड़ा हुआ जाता...और ये अमेरिकन हर जगह लाइन लगाकर खड़े हो जाते हैं।" खैर, पहले-पहल हम लोग वाशिंगटन म्यूजियम गए। स्पेस क्राफ्ट के विभाग में एक विशाल पर्दे पर पूरा सौरमंडल जगमगा रहा था और उसमें एक छोटा-सा चमकता हुआ बिन्दु, जहाँ पर लिखा था—"यह है हमारी पृथ्वी।" मुझे एक अजीब-सी वैश्विक अनुभूति हुई। मैं बोल उठी—"असंख्य ग्रह-नक्षत्रों में एक यह छोटी-सी पृथ्वी और असंख्य मनुष्यों में से एक हम...और इतना अहंकार? सोचकर देखो नरेन्द्र? बिना बात के कितना अहं पाले रहते हैं...? हमारा यह 'मैं' क्या है...कुछ नहीं, महासागर की एक बूँद-भर। है न नरेन्द्र? कहते हुए मैंने पीछे पलटकर नरेन्द्र की ओर देखा, मगर वे जनाब गायब। अरे कहाँ गए? क्या हुआ? मैं बेचैन आँखें घुमा रही थी। मैंने देखा, नरेन्द्र कॉफी काउंटर पर खड़ा पोटाटो चिप्स खा रहा था। मन एकदम से

बुझ गया। हम लोग दो भिन्न दिशाएँ हैं। संवाद कभी हो ही नहीं सकता। उसके बाद मैंने पूरी यात्रा के दौरान कहीं भी जाने की जिद नहीं की। मन को समझा लिया कि शायद यह पहली यात्रा है, इसलिए मुझे हर चीज इतनी आकर्षित करती है। नरेन्द्र तो कई बार अमेरिका आ चुका है और बिजनेस मैनेजमेंट का कोर्स भी व्हार्टन स्कूल ऑफ मैनेजमेंट से किया है। इसमें पढ़ाई-लिखाई का कोई सरोकार नहीं। यह सबकी अपनी-अपनी रुचि है। पर क्या पढ़े-लिखे व्यक्ति की रुचि परिष्कृत और परिमार्जित नहीं होती? होती होगी, पर मिस्टर अग्रवाल की नहीं थी।

कभी मैं खुद से कहती—'प्रिया! क्या तुम नरेन्द्र को और महीन बातों में रुचि लेना नहीं सिखा सकती थीं? क्या तुम्हारी उसके प्रति कोई जिम्मेवारी नहीं?'

मेरा ही मन पलटकर मुझसे पूछता, 'और उसकी? बोलो प्रिया! उसकी क्या कोई जिम्मेवारी नहीं?'

नहीं, दोनों की बराबर जिम्मेवारी है और कहीं कुछ गलत घटता है, तब क्या हम दोनों सहअपराधी हुए? हाँ, यह मेरी गलती थी कि मैंने गुलामी स्वीकारी... गुलाम बने रहने की नियति को अपना भाग्य समझा।

कोई एक घटना हो तो उसका विश्लेषण करूँ। हमारे वैवाहिक जीवन का कोई एक पक्ष कमजोर होता तो चलो मैं उस फालिज को स्वीकार कर लेती, पर जब बात पूरे अस्तित्व पर आ जाए, तब?

स्त्री का आदर करना तो मानो नरेन्द्र ने सीखा ही नहीं था। घर में बुआजी लोग आतीं, रिश्ते-नाते की बहनें आतीं, नरेन्द्र कभी उनके साथ बैठकर बराबरी में बातें नहीं करता। बस आते-जाते...''हैलो! बुआजी, कैसी हैं?'' और बुआजी कुछ बोलें तब तक वह आगे बढ़ चुका होता। वह मम्मी को भी कहाँ बख्शता था, जो जी में आए बक देता—''माँ, तुम फूहड़ हो, गँवार हो, कोई शऊर-सलीका तो है नहीं। माँ, तुम बस वही बादाम का हलवा या मालपुआ बनवाकर पटक देती हो।'' मम्मी निरीह कातर आँखों से देखती रह जातीं। यह उनका बेटा है? सुबह से मर-मरकर तो उन्होंने छेने के मालपुवे बनाए। पहले तो ऐसा नहीं था। पहले तो शौक से खाता था। वे मुझसे कहतीं, ''प्रिया! तू ही कुछ इसकी पसन्द का बना दिया कर।''

''मम्मी! आपका बनाया हुआ नाश्ता नहीं पसन्द आता तो इनसे कहिए, क्लब में खा लें। मुझसे कुछ नहीं बनने का।''

''मत बनाओ। शृंगार-पटार करो और रंडियों-सी जाकर ऑफिस में बैठो...'' कहते हुए भनाक से काँच की मेज पर चम्मच पटककर नरेन्द्र उठ खड़ा हुआ था।

''रे बेटा! यह भी कोई बोलने की बात हुई?''

बिलकुल संवेदनशून्य मैं चुपचाप मालपुवे तोड़-तोड़कर खाती रही थी। दस वर्ष का संजू एक बार माँ को, एक बार जाते हुए पापा को देख रहा था।

"दादी! पापा का मूड ठीक नहीं था। मालपुवे बहुत अच्छे बने हैं।"

बेचारा संजू मियाँ-बीवी की लड़ाई में पिसता जा रहा था। सम्बन्धों का इतिहास होता है, पर घटनाओं की तारीखें नहीं हुआ करतीं। कब और कौन-सी घटना ने हमें अलग-अलग दिशाओं में ढकेलना शुरू कर दिया, याद नहीं आता। बस मुझे लगता मानो धमाक-धमाक कोई हथौड़ों से मेरे अस्तित्व को गिट्टियों में तोड़ रहा है। उन दिनों की घुटन और तकलीफ के बारे में मैं आज सोच भी नहीं पाती।

घुटन बढ़ती गई थी। मन लगाने के लिए मैं किताबों में खोई रहती, पर क्या वहाँ भी नरेन्द्र चुप रहता?..."इन्टेलेक्चुअल शो ऑफ।" खरीदी हुई किताबों को देखकर कहता, "बेकार पैसा फूँकती हो, क्यों नहीं नेशनल लाइब्रेरी से लाकर पढ़तीं? इन किताबों के कारण कमरे की शक्ल और बिगड़ गई है। जिधर देखो, उधर ढेर लगा रखा है।"

"तो क्या करूँ? कैसे समय बिताऊँ?"

"क्यों औरों की बीवियाँ नहीं हैं?"

मैं कह नहीं पाती, 'नरेन्द्र, तुम्हारे वे सारे दोस्त, ताश पार्टियाँ ही हैं...हे हे! हिलते हुए शरीर, चाट-पकौड़े-नाश्ते की सर्ज हुई प्लेटें, शिवास की खुलती हुई बोतलें, फूहड़ मजाक और चुटकले केवल सेक्स के ऊपर। नर-मादा का यह शाश्वत सम्बन्ध। भद्दे मजाक...क्यों? किसलिए?' नहीं, शायद मैं ही गलत हूँ, साथ नहीं दे पाती। घंटे पर घंटे छुट्टी के दिनों में बस शराब, ताश, खाना तथा औरत।

बाद में मैंने बैठना ही बन्द कर दिया था। नरेन्द्र ने ताना दिया था—"क्यों, इन लोगों की बीवियाँ नहीं बैठतीं? वे पढ़ी-लिखी नहीं? केवल तुम्हारा ही स्तर ऊँचा है?"

"नहीं नरेन्द्र, ऐसी बात नहीं। छुट्टी के हर दिन केवल यही काम? क्या हम लोग आपस में बातें नहीं कर सकते? कहीं दूर चलकर बैठें या फिर चुपचाप कमरे में बैठे-बैठे कोई अच्छा-सा संगीत सुनें!"

"देखो प्रिया, मैं जो फिल्में लाता हूँ, वह तुम्हें पसन्द नहीं?"

"नरेन्द्र, अब और कितने दिन ब्लू फिल्में देखते रहोगे या फिर डिशूम-डिशूम... संजू भी बड़ा हो रहा है।"

वह चिढ़कर कहता, "जिन्दगी-भर देखता रहूँगा और संजू की बात क्यों उठा

रही हो, उसके कमरे में अलग वीडियो है।''

''पर वह यहाँ से फिल्में उठाकर ले जाए तो?''

''तो क्या हुआ? इतनी बेटे की चिन्ता है तो घर में बैठो, करो रखवाली।''

वैसे मैं सच में उकताती जा रही थी। दिन-भर किताबें लिए बैठी रहती। पढ़ती कम थी, सोचती अधिक। सासूजी कभी प्यार से, कभी नाराजी से टोका करतीं, ''प्रिया, थोड़ा सज-सँवरकर रहा करो, यह क्या शक्ल बनाए रहती हो?''

''मैं क्या करूँ मम्मी? मन नहीं लगता।''

वे ठंडी साँस भरकर कहतीं, ''एक बच्चा और हो जाता!''

''अब नहीं होता तो उसमें भी मेरा कसूर?''

''कोशिश तो करो।''

मुझे कोशिश जैसी बात पर हँसी आ जाती। फिर सोचने लगती—बच्चा खालीपन को कितने वर्ष भरता है...पाँच वर्ष, दस वर्ष...सास से पूछ नहीं पाती—मम्मी, आपको जिन्दगी खाली नहीं लगती? कोई काम कर लूँ...पर कौन-सा? कैसा? पढ़ाने का काम? नरेन्द्र से पूछा। उत्तर था—तुम्हारा दिमाग खराब हुआ है! तुम गुप्ता हाउस की बेटी नहीं, अग्रवाल हाउस की बहू हो! नरेन्द्र का इशारा मेरे अतीत की ओर था। मैं कटकर रह जाती।

खैर, एक दिन खुद साहब ने प्रोपोजल दिया। उनका अपना स्वार्थ सधता था। यह सत्तर का दशक था। विदेशी मुद्रा का अभाव, विदेश जाने पर पाबन्दी। और मिस्टर अग्रवाल साल में एक-दो बार जरूर जाना चाहते—शॉपिंग करने, आराम करने, दोस्तों में शान बघारने।

''मैं सोच रहा हूँ अपने यहाँ भी एक्सपोर्ट का धन्धा होता। वह साला प्रमोद है न, दिन-रात उठते-बैठते विलायत की डींग मारता है।'' प्रमोद नरेन्द्र का जिगरी दोस्त था। पच्चीस वर्षों की दोस्ती, मगर नहीं, नरेन्द्र को उससे भी शिकायत थी। बेचारे प्रमोद भैया तो पिछले पाँच वर्षों में ही कुछ सेट हुए थे। सीधे और सच्चरित्र। बाप के मरने पर बड़े भाई ने सब धन दबा लिया था। किसी तरह बीवी के गहने बेचकर उन्होंने सिल्क का कारोबार शुरू किया था। खुद के पास दस करोड़ होते हुए भी नरेन्द्र को प्रमोद के पैसों से जलन थी। पार्टियों में प्रमोद को बुलाता जरूर था मगर किसी से परिचय नहीं करवाता। लेकिन फिर भी प्रमोद और सविता नरेन्द्र को चाहते। आज बुलाकर बात करता हूँ या फिर अपनी कम्पनी में ही वह मुझे भी डाइरेक्टर बना दे।

मतलब के वक्त स्वार्थ सधने पर नरेन्द्र किसी के पैरों तले बिछ सकता था। साझे का काम, इस बात को प्रमोद खूबसूरती से टाल गया। वह जानता था कि

नरेन्द्र के लेने-देने के दो अलग तराजू हैं मगर उसने सहायता जरूर की।

प्रमोद : "व्यापारी भारत से हैंडीक्राफ्ट आयात करना चाहता है...यदि कोई सामान देखकर भेज दे तो यह काम खड़ा किया जा सकता है।"

"अरे तो इसमें क्या बात है, कोई मैनेजर-वैनेजर..."

"हाँ, हाँ, जरूर मैनेजर रख लो और एक वर्ष बाद उसका अपना एक्सपोर्ट शुरू हो जाएगा। भैया इतने छोटे स्केल का काम तो अपने हाथ से ही कोई कर सकता है।"

"मेरे पास तो वक्त नहीं।"

मैं बोलूँ इसके पहले ही प्रमोद भैया बोल उठे थे, "क्यों नहीं भाभीजी को यह काम सम्हलवाते।"

"प्रिया और काम? बस-बस हो गया एक्सपोर्ट। चौके में तो जाती नहीं।" मेरा चेहरा बुझ गया था।

"देख भैया, मैंने अपनी बात कह दी, बाकी तुम मियाँ-बीवी जानो। बिना आर्टिस्टिक टेस्ट के यह काम नहीं होने का, और प्रिया भाभीजी हैज ए नैक फॉर इट।"

"ऑर्डर कितने दिनों में आ जाएगा?"

"जब बोलो। अगले महीने ही वह एमस्टरडम से आनेवाला है। और भाभीजी को कौन-सा सारे दिन ऑफिस में रहना होगा, दो-चार घंटे की बात है...तुम लोगों को विलायत जाने का बहाना चाहिए ना! बस, इस बहाने मर्जी जितनी बार घूम आओ।"

जिन्दगी में पहली बार और शायद आखिरी बार मेरी सास ने मेरा पक्ष लिया, "प्रिया को ऑफिस जाने दो नरेन्द्र, इसका भी मन लगा रहेगा।"

हाँ, तो काम मन लगाने के लिए शुरू किया गया था। नरेन्द्र की नजर में वह एक शगल था, मगर मेरे लिए जीवनी-शक्ति। चाहे छोटा ही हो पर उस छोटे काम में भी मैंने व्यापार की पूरी संरचना समझने की कोशिश की। हैंडीक्राफ्ट का पूरा इतिहास पढ़ डाला। गाँव-गाँव जाकर चीजें कैसे बनती हैं, देखा। कितना समृद्ध देश है, कितनी अथाह सम्पत्ति...पीतल और ताँबे की मूर्तियाँ, हाथीदाँत के सामान, लड़की के, लुगदी के सजावटी सामान। पहली बार यूरोप मैं और नरेन्द्र ही गए। फिलिप के ऑफिस में घुसने से पहले नरेन्द्र ने कहा, "प्रिया, तुम चुप रहना। मुझे बात करने देना।" फिलिप जो भी सामान बनवाने और सप्लाई की बात करे, नरेन्द्र तुरन्त कहे--नो प्रॉब्लम! जबकि मैं समझ रही थी कि इन चीजों को बनवाने

में वास्तविक समस्या आएगी। पर मुझे बोलने की मनाही थी।

"ओ.के. मिस्टर, नो प्रॉब्लम...आपकी कोई समस्या नहीं है पर मेरी समस्या है, मैं ऐसे आदमी को चाहूँगा जो प्रदर्शनियों में भारतीय शिल्प के ऊपर कुछ बोल सके।"

"कितने दिन प्रदर्शनी में रहना होगा?"

"यही सात दिन।"

"सात दिन? बट आइ एम ए बिजी पर्सन।"

"देन डोंट डू दिस वर्क। ओ.के.।" फिलिप ने घड़ी देखनी शुरू की। नरेन्द्र के चेहरे पर उस वक्त पसीने की बूँदें थीं। पूरी बात टूट रही थी।

"क्या आप मुझे पाँच मिनट का वक्त देंगे मिस्टर रॉथवेल?" मैंने डरते-डरते कहा।

"हाँ, हाँ, क्यों नहीं?"

"देखिए, मुझे हैंडीक्राफ्ट के बारे में थोड़ा-बहुत ज्ञान है। वैसे आप जिन मूर्तियों की बात कर रहे हैं, उसकी एक-दो पीसेस तो हू-ब-हू बन जाएँगी, मगर हजार पीसेस नहीं बन सकतीं।"

"त्म्यों?"

"इसलिए कि ये हाथ से बनाई जाती हैं और हर कारीगर का अलग-अलग हाथ होता है। फिर रंग में भी फर्क हो सकता है।"

"भगर मेरा ग्राहक?"

"यह आपका काम है कि आप अपने ग्राहक को हैंडीक्राफ्ट का अर्थ समझाएँ। हाथ से बनने के कारण ही इनमें वैरियेशन है और वैरियेशन ही इनकी खूबसूरती है। मशीन से बनी चीज के लिए तो आप हमारे देश में नहीं आते। मशीन से बनी मूर्तियाँ तो आप ताईवान से ले सकते हैं।"

"आप बिलकुल ठीक कह रही हैं!" फिलिप का चेहरा खिल उठा। उसने हँसते हुए नरेन्द्र से कहा, "लगता है आपकी पत्नी इस काम को आपसे ज्यादा जानती हैं।"

नरेन्द्र का चेहरा भक से जलकर बुझ गया था। फिलिप ने लाख रुपए का ऑर्डर दिया। मैं बेहद खुश। पैर जमीन पर नहीं पड़ रहे थे। होटल पहुँचकर नरेन्द्र के गले से लिपटते हुए मैंने कहा, "लेट्स सेलेब्रेट नरेन्द्र, चलो शैम्पन पीएँ।"

"उहँ, एक लाख का ऑर्डर क्या मिल गया, रानीजी नाच रही हैं। यहाँ साले करोड़ों कमाकर भी वहीं के वहीं हैं।" मैं चुप रह गई थी। क्या हमारे रिश्ते में

पहली गाँठ उसी दिन पड़ी थी, एमस्टरडम के रॉयल होटल कमरा नम्बर तीन सौ चार में?

कमरे की घंटी बजती है। मैं चौंक उठती हूँ। 'कम-इन' कहते हुए दरवाजे की ओर जाती हूँ। दरवाजा खोलने पर रूम क्लीनिंग के लिए ट्राली पकड़े होटल की नौकरानी थी। "गुड मार्निंग मैम, क्लीनिंग..." उसने हाथ के इशारे से फैले हुए कमरे की ओर इशारा किया। मैं घड़ी देखती हूँ। अरे, दस बज गए! यानी सुबह सात बजे से मैं बालकनी में बैठी हूँ! क्या मैं पागल हो गई हूँ? प्लीज कम लेटर ऑन! वह चली गई। मैं लौटकर शीशे में अपना चेहरा देखने लगी। बिखरे हुए बाल। उदास आँखों पर तनाव नहीं था। बस एक थकान थी। होता यह है कि वे विदेश में अगल-बगल के परिवेश और चीजों से हम बिलकुल कटे हुए होते हैं, और आदमी जब सन्दर्भहीन होता है तो बिलकुल खुद के सामने होता है। लेकिन खुद को झेलना कितना कठिन है! सोचा था अपनी कहानी लिखूँगी...पर बस सोचती रह गई। एक लाइन भी तो नहीं लिखी। कहाँ से शुरू करूँ, क्या लिखूँ? मेरी आँखें दूर लहराते समुद्र पर पड़ीं। नीली झिलमिल करती लहरें...टूटी हुई चट्टानें गिट्टियाँ होकर किनारे पर पड़ी हुई थीं। यहाँ का किनारा पथरीला है। जगह-जगह ढीठ नुकीली चट्टानें, लहरों को चीरकर खुले आकाश को घूर रही थीं। अचानक सबकुछ बड़ा ऊबाऊ लगा। नहीं, कल ही फिलिप के पास वालवाइक चली जाऊँगी। मैंने ऑपरेटर से वालवाइक का नम्बर माँगा। फिलिप इस समय ऑफिस में होगा।

"हाँ, फिलिप, मैं कल आ रही हूँ, लुफ्तांसा की फ्लाइट से बेलग्रेड होकर, कनफर्म्ड बुकिंग; नहीं, वह तो नहीं, मिल जाएगी। क्या कहा, बेलग्रेड से नहीं मिलेगी—मिल जाएगी नहीं तो तुम्हें खबर कर दूँगी। तुम एयरपोर्ट मत आना, मैं एमस्टरडम उतरकर ट्रेन से पहुँच जाऊँगी। ओह फिलिप, कह तो रही हूँ कि गलती हुई, पहले कनफर्म्ड करके फोन करना चाहिए था। सॉरी फिलिप, क्या कह रहे हो? तुम शाम को फोन करोगे, ठीक है। जूडी को मेरा प्यार...बाइ..."

फोन रखकर मुझे अपनी गलती का एहसास हुआ, दिमाग इतना सूना क्यों होता जा रहा है? नहीं, एक बिखरे हुए अतीत को समेटने की चेष्टा...नरेन्द्र के ताने सुनते-सुनते मैं तंग भी आ गई थी। प्रमोद के कारण ही तो तुम्हारा फिलिप से परिचय हुआ। मैं कह नहीं पाती कि परिचय तो तुम्हारा भी था नरेन्द्र, पर ऐसा क्यों होता है कि लोग मेरे दोस्त हो जाते हैं और तुमसे दूर? जोरों की भूख लगी है। कल रात को भी नहीं खाया था। नहाकर जल्दी-जल्दी मैं कैफे की ओर बढ़

जाती हूँ। अभी न ब्रेकफास्ट का वक्त है और न लंच का। कैफे प्रायः खाली था, केवल दो-एक लोगों को छोड़कर जो कॉफी के कप पर अखबार फैलाए हुए थे। सर्विसवाली लड़की खिड़की पर बैठी ऊँघ रही थी।

"व्हाट कैन यू ऑफर?"

"ओनली चीज एंड ब्रेड। मदाम, इट्स टू लेट।" वह हँसने लगी।

"कैन यू फिक्स ए सैंडविच?"

"यस व्हाई नॉट?"

नाश्ता करके मैं बाहर घूमने निकल जाती हूँ, फिर तुरन्त वापस लौटती हूँ। अरे, बुकिंग के बारे में पूछा नहीं! क्या हो गया है मुझे! खुद पर चिढ़ होती है।

खैर, बुकिंग तो हो गई। शाम को फिलिप फोन करेगा ही। फिलिप ने ही तो मुझे हॉफमैन से परिचित करवाया। हॉफमैन जर्मनी में चमड़े का व्यवसायी था। फिलिप का कहना था कि चमड़े के व्यवसाय में स्कोप ज्यादा है।

फिर वही सड़क, पहाड़ियों से उतरते हुए पेड़। क्या करूँ? कहाँ जाऊँ? मन ने कहा—चलती रहो, जब थक जाओ कहीं बैठ जाना। यों भी तो करने को कुछ नहीं। वर्षों बाद इतना खाली समय मिला है...मैं दूर फैले हुए क्षितिज को देखती हूँ...उस पार कहीं मेरा घर था। मेरा बचपन, बाबूजी, माँ, दाई माँ, सरोज, बुल्ली, नीलू, फिर शादी...एक और नया घर...विदा के वक्त अम्मा ने कहा था—बेटी की डोली पीहर से उठती है और अर्थी ससुराल से। उस वक्त मैं इस तोता-रस्म कहावत पर मुस्कुरा उठी थी। मगर पीहर तो सच में छूट गया, और ससुराल... क्या वह कभी मेरा घर हो सका, मेरा अपना घर? वर्षों से तो लगता है, केवल खाली सड़क पर चल रही हूँ। घर नरेन्द्र का है, संजू का है, सासूजी का है। एक व्यवस्था जिसमें अपनी पूरी ईमानदारी के बावजूद मैं मिसफिट होकर रह गई। जब अम्मा के घर परेशानी होती थी तब यह कहकर मन को समझा लेती—चलो किसी दिन अपना घर होगा। और आज जब खुद के घर से निकाली गई, तब कहाँ जाऊँ?

कितनी आसानी से नरेन्द्र ने उस दिन कहा था—यहाँ लौटकर मत आना! यस, आई मीन इट...आई एम सीरियस। मैं कितनी परेशान थी, जब प्लेन दिल्ली उतर रहा था और विमान के भीतर एयरहोस्टेस की आवाज गूँज रही थी, "लन्दन से चला हमारा विमान अब दिल्ली के 'इन्दिरा गांधी हवाई अड्डे' पर उतर रहा है। आशा है आपकी यात्रा सुखद रही होगी। लन्दन से दिल्ली तक दूरी हमने आठ घंटों में पूरी की। आपकी सूचना के लिए बाहर का तापमान अब 28 डिग्री

सेलसियस है।''

दिल्ली एयरपोर्ट पर उतरकर मैंने सोचा—कहाँ जाऊँ? कलकत्ता...? नहीं, घर नहीं। नरेन्द्र के शब्द पूरे दस दिन की यात्रा में खटखट निरन्तर बजते रहे थे, ''यहाँ लौटकर मत आना...यहाँ, कभी नहीं।'' और अम्मा के पास? मुझे अतीत की वह घटना याद आ गई जब अम्मा ने वापस नरेन्द्र के पास भेज दिया था। ऐसा मेरा कोई भी नहीं है, जिसके पास जा सकूँ।

प्रिया! तुम्हारे सामने इतना काम फैला पड़ा है, इतना बड़ा ऑर्डर तुम लेकर आई हो!

और इस वक्त यह इमोशनल क्राइसिस? नरेन्द्र तो चाहता है कि झगड़ा बढ़े, पर इस लड़ाई से फायदा? लेकिन वह मुझे घर में घुसने नहीं देगा। मैंने खुद से कहा—तुम कानून का सहारा ले सकती हो। हाँ, मैं उस नरेन्द्र अग्रवाल को चौबीस घंटे में जेल भिजवा सकती हूँ पर इससे मेरी उपलब्धि? मुझे वीरेन की बात याद आ गई थी, 'दीदी! आपके ऊपर हम दो सौ लोगों की भात की हंडी चढ़ती है। आप अकेली नहीं हैं।' और लन्दन जाते समय दमदम एयरपोर्ट पर नीना का कहना, 'भाभी! अब हम कारनानी स्टेट्स में नहीं रहते। हम लोग बालीगंज में अपने फ्लैट में रहते हैं। तुम्हीं ने एक दिन मम्मी को छोटी माँ कहा था। क्या तुम हमारी नहीं?' और अब मैं दिल्ली उतरकर सोच रही थी—कहाँ जाना है? किस घर में? छोटी माँ की भी यों ही बहुत आहुति हो चुकी है। पापा के जाने के बाद छोटी माँ की आँखों की बरसात थमी नहीं। नीना कभी-कभी वातावरण को हल्का करने के लिए कह देती थी, ''भाभी, यह भारतीय मानसून है।''

''नीना! इतना कड़वा नहीं बोला करते और वह भी छोटी माँ के लिए।''

''क्यों सहा? उनसे किसी ने कहा था? क्यों नहीं अपना हक माँगा?''

''ओह नीना! तुमने शादी नहीं की, तुम प्यार के झंझटों में पड़ी नहीं...छोटी माँ ने जो जैसा था वैसा ही स्वीकारा।''

हाँ, नीना पापा से नफरत करती थी। नरेन्द्र को वह मिस्टर कोबरा बोलती और अपनी बड़ी माँ को देवीजी। ग्रैंड होटल में वह इंटीरियर पर्सनल मैनेजमेंट की पोस्ट पर थी। सबके साथ नाचती, गाती। खुशमिजाज नीना बस छोटी माँ के आँसुओं को देखकर उदास हो जाती।

''भाभी! हम लोगों को खुश रहना क्यों नहीं सिखाया जाता? मम्मी कहीं जाएँगी नहीं। एक वक्त का खाना और उनका यह पूजा-पाठ। अपने लड्डू गोपाल को लिए झेलती रहती हैं सबकुछ। हाँ, मैं सच कहती हूँ भाभी! मैं जब उनका पूजाघर देखती हूँ ना तो मुझे लगता है, यह गुड्डे-गुड़िया का खेल है! शायद मम्मी

को बेटा नहीं हुआ...लड्डू गोपाल उसी खाली जगह को भरते हैं।''

मैं नीना को बाँहों में भर लेती, ''बहुत ज्यादा बकबक करने लगी है...अच्छा यह बता, तेरे लिए कोई लड़का खोजूँ?''

''क्यों? आप बहुत खुश हैं? बड़ी माँ, मम्मी...बाप रे भाभी! आपके पास तो मिस्टर कोबरा है और यदि मुझे आप किसी बन्दर के गले में बाँध देंगी तो?''

''क्यों मिस्टर लॉयन या मिस्टर टाइगर क्यों नहीं?''

''अरे धुत! ये आजकल के लड़के?''

मैं मन-ही-मन प्रार्थना करती—'हे भगवान! मेरी नीना को बहुत अच्छा जीवन-साथी मिले।' ऐसा तो नहीं है कि दुनिया सहृदय पुरुषों से खाली है। पर नीना? इसने अपने-आपको इतना इंसक्युलेट कर रखा है कि क्या मजाल बाहर की कोई ताजी हवा जरा-सी भी सूराख पा सके। नीना ने कभी अपनी सहेलियों के सामने पिता का जिक्र नहीं किया। यही कहती रही कि मैं बहुत छोटी थी जब पिता मर गए। नीना के भीतर जो कुछ भी लगाव बचा था, वह मानो संजू के लिए था, पर संजू का उस घर में जाना भी बन्द हो गया था। नरेन्द्र और हाँ, सासूजी ने भी संजू को अच्छी तरह समझा दिया था कि वह एक खराब जगह है। बच्चों के जाने की जगह नहीं। तुम्हारी मम्मी तो किताबें ज्यादा पढ़ती हैं, इसीलिए व्यावहारिक ज्ञान नहीं है। नीना ने भी इस घर के सारे दरवाजे उनके लिए बन्द कर लिए थे।

एयर इंडिया की फ्लाइट साढ़े तीन बजे दिल्ली एयरपोर्ट पर उतरी थी। कलकत्ता का विमान साढ़े आठ बजे जानेवाला था। सोया हुआ एयरपोर्ट जाग रहा था। चाय-कॉफी। हमारी ओर का काउंटर खुल चुका था। श्रीनगर, बम्बई, जामनगर, हैदराबाद आदि के काउंटर खुल रहे थे। एक अँगड़ाई लेकर मैं उठ खड़ी हुई। उफ्! बैठे-बैठे कमर अकड़ जाती है। मैंने बगल की कुर्सी पर बैठी महिला से पूछा, ''क्या आप कुछ समय के लिए मेरे सामान पर नजर रख लेंगी?''

''हाँ-हाँ।''

मेरे अनुभव में एक बात जरूर आई कि यात्रा के वक्त अधिकतर महिलाएँ असुरक्षित महसूस करती हैं, साथ ही बहुत-सी आत्मीय भी होती हैं। बाथरूम से मुँह धोकर मैंने दो कप कॉफी के लिए और कॉफी का एक कप बढ़ा दिया।

''बहुत-बहुत धन्यवाद बहनजी! मैं तो बच्चे को लेकर कहीं जा नहीं पाती। आप कहाँ जा रही हैं?''

''कलकत्ता।''

"मैं भी कलकत्ता ही जा रही हूँ। रात को पैन-एम से उतरी हूँ, सीधे न्यूयार्क से। वह भी इतने छोटे बच्चे को लेकर। अच्छा साथ रहेगा।"

मैं इधर-उधर देखने लगी। ओ नो! अभी, इस वक्त मुझे सोचने के लिए अपना कोना चाहिए। किन्तु यह महिला? किन्तु को दिमाग के पीछे ढकेलकर मैं उठ खड़ी हुई।

"मैं जरा उधर सामनेवाली कुर्सी पर पैर फैलाकर लेट लेती हूँ। आप बुरा तो नहीं मानेंगी?"

"नहीं-नहीं।"

मैं अपनी अटैची उठाकर सामने जाकर अधलेटी हो गई। सामने की कुर्सी पर दोनों पैरों को टिका दिया। फिर वही प्रश्न...कहाँ जाऊँ? मैं इतना समझ रही थी कि नरेन्द्र मुझसे खुली लड़ाई लड़ना चाहता है और जबकि मेरी जिन्दगी से तो धीरे-धीरे सब दूर हो चुके थे। मेरी उद्दाम महत्त्वाकांक्षाओं को नरेन्द्र बार-बार सेक्सुअल फ्रस्ट्रेशन का नाम देता। कई बार मेरा मन करता कि पूछकर देखूँ कि तुम जैसे और भी तो खिलाड़ी दोस्त हैं और उनकी बीवियाँ क्यों न्यूरोटिक हैं? क्यों उन्हें हिस्टीरिया के दौरे पड़ते हैं?

नरेन्द्र की क्रूर चाल। क्या वह सोचता है कि मैं हक की लड़ाई लडूँगी? कौन-से हक की? जब हम दोनों में प्यार का कोई लमहा भी नहीं बचा? और धन? नरेन्द्र का धन? खरीदो-बेचो, रुपए, रुपए का ब्याज और ब्याज के ऊपर ब्याज। एनफ। बहुत हो चुका, उसका जो मन चाहे करे, पर मुझे छोड़ दे। लेकिन संजू? दर्द और पीड़ा से बलिपशु की तरह मेरा मन कराह उठा था। ओह! यहाँ कानूनी तौर पर भी तो संजू की कस्टडी नरेन्द्र को मिलेगी? आहुति...हाँ, इस जीवन-यज्ञ में मेरी पूर्णाहुति।

संजू अग्रवाल वंश का कुलदीपक है। जब से जन्मा है, तब से ही दादी के लाड़-चाव ने बिगाड़कर रख दिया। और संजू तो हर बात में पापा की तरफदारी करता है। अभी ने कहता है, "मम्मी देखना, मैं बहुत बड़ी-बड़ी इंडस्ट्री बनाऊँगा। यह सब एक्सपोर्ट का काम तो सर्विस-ओरियेंटेड काम है। कौन उस साली गोरी चमड़ी के तलवे रगड़ेगा?"

"संजू! तुमने ये गालियाँ कहाँ से सीखीं?"

"क्यों मम्मी, बात गलत कहाँ है? पापा ने ही मुझे समझाया कि कैसे इस श्वेत जाति ने हमारे देश का शोषण किया।"

"और पापा ने यह नहीं बताया कि वे खुद किस-किसका शोषण करते हैं?"

बेचारा संजू चुपचाप मेरी तुर्श आवाज को तौलता रह गया था। वह मासूम

था। स्त्री शोषण की परम्परा को कैसे झेलती है, इससे बिलकुल अनभिज्ञ था।

सारी रात के जागरण के कारण आँखें खुद बन्द हो रही थीं। मैंने आँखें खोलीं। एयरहोस्टेस ने आकर पूछा, "आप चाय या कॉफी कुछ लेंगी? आप सो रही थीं।"

"अभी चाय सर्व करने में असुविधा तो नहीं होगी?"

"नहीं, बिलकुल नहीं। मैं अभी लाती हूँ।"

एयरहोस्टेस को देखकर मुझे नीना की याद आ गई। हाँ, नीना ने भी एयरहोस्टेस बनना चाहा था, फिर छोटी माँ के रोने-धोने पर ग्रैंड होटल में नौकरी कर ली। पिता के स्थान पर उसने पापा का नाम मृत मिस्टर अग्रवाल कहकर दे दिया था। यह सब बातें तो बाद में नीना ने मुझसे कही थीं, निःसंकोच।

एयरपोर्ट पर नीना थी।

"भाभी! घर चलो। माँ ने बुलाया है।"

"नहीं नीना, हम सबको अपनी-अपनी लड़ाई खुद लड़नी पड़ेगी। और सुनो, मिस्टर कोबरा का जहर तुम जानती हो ना?"

मैं टैक्सी में बैठकर अपनी ससुराल आ गई थी। मुझे देखकर सासूजी का चेहरा खिल उठा। दाई-नौकरों के चेहरों पर हँसी आ गई। रामसिंह ने कहा, "बहूजी, आज आपका आने का बात नहीं था क्या? नहीं तो संजू बाबू तो सुबह से कहने लगते हैं--रामसिंह एयरपोर्ट टाइम से पहुँच जाना, मम्मी आ रही है।"

तब तक ऊपर से नरेन्द्र उतर रहा था, कालिया नाग की तरह फुत्कारता हुआ, "तुम यहाँ कैसे आईं? निकल जाओ मेरे घर से!"

"यह घर मेरा भी है और सुनो, ज्यादा हल्ला मत करो। मैं दस दिनों में कहीं अलग फ्लैट लेकर चली जाऊँगी। दस दिनों तक नीचे गेस्टरूम में हूँ।"

मैं भीतर-ही-भीतर आग का दरिया हो रही थी। लेकिन पता नहीं क्यों, इस पराई जमीन का बँटवारा नहीं चाहती थी। जो मन से उतर गया था, उसके धन का लोभ क्या? वह खुद ही तुम्हें छोड़ रहा है ना? चलो, शान्ति रहेगी।

"और मेरा ऑफिस भी खाली कर दो।"

"कर दूँगी, और कुछ?"

"लॉकर की चाबी किसके पास है?"

"माँजी के पास। मगर क्यों? वे गहने तो मेरे हैं।"

"नहीं, बहुत-से गहने संयुक्त परिवार के हैं। तुम्हारे हीरे का सेट, चूड़ियाँ आदि सब मम्मी के नाम से हैं।"

"तब मेरा क्या है?"

"क्या लेकर आई थीं तुम अपने पीहर से? दस भर सोना, वह ले लो।"

"नरेन्द्र!"

"चीखो मत। ज्यादा बकझक करोगी तो तुम्हारा व्यापार भी बन्द करवा दूँगा। क्या लगता है? जरा-सा रिजर्व बैंक को एक चिट्ठी लिखने-भर की देर है।"

"यू...यू ब्लैकमेलर!"

"और तुम कटखनी बिल्ली, पंजों से खरोंचती हुई!"

मुझ पर मानो सौ-सौ बिजलियाँ गिर पड़ीं। हे मेरे राम, कोई इतना भी नीचे गिर सकता है? इतना नीचे? कुएँ की भी कोई जमीन होती है...पर नरेन्द्र की नीचता अन्तहीन है, बिना किसी जमीन के। नहीं, मैं और कुछ भी नहीं सोच पा रही थी। गेस्टरूम का दरवाजा बन्द करके पलँग पर निढाल हो गई और रुलाई... आँसू...हिचकियाँ...और इन सबसे परे, एक निहत्थी असहाय लड़ाई लड़ने का बोध। मैं कैसे लड़ सकूँगी? हे मेरे भगवान, मैं कैसे निपट सकूँगी इस जानवर से? कब इन समझौतों का अन्त होगा?

मेरे मन में नरेन्द्र के प्रति कौन-सी प्रतिक्रिया थी? क्रोध? नहीं, वह क्रोध नहीं। एक प्रकार से आहत पशु की चीत्कार थी। तुमने अब एक भी शब्द और कहा तो मैं तुम्हारी जान ले लूँगी। और सच में गुस्से से मैंने अपनी चप्पल खोलकर उसकी ओर फेंकी थी। आज सोचती हूँ कि मुझे कोई ग्लानि नहीं होती। मगर उस समय? ओह! ग्लानि, पश्चात्ताप...मैंने यह क्या किया? यह कैसी हरकत? और उतनी ही तीव्र प्रतिक्रिया नरेन्द्र की थी—"तुम कमीनी औरत...तुम अपने-आपको बड़ी समझदार और पढ़ी-लिखी मानती हो!" और उसने मेज पर रखा हुआ फूलदान खींचकर दीवार पर दे मारा था—"जाओ मरो, जहाँ जाना है, चली जाओ पर मुझे मुँह मत दिखाना, कभी नहीं।" और पिच्च से मेरे मुँह पर थूककर वह चला गया था। मैं रो पड़ी थी फूट-फूटकर। जमीन पर सर पटक रही थी। अपने ही बाल नोंच रही थी, चप्पलों से सर पीट रही थी। शायद उस दिन मेरे भीतर एक दस साल की रोती हुई लड़की आखिरी बार सुरक्षा के लिए अपने पति की व्यवस्था माँग रही थी। नहीं, नरेन्द्र वापस कमरे में नहीं लौटा था। काँच के टुकड़ों को मैं ही बटोर रही थी। नैपकिन से धीरे-धीरे सारी किरचों को इकट्ठा कर रही थी और सोच रही थी—क्यों मैं इन किरचों को समेट रही हूँ? वह तो नहीं लौटेगा? उसे मेरी जरूरत ही कहाँ रह गई है?

वह हर छह महीने में एक-से-एक हसीन सेक्रेटरी बदलता रहता है और उसकी भूख मिट जाती है। यह तमाशा तो जब पापा थे, तभी से चल रहा था। पापा

के जाने के बाद तो लड़कियों को कभी-कभी घर पर भी ले आता है। खैर, जिस आदमी से मुझे लगाव ही नहीं वह कुछ भी करे। एक बार तो एक लड़की छह महीने के बदले साल-डेढ़ साल भी टिक गई थी और सच में नरेन्द्र के प्रेम में पागल थी वह। उसके गर्भ में नरेन्द्र की सन्तान थी पर इस जालिम ने उसे भी निकाल दिया था। हँसते हुए कहा था, ''अरे भूल जाओ इन कसमों-वादों को! बोलो कितना रुपया लेकर जान छोड़ोगी?''

''रुपया? यू बास्टर्ड, सन ऑफ विच! तुम सोचते हो कि तुम रुपए से हर औरत का मुँह बन्द कर दोगे? मैं तुम्हें बरबाद करके मानूँगी।'' बिजली की भाँति उसकी आवाज कड़कड़ाती हुई घर की दीवारों को झकझोर रही थी; और नरेन्द्र ने बड़ी शान्ति से हाथ पकड़कर उसे कमरे से बाहर ढकेल दिया था। वह पागलों की तरह दरवाजा पीटे जा रही थी। मेरा मन हाहाकार कर उठा था, पर मैं उससे यह पूछ नहीं पाई थी कि तुम्हें तो इस आदमी के बारे में सबकुछ पता था, तुम यह भी जानती हो कि यह विवाहित है और रोज औरत बदलता है। फिर तुमने कौन-सा भ्रम पाला था? पर क्या पूछती उस गरीब से? उसे मैं अपने कमरे में ले आई थी। गोद में मुँह छिपाकर वह रोती रही थी। फिर घंटे-भर बाद चली गई थी। नरेन्द्र ने व्यंग्य से बस इतना-भर कहा था मुझसे, ''क्यों, सौतन लाकर बैठा दूँ क्या? बड़ी हमदर्दी हो रही थी!''

कभी मैंने जूडी के सामने इस घटना का जिक्र किया था। नरेन्द्र की क्रूरता के बारे में कहा था। जूडी का उत्तर था कि अपने स्वार्थों पर चोट पड़ने से कमोबेश सभी लोगों की प्रतिक्रिया इतनी ही हिंसक होती है, क्योंकि हमारी आज की पूरी सभ्यता हिंसा और प्रमाद पर ही टिकी हुई है। नहीं प्रिया, केवल औरत ही चोट नहीं खाती, कहीं पुरुष भी मरता है। यह व्यक्ति की अपनी-अपनी संवेदनशीलता है—एम्पैथी--दूसरे के दर्द को अपना समझ पाने की क्षमता। मैंने जूडी से पूछा था, ''तब क्या जूडी, गलती मेरी थी?''

''नहीं प्रिया, लेकिन तुम्हारा और नरेन्द्र का सम्बन्ध बड़ा नेगेटिव रूप ले चुका था, जहाँ दोनों एक-दूसरे को मारने पर उतारू हो रहे थे...नहीं, मैं तुम्हें बुरा नहीं कह रही...पर हट जाना ज्यादा अच्छा होता है। बनिस्बत, एक-दूसरे पर निर्मम प्रहार करते चले जाओ।''

रोते-रोते पता नहीं कब मैं सो गई थी? आँखें खुलीं तो लगा कोई जोरों से दरवाजा पीट रहा है।

''दरवाजा खोलो प्रिया...दरवाजा खोलो...और रुलाई।'' हाँ, संजू का रोना। बात को समझने में कुछ सेकंड लगे, फिर दौड़ते हुए जाकर मैंने दरवाजा खोला।

नरेन्द्र का चेहरा पसीना-पसीना हो रहा था। संजू रोते-रोते मुझसे लिपट गया। सासूजी वहीं जमीन पर अपना सर पकड़कर बैठी हुई थीं और सारे दाई, नौकर, महाराज...

"क्या हुआ?" मैंने घबराकर पूछा।

"मम्मी! पापा ने सोचा कि आप जहर खाकर सो गईं।"

"ओह।"

"मम्मी!"

संजू फिर जोरों से रो पड़ा। आया ने सासूजी को जमीन से उठाकर सोफे पर बिठाया। मिस्टर कोबरा ऊपर अपने कमरे में चले गए।

होस्टल वापस लौटकर, खाना खाकर मैं देर तक सोती रही। फिलिप के फोन से नींद टूटी। अलसाए स्वर में कह दिया, "हाँ फिलिप, कल आ रही हूँ। बुकिंग पक्की हो गई है।"

चाय पीकर पैकिंग में जुट गई। नीचे जाकर काउंटर पर बिल बनाने के लिए कहा। पिछले सात दिनों में यह जगह कितनी आत्मीय हो गई थी। चेहरे परिचित लगने लगे थे। रात को खाना खाते वक्त जोसेफ ने पूछा–

"मदाम, कल जा रही हैं?"

"हाँ, जोसेफ।"

"मदाम को मेरा वेजिटेरियन प्लेट पसन्द नहीं आया?"

"बहुत अच्छा लगा जोसेफ, और खास करके तुम्हारी आत्मीयता।"

"मदाम ने किताब पूरी कर ली?"

"नहीं जोसेफ, अभी बस सोच रही हूँ।"

उसने गम्भीरता से सर हिलाते हुए कहा, "लेखक बहुत मूडी होते हैं। एक बार फ्रांस के एक बड़े लेखक हमारे होटल में ठहरे थे। मदाम, वे इतना पीते थे, इतना पीते थे कि क्या बताऊँ और उतना ही लिखते थे। जब वे गए तो उनका एक बड़ा बक्सा कागजों से भरा हुआ था।"

"अच्छा! कौन थे वे लेखक? क्या नाम था?"

"मदाम! सॉरी मदाम, मगर हम अपने मेहमानों का नाम नहीं बता सकते। अच्छा आपके लिए मीठे में क्या लाऊँ?"

"आज तुमने क्या बनाया है?"

"पीच मल्वा...नेडिटेरियन पीच का स्वाद ही अलग होता है...सीधे इटली से मँगाया गया है।" फिर धीरे से मेरे कानों के पास झुककर फुसफुसाया, "यह डिश

हमारे खास मेहमानों के लिए है!"

"अच्छा!" मुझे हँसी आ गई।

"तब ले आऊँ?"

"जरूर।"

अन्त में मैंने जोसेफ से विदाई ली। कहा कि अपने किसी-न-किसी उपन्यास में तुम्हारे पीच मल्वा का जिक्र जरूर करूँगी। उसके हाथ में कुछ डॉलर देकर ऊपर चली गई। सुबह जल्दी उठना है...चार बजे। मन किया कि एक बार समुद्र देख लूँ...फिर सोचा...नहीं, छोड़ो हटाओ।

नींद खुली ऑपरेटर की आवाज से–"गुड मार्निंग मदाम, इट इज टाइम टू वेक अप।"

हड़बड़ाकर उठ बैठी। एयरपोर्ट या स्टेशन पहुँचने की मुझे हमेशा जल्दी रहती है। क्या फर्क पड़ता है यदि समय से आधा घंटा पहले पहुँच जाओ। कम-से-कम तनाव तो नहीं रहे। डूयब्रवनिक एयरपोर्ट पर शायद मैं सबसे पहली यात्री थी। काउंटर खुला नहीं था। मैं एक कोने की कुर्सी पर बैठ गई। प्लेन जब उड़ रहा था, मैं बहुत देर तक नीचे बिछे समुद्र को देखती रही थी। पौ फट चुकी थी, और झाँक-की-झाँक उड़ती हुई चिड़ियों का बन्दनवार सजा हुआ था। बादल हवाओं से पिछलते हुए...प्लेन अब बादलों के ऊपर था। प्लेन में मुझे खिड़कीवाली सीट मिली थी। साफ पारदर्शी नीला आकाश, सफेद बादलों के टुकड़े। नीचे आल्प्स की बर्फ ढकी पहाड़ियाँ। भूरी चितकबरी चट्टानों पर बर्फ की आड़ी-तिरछी रेखाएँ।

वे तनाव के दिन थे। लन्दन से लौटकर घर में रहती हुई मैं बेघर थी। संजू? बेचारा एक निरीह बच्चा! कभी पापा की आवाज पर दौड़ रहा है, तो कभी मम्मी के गले में हाथ डालकर गालों को चूम रहा है।

"माँ! तुम यहाँ रहोगी ना? पापा के कहने का क्या बुरा मानना? पापा तो सबको डाँटते रहते हैं। दादी भी कल रात को रो रही थीं।"

मैंने मन-ही-मन सोचा–दादी ने रोने के अलावा कुछ किया भी है? पर वे कर भी क्या सकती हैं? पैंतालीस वर्ष के पुरुष और वह भी इकलौते बेटे के प्रति माँ की क्या भावना होगी? यह उनके संस्कारों के सन्दर्भ में बहुत अनुचित भी नहीं लगा था। मेरे संस्कार अलग हैं। मैं संजू के सहारे जिन्दगी नहीं बिता सकती। न ही पति या बेटा या प्रेम ही, जिन्दगी के सहारे हो सकते हैं। इनके साथ-साथ चलते हुए कठिन मुकामों को पार करने में आसानी जरूर होती है, राहत मिलती

है, मन को सुकून होता है कि चलो कोई साथ है। लेकिन यदि वे साथ न दें तब क्या एकतरफा आहुति भी देते चलो और सफर भी तय करो? मैंने अपने मन को समझा लिया था। चलो, थोड़ी और कठिनाई सही। अपनी राह चल रही हूँ, इसका तो सन्तोष रहेगा। मैं यदि अपनी नजरों में सही हूँ, तब किसी और की नजरों में खुद को सही स्थापित करने की यह कठिन तपस्या बेकार है, बिलकुल बेकार। खासकर तब व्यर्थता का एहसास और अधिक कचोटता है, जब आप अच्छी तरह जानते हों कि सामनेवाला आपकी बात सुनने को भी तैयार नहीं। अपने-आपको मैं समझाती, बार-बार समझाती थी, लेकिन मन समझकर भी नहीं समझता। बेटा? मेरा इकलौता बेटा...नहीं, नरेन्द्र नहीं छोड़ेगा। वह नरेन्द्र की मुट्ठी में बन्द है, कानून को भी नरेन्द्र का ही सहारा है। समाज भी नरेन्द्र के साथ है। प्रिया! अपने कलेजे पर पत्थर रख लो, पर उस बेचारे लड़के को बेघर मत करो। उसे अपनी दादी से लगाव है, वह अपने पापा को बेहद चाहता है, वह तुम्हें भी चाहता है। तुम हट जाओ, चुपचाप हट जाओ। ये लोग संजू को सम्हाल लेंगे पर सच बताओ प्रिया, क्या तुम संजू के लिए स्वार्थी नहीं? तुम जबरदस्ती अपने मातृत्व को महिमामंडित मत करो। यदि स्वार्थी हो तो स्वीकारो। कम-से-कम अपने-आपसे छल मत करो। तुम बेटे से ज्यादा अपने काम को प्यार करती हो...हाँ, तुम अपने-आपको प्यार करती हो...अपने को...पर कौन नहीं करता? केवल स्त्री ही अपनी आहुति दे सकी है। मगर क्यों? किसलिए? इसलिए कि आदिकाल से देती आई है? लेकिन...लेकिन...ओह! मैं क्या करूँ? मैं क्या करूँ भगवान? यहाँ रहकर जी पाऊँगी? और एक न्यूरोटिक, रात-दिन रोती हुई माँ के पास संजू कब तक बैठेगा? दस वर्ष बाद मुझसे कतराने लगेगा और उस वक्त मेरी उम्र पैंतालीस की होगी। उस वक्त कौन रहेगा मेरे साथ? क्या पैंतालीस की उम्र में मौत की प्रतीक्षा करूँ? अपने स्वप्नों की आहुति दे दूँ? सुबह आँखें खुलते ही मैं अपने से पूछती—प्रिया, क्या करोगी? रात में आँखें बन्द करती हुई अपने-आपसे पूछती— मुझे क्या करना चाहिए? रातों को उठ-उठकर बैठ जाती—अब मत रुला भगवान! बहुत रो चुकी। अब मुझसे रोया नहीं जाता। एक रास्ता और भी सही, चुनाव तुम्हें करना होगा प्रिया...तुम्हें अपनी मदद खुद करनी होगी।

नरेन्द्र ने सबसे पहले मेरे पीहर में अम्मा के सामने मेरे खिलाफ बात उठाई, "उसके स्वभाव में गर्मी बहुत है। आप सोचिए अम्मा! चप्पल उठाकर मुझ पर दे मारा...संजू तो इससे थरथर काँपता है। आपको तो इतने वर्षों से मेरी माँ का स्वभाव पता है। मम्मी तो हाँ की ना बोलती नहीं, लेकिन इसने कब गृहस्थी

सम्हाली? पूछिए इससे कि इसने खाना भी बनाया हो कभी? इसको कमाने की जरूरत है क्या? यह किसलिए सुबह से रात तक बरबंडा मारती है और वह भी केवल कलकत्ता में नहीं, आज दिल्ली, कल मद्रास। आई नहीं कि वापस लन्दन, तो कभी अमेरिका। इसके ऑफिस से सेक्रेटरी फोन करके आया को बोलेगा कि मेमसाब का बक्सा सजा दो, रात के प्लेन से हांगकांग जा रही हैं। और आप ही बताइए, आया भी क्या बक्सा पैक कर सकती है? अम्मा! यह तो आलमारी की चाबी तक अपनी आया को सम्हलाकर चल देती है। स्वाभाविक है कि मम्मी को इसका बक्सा पैक करना पड़ता है। यह तो दौड़ती हुई सीढ़ियाँ उतरती है। यह तो मेरी माँ है जो दूध का गिलास लेकर खड़ी रहती है... ''प्रिया, दूध तो पी ले।''

बड़े भैया ने हामी भरी, ''आप ठीक बोल रहे हैं नरेन्द्र बाबू, सारी गलती इसकी है। हमारे भी बहुएँ हैं...ऐसे तो एक दिन नहीं चले।''

''नहीं, ऊपर से तुर्रा यह है विजय बाबू कि मुझे अमानुष, कसाई, जानवर की उपाधियाँ दी जाती हैं।''

अब अम्मा की बारी थी, ''प्रिया तू...? तेरी इतनी हिम्मत...चंडाल...तू जनमते ही मर क्यों नहीं गई? मेरी इज्जत लेने के लिए ही पैदा हुई है? नरेन्द्र! मैंने तो इसका पक्ष कभी नहीं लिया, तुम तो जानते ही हो।''

''नहीं, आप तो कुछ नहीं कहतीं, लेकिन प्रिया? अम्मा, यह मुझ पर तमाम इलजाम लगाती है। जानती हैं, मुझे इसने धमकी दी है कि चौबीस घंटे के अन्दर यह मुझे जेल में बन्द करवा सकती है।''

''किस आधार पर?'' बड़े भैया गरजे।

''परस्त्रीगमन...मानसिक अत्याचार...क्यों, चुप क्यों हो प्रिया? बोलो अब? जितनी उपाधियों से तुम हमेशा मुझे विभूषित करती आई हो। हाँ, मेरी ही गलती है कि मैं इसके प्रेम में पागल था कि यह जब जैसे बोली, मैं नाचता रहा। इसने एक्सपोर्ट के लिए कहा। मैंने कहा, ठीक है भई कर लो। हैंडीक्राफ्ट का काम था। थोड़ा-बहुत मन लगा रहेगा। थोड़े रुपए पूरा कर लेगी, शौक खत्म हो जाएगा। मुझे क्या पता था कि इसकी महत्त्वाकांक्षा की सीढ़ियाँ खतम ही नहीं होंगी। इसकी इतनी हवस बढ़ जाएगी कि यह भारत सरकार से प्रथम पुरस्कार प्राप्त...''

''नरेन्द्र, मुझे पुरस्कार मिला भी था, पर मैंने इसका प्रचार कब किया?''

''मुझे बोलने दो प्रिया! मैं शादी के पन्द्रह वर्ष तक चुप रहा, अब नहीं रहूँगा। मैं पलँग पर करवट बदलता रहूँ और यह आफर कारपेट पर सो जाए। मुझसे कहे, 'मैं थकी हुई हूँ।' हर समय तो यही सुनता आया हूँ—'व्यस्त हूँ... विदेश से ग्राहक आए हैं।' या फिर फाइलों का जत्था। अपना पूरा ऑफिस

लेकर घर तक चली आती है।''

''इसका कोई मध्यम मार्ग नहीं?'' अब की बड़ी जीजी ने पूछा।

''पूछिए अपनी बहन से। काम फैलाती जा रही है। कम करने का सवाल ही नहीं...अरे इनको तो मुझसे होड़ करनी है...'तुम्हीं कमा सकते हो, मैं कमाकर दिखा दूँगी।' इतना अहंकार?''

''क्या बोलूँ नरेन्द्र बाबू? हम लोगों का सर नीचा हो गया। समाज में हम लोग अब मुँह दिखाने के लायक नहीं रहे। बेटियाँ तो हमारी और भी हैं। कौन ले जाएगा... बुआ के पीछे भतीजियाँ, लोग-बाग तो यही कहेंगे।''

भैया लोगों का वही चिकना स्वर। नरेन्द्र से रुपया समय-समय पर उधार जो मिल जाता है।

''प्रिया! बात मानकर सीधे नरेन्द्र के पीछे-पीछे चलो।'' अम्मा बोलीं।

''प्रिया! ऐसा घर-वर नहीं मिलने का। तू ऐसे अपना संसार मत उजाड़।'' बड़ी जीजी ने कहा।

''तुम ससुराल वापस नहीं गई तो इस घर के दरवाजे भी तुम्हारे लिए बन्द हैं, समझीं?'' बड़े भैया एक-एक शब्द को चबा रहे थे।

''सरोज बाई डॉक्टर है, उसके बाद भी तो जीजाजी को खाना बनाकर खिलाती है।'' छोटी भाभीजी कह रही थीं, ''बात सुनो, बात समझो, कहा मानो, नरेन्द्र ठीक है, नरेन्द्र जैसा पति नहीं मिलने का, अग्रवाल हाउस जैसा घर नहीं मिलने का, देवी जैसी सास, ऐसा प्यारा बच्चा...''

ओह नहीं! अब और नहीं सुन सकती। अब तक मेरी आँखों से टपटप आँसू गिर रहे थे, अब मैंने फैसला सुना दिया—

''ठीक है, मैं ही अपराधी हूँ। मुझे नहीं चाहिए ऐसा घर। नहीं चाहिए ऐसा पति और देवी जैसी सास। मेरा अपना खून, मेरा अपना बेटा, वह भी कानून तुम्हीं को देगा। उसको भी तुम रखो।''

''तुम चुप होओगी या मैं लगाऊँ दो तमाचे?'' अम्मा इस उम्र में भी कड़ककर बोल सकती थीं।

मैं चुपचाप उठी। बाथरूम में जाकर मुँह धोया और चुपचाप नीचे उतर गई। मेरी गाड़ी स्टार्ट होने की आवाज से उन लोगों को पूरी बात समझ में आई थी। पीछे से बहादुर दौड़ता हुआ चीखे जा रहा था—''गाड़ी रोकिए बाई...माँजी का ऑर्डर है...गाड़ी रोकिए।''

खतम। सारे रिश्ते खतम। न खून अपना होता है और न पानी। तब कौन अपना

होता है? मैं छोटी माँ की गोद में रोती रही थी। छोटी माँ ने समझा-बुझाकर घर वापस भेज दिया था। छोटी माँ का पारम्परिक स्वभाव...मैं दिन-भर पलँग पर पड़ी-पड़ी अपने को हजार-हजार सुइयों से बींधती रही थी।

"बिणनी! जीम तो ले, सबेर से कुछ खाई कोनी।"

ओह! तो सासूजी को अब खयाल आया। मेरे मन में अपनी सासूजी के प्रति सारा प्यार कड़वाहट में बदलता जा रहा था। नरेन्द्र को बिलकुल माँ का स्वभाव मिला है, पर-पीड़न में आनन्द। सासूजी तो आजीवन चरम दुख और वेदना की प्रतिमूर्ति बनी रहीं। प्रतिकार में एक शब्द नहीं। ऐसी निष्क्रियता भी किस काम की? इस बहुत बेजुबान सीधेपन में कहीं सत्ता के प्रति छुपा हुआ लोभ तो नहीं? नहीं, सासूजी को मानवीय संवेदना किसी से मिली ही नहीं, इसलिए वे इतनी संवेदनशून्य हैं। पर नरेन्द्र के लिए कैसे छटपटाती हैं? और क्या वैसे ही उन्होंने पापा की तस्वीर नरेन्द्र के मन में धुँधली नहीं की? मैंने खुद को ही डाँटा, 'प्रिया! तू भी पता नहीं कहाँ की कहाँ सोचने लगती है? अभी तो खुद तुम्हारे अस्तित्व का संकट सामने है। नरेन्द्र चोट खाए साँप की तरह अभी आएगा और वह फिर फन मारेगा और सुनो प्रिया! उससे जितना डरोगी, वह उतना ही डराएगा। रहम की जितनी भीख माँगोगी, उतना ही ठुकराएगा।' मुझसे खाना नहीं खाया जा रहा था। सासूजी सामने बैठी थीं।

और बेचारा संजू? माँ-बाप की लड़ाई में बेचारे बच्चों की दुर्दशा हो जाती है। अब इतनी देर बाद जाकर सासूजी का मुँह खुला—

"प्रिया बेटी! ऐसे घर मत उजाड़ो। ऐसा क्या काम करना जिसमें अपना घर ही बरबाद हो जाए? नरेन्द्र को तुम्हारा साथ नहीं मिलता, तभी न बात इतनी आगे बढ़ी है?"

पात नहीं क्यों संजू के सामने सास का यह सब बोलना मुझे अच्छा नहीं लगा। मैं बोलते-बोलते रुक गई थी। 'माँजी, घर तो उजड़ चुका, और जहाँ तक साथ का सवाल है, आपका बेटा हर चार-छह महीने में ऑफिस में सेक्रेटरी बदलता है। क्या मैं समझती नहीं? क्यों नहीं आप ही आगे बढ़कर मुझे मुक्ति दिलवा देती हैं? और आपका बेटा आए दिन जो प्रेम का नाटक खेलता है, उन्हीं में से किसी एक से शादी कर ले, तब ठीक है।'

पर नहीं, मैं जानती थी कि बेटे के प्रति माँ का प्यार अन्धा है। और ठीक है, इन लोगों को मेरी तस्वीर पर कीचड़ उछालना है तो उछालें। पर मैं क्यों संजू को पिता के स्नेह से वंचित करूँ? मैं तो संजू की उपेक्षा सह लूँगी, पर नरेन्द्र? वह अपने इकलौते बेटे के प्रति भी निर्मम हो सकता है।

खाना खाकर मैं ऊपर बेडरूम में गई।

"नरेन्द्र मुझे तुमसे बातें करनी हैं।"

"मुझसे? और वह भी आपको? कहिए?"

"सुनो नरेन्द्र, आपस में जली-कटी सुनाकर या यों कुत्ते-बिल्ली की तरह लड़कर..."

"मैं लड़ता हूँ? मैं कुछ कहता हूँ?"

"शान्ति से बातें करो नरेन्द्र। आवाज ऊँची मत करो और मैं तुमसे समझौता करने नहीं आई हूँ।"

"तब क्या करने आई हो?"

"काउंटर चैलेंज। हाँ, तुम इसे धमकी भी कह सकते हो। तुमने कहा था न कि तुम मेरा बिजनेस बरबाद करवा सकते हो?"

"हाँ, कहा था और कहो तो करके दिखा दूँ?"

"पर मेरा व्यापार मेरा आखिरी सहारा है।"

"हाँ, और इसी के बल पर तुम्हारी गज-भर की जबान चल रही है। पर यह मत भूलो कि तुम एक सफल उद्योगपति की पत्नी हो।"

"देखो, तुम फिर धमकी दे रहे हो?"

"धमकी नहीं, आई मीन इट..."

"तब तुम भी सुन लो, यदि मेरा व्यापार डूबा तो..."

"हाँ, तो क्या? जरा सुनूँ तो सही?"

"मैं इनकम टैक्स, सेल्स टैक्स, एक्साइज, तुम्हारे सारे बखेड़ों का खुले बाजार में भंडा फोड़ूँगी और देखती हूँ कि तुम कैसे बचते हो?"

"ओ, तो नौबत यहाँ तक है? क्या यह अच्छा नहीं होगा कि उसके पहले तुम्हारी कबूतर-सी गर्दन मरोड़ दी जाए?"

"हाँ, क्यों नहीं? कर सकते हो, पर थाने में एफ.आई.आर. करके आई हूँ और मैं मर भी गई नरेन्द्र, तो इतना समझ लेना, तुम और तुम्हारा अग्रवाल हाउस साबुत नहीं बचेगा। कम-से-कम दुनिया में एक व्यक्ति तो है जो मेरी मौत का बदला लिए बिना नहीं मानेगा और तुम उसका कुछ भी नहीं बिगाड़ सकते।"

एक विकृत हँसी! उफ्! आदमी कैसे धीरे-धीरे पिशाच हो जाता है!

व्हिस्की का घूँट भरते हुए नरेन्द्र ने कहा, "ओ, तो तुम्हारा इशारा संजू की ओर है? मैंने पहले भी तुमसे कह दिया था कि मेरे कुल-दीपक पर तुम हाथ भी नहीं रख सकतीं।"

"सुनो नरेन्द्र, मैं संजू के बिना जीना सीख लूँगी, हाँ थोड़ा वक्त लगेगा।

आँसुओं की एक बाढ़ और सही। मैं नीना की बात कर रही हूँ नरेन्द्र, संजू की नहीं।''

''नीना?''

नरेन्द्र को बात समझने में एक सेकंड लगा, पर बात समझने के बाद सन्नाटा छा गया था।

''क्यों, चुप हो गए ना? तुम बहुत बड़े व्यवसायी हो सकते हो नरेन्द्र और मेरा व्यवसाय बहुत छोटा...मगर मुझे स्टाफ की जो लॉयल्टी मिली हुई है, वह तुम्हारे पास नहीं है और मेरा ग्राहक भी सात समन्दर पार बैठा है जो मुझसे चमड़े के बैग खरीदता है। मैं एक गिरी हुई औरत हूँ या सीता-सावित्री, उसके मन में इससे कोई फर्क नहीं पड़ने का।''

''तुम? तुम्हारी इतनी हिम्मत?''

''बौखलाओ नहीं। जो मैंने कहा है...आई मीन इट...और सुनो नरेन्द्र। मुझे दो महीने का वक्त दो, मैं तुम्हारा ऑफिस, घर, तुम्हारे दिए हुए गहने-कपड़े; हाँ, और संजू को भी, सब छोड़ दूँगी, सब।'' कहती हुई मैं तेजी से कमरे से बाहर निकल गई और छलाँगें लगाती हुई सीढ़ियाँ उतर गई। हॉल में सासूजी बैठी थीं।

''क्या हुआ बिणनी? प्रिया? क्या हुआ?''

''कुछ नहीं माँ। मैं सोना चाहती हूँ।''

कमरा बन्द करके मैं जमीन पर सर पटक रही थी। ओह! पूरे अस्तित्व को फोड़कर उठती हुई रुलाई। मुँह में पल्ला ठूँसते हुए भी हिचकियों की आवाज और आँसू। क्यों? क्यों मेरे साथ ही यह सब घटा? मेरी क्या गलती है? कोई बताए, कोई बताए?

दूसरे दिन उठकर मैंने सबसे पहले फ्लैट के दलाल को फोन किया—हाँ, दो कमरे का छोटा-सा फ्लैट चाहिए। कम-से-कम सलामी। दलाल बार-बार पूछता रहा, ''मिसेज अग्रवाल! यह फ्लैट किसके लिए चाहिए?'' अन्त में मैंने हिम्मत करके कहा, ''मेरे लिए।''

''आपके लिए?''

''हाँ, और इससे ज्यादा आपको पूछताछ की जरूरत नहीं होनी चाहिए।''

''नहीं मिसेज अग्रवाल! हाँ तो मैं दस दिन में फ्लैट का पता लगा देता हूँ। वैसे एक फ्लैट कारनानी स्टेट्स में खाली है, और आजकल उस बिल्डिंग की रेपुटेशन अच्छी हो गई है। वह पहलेवाली बात नहीं।''

''आप पूरा-पूरा पता लगाकर बताइए।''

ऑफिस जाकर सैम्पलों का भरा बक्सा मैंने वरेन को पकड़ाया था।

"ऑर्डर अच्छा है...और हम लोग माल सप्लाई कर पाए तो परेशानी नहीं होगी।"

"कितने का ऑर्डर दीदी? इस पार्टी ने तो अभी तक हम लोगों को बहुत ही कम ऑर्डर दिया है।"

"नहीं, उनको हमारा माल पसन्द है। हम लोग जितना बचा सकेंगे, उतना माल वे उठा लेंगे।"

इसके बाद मैंने बैंक में फोन करके ए.जी.एम. से टाइम ठीक किया। मुझे एक ही बात समझ में आई कि नरेन्द्र से टेढ़ी लड़ाई मैं नहीं लड़ सकती, इसलिए सीधी राह पर चलूँगी। देखूँ वह क्या करता है? यूनियन बैंक ने पूरे सहयोग का वचन दिया और जब एल.सी. पर माल जाएगा तो कोई परेशानी नहीं होगी। यूनियन बैंक से निकलकर मैं सीधे इलाहाबाद बैंक गई। चेयरमैन से कभी किसी पार्टी में परिचय हुआ था। कार्ड भेजते ही उन्होंने अन्दर बुलाया।

"मैं यूनियन बैंक से एकाउंट शिफ्ट करना चाहती हूँ। आपसे क्या सहायता मिल सकती है?"

"पूरी!" और फिर चेयरमैन ने सारे स्टेप्स एक-एक कर बताने शुरू किए।

"लेकिन क्या मैं पूछ सकता हूँ कि आप बैंक क्यों बदलना चाहती हैं?"

"व्यक्तिगत कारण हैं, मगर बैंकर से कुछ छुपाना गलत होगा। हम पति-पत्नी अलग हो रहे हैं और जैसा कि आप जानते हैं, मेरे पति अब मेरे लिए गारंटी नहीं देना चाहेंगे।"

"आप अपनी व्यक्तिगत गारंटी क्या दे सकती हैं?"

"कुछ नहीं। केवल इतना-भर कि ग्राहक दस लाख की रिवाइविंग एल.सी. खोलने को तैयार है।"

चेयरमैन सोचते रहे। फिर उन्होंने पूछा, "आपके भाई या कोई दोस्त?"

"नहीं, मुझे किसी से मदद नहीं चाहिए और फिर मैं एल.सी. के साथ ही तो माल भेज रही हूँ।"

"ठीक है। पर कभी ओवरड्राफ्टिंग की जरूरत पड़ जाए?"

"नहीं पड़ेगी।"

"तब कोई समस्या नहीं।"

दस दिन के अन्दर मुझे उसी कारनानी स्टेट्स में, जहाँ कभी छोटी माँ रहती थीं, एक फ्लैट मिल गया। यही मेरा ऑफिस और यही मेरा घर होगा। कभी छोटी माँ इसी मकान में रहती थीं, पर अब जो औरत रहने आई थी, वह अग्रवाल हाउस की बहू नहीं, बस 'प्रिया' नाम की एक साधारण औरत है। लेकिन आदमी खुद

नहीं समझ पाता कि कब और कहाँ उसकी जिन्दगी के क्षण विस्फोटक हो जाएँगे? कि कब वह सारे अतीत को फेंककर उठ खड़ा होगा? नरेन्द्र से वह मेरी आखिरी बातचीत थी। उस बड़े घर में मेरी वह आखिरी रात थी। सुबह मैं बक्सा लेकर उतर रही थी। मुझे उतरते हुए सबने देखा। सब खामोश थे। हथेलियों में अपने सर को थामे मेरी सासूजी वहीं प्रस्तर-प्रतिमा-सी मूक बैठी थीं। नरेन्द्र आराम से नाश्ता कर रहा था। बस वहाँ संजू नहीं था। संजू स्कूल जा चुका था। मैंने जान-बूझकर ही ऐसा वक्त चुना था, पर लौटकर संजू क्या सोचेगा? और मेरे ही मन ने उत्तर भी दिया था, 'प्रिया, कानून की नजर में भी संजू पर तुम्हारा कोई हक नहीं। संजू को माँ के बदले पैसों से प्यार करना सिखा दिया जाएगा। करोड़ों का रोज सौदा करनेवाला वह पुरुष क्या इतना बेवकूफ है? यह संजू के मन में तुम्हारी तस्वीर, माँ की तस्वीर चिन्दियों में फाड़कर रख देगा। और नरेन्द्र ने किया भी वही। मैं कारनानी स्टेट्सवाले अपने दो कमरों के फ्लैट में चली गई थी। उस दिन मेरे पास कुल चार ही व्यक्ति आए थे। सबसे पहले नीना और छोटी माँ। छोटी माँ मुझे अपने कलेजे से लगाकर फूट-फूटकर रो पड़ी थीं। शायद मेरी पीड़ा, मेरा अकेलापन, वही समझ सकती थीं।

नीना ने हाथ बढ़ाया, "भाभी! क्या आज से मैं आपके काम में मदद कर सकती हूँ? भाभी! आप मुझे अपनी बहन, दोस्त, बेटी, कुछ भी मान लीजिए। मैं अपनी जान दे दूँगी पर आप पर आँच नहीं आने दूँगी।"

रोता हुआ संजू आया था। मेरा बेटा! मेरा लाल!

"मम्मी, आप घर पर नहीं चलोगे?"

"नहीं बेटा!"

"मम्मी, मैं क्या करूँ?"

"जो तुम्हारी दादी कहें और बेटे, पापा की बात मानना।"

मुझे अपने ही खून में मिले हुए पानी का एहसास था। नहीं, मैं संजू की शिकायत नहीं कर रही। संजू ने तो जन्म से लेकर आज तक केवल स्वार्थ ही देखा है। उस बच्चे को हम बड़ों ने कौन-सा मूल्यबोध दिया? वह जिस वातावरण में बड़ा होगा, उसके जैसे दोस्त होंगे, वह भी तो वैसा ही बनेगा। और बच्चे को इमोशनली ब्लैकमेल करना मुझे बड़ा हेय लगा। मातृत्व के झूठे गौरव को महिमामंडित करने की मेरी इच्छा नहीं हुई। यों भी चार साल में संजू अठारह साल का जवान पुरुष हो जाएगा।

हाँ, उस दिन मैंने शाम को नरेन्द्र को फोन किया था, क्योंकि उस करोड़पति को

मुझे हिसाब देना था कि उसके घर से मैं क्या लेकर निकली हूँ।''

''नरेन्द्र। तुम्हारा सबकुछ तुम्हारे पास छोड़ आई हूँ। कुल बीस साड़ियाँ और किताबें लाई हूँ।''

''बहुत अच्छा, धन्यवाद!''

''और हाँ, संजू को बीच-बीच में भेजते रहना। ऐसा न हो कि मैं कोर्ट में जाऊँ?''

''बड़े तैश से बातें कर रही हो?''

''नरेन्द्र! आदमी की भाषा में बातें करो। घर की जमीन कौन औरत छोड़ना चाहती है? और तुमने तो मेरा बेटा भी रख लिया है।''

''ठीक ही किया। तुम अपने को सम्हाल लो तो महान आश्चर्य होगा...हूँ, खुद का ठिकाना नहीं और संजू की बात कर रही हो? बेटे को साथ लिए विलायत, अमेरिका के चक्कर लगाओगी? व्हाट फ्यूचर कैन यू गिव हिम? टेल मी?''

बेकार है, ठस्स आदमी। जिसमें संवेदना नाम की कोई चीज नहीं, उससे माथा लड़ाना बेकार है। नरेन्द्र कुछ और बके जा रहा था। मैंने धीरे से रिसीवर रख दिया।

प्लेन एमस्टरडम के एयरपोर्ट पर उतर रहा था। मैं अपना ब्रीफकेस बन्द करती हूँ। पर्स में टिकट, पासपोर्ट, ट्रैवेलर्स चेक, सब पर फिर से एक नजर। मैं खिड़की से बाहर देखती हूँ। सारी दुनिया इतनी पिघलती हुई क्यों लग रही है? धूप में बादलों के साथ उड़ती हुई?

एयरपोर्ट पर फिलिप खड़ा था। ऊँचा कद, खूबसूरत चेहरा। उम्र के साथ अधपकी दाढ़ी और भी अच्छी लगती हुई। फिलिप ने दाहिना गाल चूमते हुए कहा, ''कैसी हो मेरी दोस्त?''

''बिलकुल ठीक।''

''हाँ, बहुत फ्रेश लग रही हो।''

पर उसकी आँखें मुझसे पूछ रही थीं कि ऐसे तो तुम कभी प्रोग्राम नहीं बदलतीं? मगर संकोच, तहजीब, हाँ सलीका, फिलिप के इस ब्रिटिश मैनरिज्म पर जूडी हमेशा हँसती है। जूडी अमेरिकन है। गाड़ी स्टार्ट करते हुए फिलिप ने फिर मेरी ओर देखा, ''तब?''

हाँ, अब उत्तर देना होगा।

''फिलिप! मैं कुछ लिखना चाह रही हूँ।''

''क्या?''

"अपनी स्मृतियाँ! वह समूचा अतीत, जिसे अभी तक ठीक से सोच भी नहीं पा रही।"

"किसके लिए?"

हाँ, किसके लिए? अरे यह तो मैंने सोचा ही नहीं था। मैं खिड़की के बाहर देखने लगी। उसने मेरी खामोशी को फिर नहीं कुरेदा। जूडी घर पर मिली। एकदम से लिपट गई।

फिलिप ने कहा, "प्रिया यहाँ एकान्त के लिए आई है। वह कुछ लिखना चाहती है।"

"ओह!"

जूडी मेरी ओर देखने लगी। मैंने उसका हाथ दबाया, "मुझे तुम्हारी जरूरत है जूडी! मैं तुम्हारे पास, इस मनःस्थिति में, हाँ, तुम दोनों के पास ही रह सकती थी।"

"ओ.के. डियर! चलो पहले हाथ-मुँह धोकर खाना खा लो।"

फिलिप चला गया। चार कदम पर तो फिलिप का ऑफिस है। छह बेडरूमवाला मकान, पाँच गाड़ियाँ, एक लड़की, वह भी लन्दन में पढ़ रही है। मियाँ-बीवी। फिलिप को गाड़ियों का बेहद शौक है और जूडी को बातें करने का। बकवास नहीं...तीखी, पैनी, भेदक दृष्टि थी उसकी। मैं किचन की खिड़की पर लटके हुए लाल चेक के पर्दे को देख रही थी। नहीं, बस देखने का बहाना कर रही थी। वही सोच का सिलसिला...

"प्रिया! प्रिया!...तुम यहाँ मेरे पास नहीं हो? क्या हुआ है?"

"कुछ नहीं जूडी! आज इस अड़तालीस की उम्र में अपनी पूरी जिन्दगी को एक सिलसिलेवार ढंग से सोच रही हूँ।"

"जितना सोचोगी उतना ही सिलसिला टूटेगा।"

"तुम ठीक कह रही हो जूडी! अपनी पूरी तस्वीर ही नहीं बना पाती। कभी सर गायब है तो कभी एक हाथ, कभी लगता है, अंग-प्रत्यंग छितरा रहे हैं, अजीब-सा हैल्युसिनेशन।"

"मन में जब घटनाएँ आएँ, लिखती जाओ।"

"पर वह आत्मकथा कैसी होगी?"

"प्रिया! हम, तुम, सब साधारण इंसान हैं। क्रमानुसार सजा-सँवारकर तो विशिष्ट व्यक्तियों का जीवन-वृत्तान्त लिखा जाता है।"

"ओह जूडी! तुम्हारे पास मेरे प्रश्नों का उत्तर हमेशा रहता है।"

"हमेशा नहीं। बहुत बार तुम और फिलिप गप्पों में इतने उलझे होते हो कि

मुझे उठना पड़ता है। अच्छा चलो तो, पहले अपना कमरा देखो।''

जूडी ने सच में मेहनत से सारा कमरा सजाया था। दोस्त! इतने प्यारे दोस्त! और वहाँ कलकत्ता में? एक-एक कर सब छूटते चले गए। कलकत्ता मानो मेरे लिए एक पराया शहर हो गया। वहाँ आजकल मैं रहकर भी नहीं रहती। घर, फैक्ट्री, फिर साल में छह महीने यात्राओं का सिलसिला। कभी कहीं तो कभी कहीं। दिल्ली, बम्बई आती हूँ तो दुनिया-जहान के लोगों से मिलना हो जाता है। पर कलकत्ता में या तो व्यस्तता बहुत रहती है या फिर...

''हाय प्रिया! तुम नीचे आना चाहोगी?''

फिलिप जूडी के मना करने पर भी मुझे पुकारे बिना नहीं माना, यह उसकी आदत है। जब तक वह पूरी बात समझ नहीं लेगा, मेरे प्राण नहीं छोड़ेगा। मेरे जीवन का कोई भी कोना तो जूडी और फिलिप से नहीं छुपा हुआ।

कलम रखकर नीचे उतर आई। सिर्फ कुछ प्वाइंट्स नोट किए, कुछ तारीखें। जूडी ने पूछा, ''कुछ लिखा?''

''बस यों ही ज़रा-सा।''

''तुम ठीक हो?'' फिलिप की प्रश्न करती निगाहें, और वह बाँहों में घेरकर मुझे सोफे पर बैठा देता है।

''बताओ तो क्या बात है?''

''कुछ नहीं फिलिप! मैं अपने पर लिखना चाहती हूँ...अपनी आत्मकथा...नहीं, ठीक आत्मकथा नहीं...क्या कहूँ इसे? आत्मविश्लेषण?''

जूडी सामने खड़ी थी चाय के दो मग पकड़े। वह एक मग मुझे पकड़ाकर, दूसरा फिलिप को देती है।

''और तुम जूडी?''

''मैं जा रही हूँ जरा किचन में। आधा घंटा लगेगा।''

''हाँ, तो...'' फिलिप पल्थी मारकर सोफे पर बैठ गया।

''क्या हाँ तो?''

''यानी तुम अपनी कहानी लिखोगी?''

''अभी सोच रही हूँ।''

''कहाँ तक सोचा?''

''बस सोच ही रही हूँ।''

''सोच क्यों रही हो? लिखना शुरू कर दो।''

''अजीब-सा ब्लॉकेड लगता है और ऐसी क्या खास बात है जिससे मेरी जिन्दगी में दूसरों की रुचि हो?''

"यह तुम्हारा जर्नल है ना?"

"हाँ।"

मैं फिलिप से बातें कर रही थी और एक कहानी भीतर-ही-भीतर चल रही थी, एक संवाद। एक बार बात करते-करते फिलिप एकदम चुप हो गया, फिर मेरे सामने हाथों को हिलाते हुए कहा, "तुम कहाँ पर हो?"

ठंडी साँस लेकर मैं लौट आई थी वापस।

"प्रिया! कभी-कभी तुम तक पहुँचना कठिन हो जाता है।"

"तो छोड़ दो ना इसको।" यह जूडी का स्वर था। अब वह सच में फिलिप पर नाराज थी, "तुम इसे बीमार कर दोगे। इसे अपनी तरह जीने दो।"

मैं उठकर अपने कमरे में चली गई। नहीं, कुछ नहीं सोच पाई। बिस्तर पर गिरते ही आँखें बन्द हो गईं।

काफी सुबह आँख खुल गई। गहरी नींद में भी कैसी बेचैनी! तन्द्रा में भी दुखते मन का एहसास। पर्दा हटाकर मैंने खिड़की खोली। ठंडी ताजी हवा। घड़ी देखी, सुबह के पाँच बजे हैं। क्षितिज पर सूरज की ललाई, मगर सूरज अभी नहीं निकलेगा, जब तक कि उड़ता हुआ टुकड़ा-टुकड़ा बादल हर घर के दरवाजे न खटखटा ले। सामने लैम्पपोस्ट पर एक रौबिन चिड़िया आकर बैठ गई। यहाँ गौरैया नहीं आती।

जूडी क्लास लेने पचास मील रोज गाड़ी चलाकर जाती है। फिलिप अपनी बी.एम.डब्लू. या पोर्शे में हजारों मील की यात्रा आए दिन करता रहता है। मगर जब दोनों साथ होते हैं तो न देश पराया लगता है न घर। जूडी का तौर-तरीका बहुत मुलायम है। जन्म से उसकी प्रज्ञा जगी हुई है। बिना कुछ कहे वह बहुत कुछ समझ जाती है।

लगता है जूडी उठ गई है। नीचे किचन से आती हुई बर्तनों की आवाजें। मुझे देखते ही जूडी के चेहरे पर एक प्यारी-सी मुस्कान तैर गई।

"हाय, प्रिया! नींद आई?"

"हाँ, और नहीं।"

"क्या मतलब?"

"मैं कम सो पाती हूँ।"

"हूँ! लो चाय पीओ।"

और तब तक मैं फूट पड़ी...

"चोट ही तो लगती रही है...अधिक क्या...ऐसी मानसिक त्रासदी में कौन-सा आनन्द है? तिल-तिल कर मरता हुआ आदमी खुशी से नाचे-गाए? ओह जूडी!

तुम कभी-कभी इतनी क्रूर क्यों हो जाती हो?"

"क्रूर मैं नहीं, क्रूर तुम्हारे भीतर बैठा हजारों साल की परम्परा से ग्रसित एक रुग्ण मानस है जो तुम्हें कभी चैन नहीं लेने देता, तुम्हारी उपलब्धियों से खुश नहीं होता। तुम अपने प्रति इतनी आक्रामक क्यों हो प्रिया? क्यों सलीब पर लटककर खुद की हथेलियों में कीलें ठोकती रहती हो? क्या मिलता है इस आत्मपीड़न से?"

"आत्मपीड़न?" मेरा स्वर आहत था।

"गलत नहीं, ठीक कह रही हूँ, हाँ-हाँ आत्मपीड़न। क्या तुम यह कहना चाहती हो कि आज तुम्हारे जीवन में बिलकुल सन्नाटा है? हम लोग कोई नहीं? हमारे प्यार का तुम्हारे जीवन में कोई महत्त्व नहीं? नीना, छोटी माँ, इनके स्नेह का कोई महत्त्व नहीं? प्रिया, तुम एक फिक्स्ड इमेज की शिकार हो। मियाँ-बीवी, बच्चे...वही पारम्परिक परिवार..."

"सॉरी जूडी! तुम्हें दुखी नहीं करना चाहती थी।"

"नहीं, तुम खुद भी रोती हो और दूसरों को भी रुलाती हो। तुमसे तो अच्छी नीना है। नीना के लिए आग हो या पानी, वह सबकुछ को जिन्दगी का धर्म मानती है, उसके जीवन की अपनी लय है। ऐसा नहीं कि अकेलापन उसे नहीं चुभता पर वह हर तूफान का हँसकर स्वागत करती है और निर्भय होकर हँसती है।"

"गुड मार्निंग लेडीज! क्या मैं अन्दर आ सकता हूँ?" फिलिप किचन के दरवाजे पर हँसता हुआ खड़ा था--

"क्या आज जूडी का सैशन सुबह-सुबह शुरू हो गया?"

"अरे नहीं फिलिप! इस औरत का दिमाग बिलकुल खराब हो गया है। दिन-रात अपने को चाबुक लगाती रहती है। अभी तुमसे बात करेगी ना तब ऐसा भाव देगी मानो इससे अधिक सन्तुलित कोई औरत नहीं।"

"डॉक्टर को देखते ही?" मैंने कहा।

"चुप करो बेवकूफ लड़की! मैं तुम्हारी दोस्त हूँ, साइकियाट्रिस्ट नहीं।"

मैंने उठकर जूडी के कन्धे पर सर रख दिया।

"जूडी प्लीज! तुम जो कह रही हो, मैं समझ रही हूँ।"

"सुनो प्रिया...।"

"जूडी, तुम्हारी क्लास ग्यारह बजे से है ना? अभी तो सुबह के छह बजे हैं।" फिलिप ने कहा।

जूडी खिलखिलाकर हँसते हुए बोली, "मैं जितना इससे प्यार करती हूँ, उतना ही यह..."

"उतना क्या?" मैंने सर उठाते हुए पूछा।

"कुछ नहीं। मैं जा रही हूँ नहाने। तुम फिलिप से माथा पचाओ।"

मैंने फिलिप के कन्धे पर हाथ रखते हुए मुड़कर देखा, जूडी खिड़की पर खड़ी है।

"अरे, तुम गई नहीं जूडी?"

"तुम्हें रोता छोड़कर नहीं। अभी हम लोग कमरे में ऊपर बातें कर सकती हैं।"

मैं जाकर वापस पलँग पर लेट गई। मन उदास हो आया था। फिलिप नौ बजे जाने के लिए कह रहा था।

"नहीं, हम लोग साथ ही निकलेंगे। ग्यारह बजे तुम और फिलिप लंच पर चले आना, मैं अपनी क्लास में। प्रिया, आई एम सॉरी! तुम्हें दुखी करने का इरादा नहीं था, पर मैं जानना चाहती हूँ कि आखिर तुम्हारे सम्बन्ध इतने गलत क्यों हो गए?"

यादों के सिलसिले। अतीत की पर्तों को हटाते ही जख्म, वैसा-का-वैसा, ताजा लहू-सा टपकता हुआ। भ्रमों के बाहर एक बार निकल जाओ तो एक खामोश दहशत आपको घेर लेती है। निरन्तर डूबते जाने का भय। नंगी सच्चाइयों का सामना करने में भय। स्वयं के प्रति संशय। अतीत का ऐसा कोई हिस्सा नहीं जो दर्द से टीस न रहा हो। एक कुचला हुआ घायल बचपन, जो खट से कैशोर्य की दहलीज लाँघकर असमय आ गया; और फिर जीने की अन्धी जिद लिए हुए निरन्तर संघर्षरत एक औरत, जो व्यवस्था से समझौते करना कभी सीख ही नहीं पाती, जो ईमानदारी शब्द से इतनी ग्रसित है कि चाहकर भी रिश्तों की बनावट और कृत्रिमता को स्वीकार ही नहीं कर पाती।

"सुनो, जिन्दगी को फिर से शुरू करने के लिए, जिन्दा रहने के लिए असीम साहस और धैर्य की जरूरत है। हम पश्चिमी स्त्रियों ने भी बहुत सहा है। जब हमारे घर उजड़े, बच्चों ने साथ छोड़ा, साठ वर्ष का पुरुष केवल पैसे के बल पर बीस वर्ष की लड़की के लिए घूमने लगा, तब हम भी तिलमिला उठीं। भोग का नंगा नाच और उसमें शामिल हमारी ही बहनें और बेटियाँ थीं। आज कम-से-कम मुझे पता है कि इलोना एक व्यक्ति की तरह सोचती है, अपना निर्णय खुद लेती है।"

"तुम ठीक कह रही हो।"

जूडी ने एक लम्बी उबासी लेते हुए कहा, "प्रिया, अब तुम तैयार हो जाओ। मुझे भी क्लास लेने जाना है।"

"जूडी, तुम साइकियाट्रिस्ट हो ना?"

"नहीं, सारी भूमिकाओं से परे एक हमदर्द औरत हूँ। औरत का दर्द समझती हूँ। प्रिया, क्या केवल तुम्हीं ने सहा है? एक तुम ही नहीं जो दुख पा रही हो, हर औरत के अपने-अपने दर्द के तहखाने हैं।"

"जूडी, नरेन्द्र के साथ जीवन में मैंने हर समझौते की कोशिश की लेकिन मैं सबकुछ बड़ा रिजिड पाती। मुझे समझ में आने लगा कि नहीं, नरेन्द्र के परिवेश का यह ढाँचा नहीं बदलेगा। जरूरत तो इस बात की थी कि मैं इस ढाँचे के अनुसार ढल जाती पर ढल नहीं पा रही थी। इसे मैं किसकी गलती कहूँ? किस पर दोषारोपण करूँ? हमेशा मैं स्वयं को ही अपराधी मानती। पीहर में अम्मा, भाभियाँ, जीजी लोग एक ही बात कहतीं, 'अम्मा! जितना प्रिया के लिए अपने को डर था न कि इसे कौन ले जाएगा, उतना ही इसका भाग्य खुला।' शिकायत तो होनी नहीं चाहिए थी, पर शिकायत थी मन में। मैं किस अभाव से ग्रसित थी? हिचकियों में रो-रोकर मैं खुद से कहती, 'कोई तुम्हारा नहीं प्रिया। तुम अकेली हो, बिलकुल अकेली। न अम्मा, न भैया लोग, न जीजी लोग और न पति।' कभी सोचती, 'लेकिन जब कोई मेरा अपना नहीं, मेरी रोटी में किसी के गेहूँ का दाना नहीं तब ये रिश्ते, ये जिम्मेवारियाँ किसके लिए? मैं किससे भयभीत हूँ? समाज से?' समाज नाम की इस भीड़ को मैं अब तक समझ नहीं पाई। आदमी को जीने के लिए बहुत थोड़े-से लोगों की जरूरत होती है। क्या इतनी बड़ी दुनिया में अपना कहनेवाले दो-चार लोग भी नहीं मिलेंगे? मुझे इतना जरूर समझ में आता था कि मैं और नरेन्द्र उत्तरी और दक्षिणी ध्रुव हैं। मेरी बनावट कुछ अलग है। कॉलेज के दिन याद आते। वे किताबें याद आतीं, जिनमें मानवीय मूल्यों का जिक्र था। घुटन थी, असन्तोष था। कारण मैं नहीं समझ पाती थी। व्यवस्था को तोड़नेवाली औरत को जहाँ समाज सौ कोड़े लगाता है, वहीं पुरुष को मंच पर क्रान्तिकारी कहकर बैठाता है। औरत हर तरह मरती है। लेकिन रोती हुई औरत मुझे अच्छी नहीं लगती। मुझे औरत की इस निष्क्रियता पर झुँझलाहट होती है। यह क्या घुट-घुटकर मरना...?"

"जिन्दगी जीने के लिए अपनी लड़ाई लड़नी पड़ती है। यदि औरत व्यवस्था के बाहर कदम बढ़ाती है तो उसे ज्यादा बड़ी कीमत चुकानी पड़ेगी। मैं जानती हूँ कि पश्चिम की हम स्त्रियों पर तुम लोग हँसते हो, तुम्हें लगता होगा कि हम स्वच्छन्द हैं, घरफोड़ू हैं, हर किसी के साथ पलँग पर साझा करने को तैयार रहती हैं।"

"नहीं जूडी, मैं ऐसा नहीं सोचती।"

"एक अकेले तुम्हारी बात नहीं, बात पूरब के दृष्टिकोण की है। पर जानती हो, इतिहास, समाजशास्त्र, मानवशास्त्र, मनोविज्ञान—वह सब तो पुरुष ने ही लिखा है, यह चाहे पूरब हो या पश्चिम और सच कहूँ तो परिवर्तन किसको अच्छा लगेगा? खासकर उसे, जिसे सदियों से इतनी सुविधा मिली हुई है।"

"तुम ठीक कह रही हो जूडी! व्यवस्था के बाहर पैर रखने से बहुत निर्मम सजा मुझे मिली। अपने मन को मैंने टुकड़ों में बाँट लिया है और मन के दरवाजे हमेशा के लिए बन्द कर लिए हैं।"

"क्यों? तुम किसी को फिर से प्यार क्यों नहीं कर सकतीं?"

"ओह जूडी! थकान लगती है, बेहद थकान। फिर किसी पुरुष से उलझना और वापस वही तर्क! सारी जिन्दगी तो लड़ते-झगड़ते बीत गई। मैं गलत नहीं हूँ, यह समझाते-समझाते बीत गई। जो भी आया सम्पर्क में, उससे स्त्री के पक्ष की वकालत करती रही। मैंने नहीं चाहा था कि मेरे भीतर के रंगीन सपने, ब्लैक फिल्म हो जाएँ। लेकिन हुआ वही। नरेन्द्र मेरी बात नहीं समझता? भैया लोग क्यों नहीं समझते? सबकुछ तो इतना स्पष्ट था, फिर यदि कोई समझकर न समझने का चेहरा बनाए तब तुम्हीं बताओ क्या किया जा सकता है?"

"काश, मैं तुम्हारे लिए कुछ कर सकती?"

"कर तो रही हो, और यह एक पुराना घाव है, इसे वहीं रहने दो। इसके बारे में बातें करना भी व्यर्थ है। मैंने जीने के और दस साधन जुटा लिए हैं। आज मैं समर्थ हूँ। मेरे काम में मेरा मन लगता है। मैंने बहुत बार अतीत को भूलना चाहा पर क्या सच में भूल पाई?"

"वैसे प्रिया, सारी दुनिया के पुरुष तो नरेन्द्र नहीं और न डी डॉ. बनर्जी हैं। अच्छे लोग भी हैं।"

"हाँ जूडी, मैं स्वीकारती हूँ। लेकिन क्या औरत की जिन्दगी बस एक सही पुरुष की तलाश-भर बनकर रह जाए? सारे अनुभवों के बाद भी मैंने एक ही बात समझी। सत्ता का लोभ पुरुष को है। सच कहूँ जूडी? ऐसा प्रेम मेरे लिए बहुत कठिन हो जाता है। समर्पण की यह परम्परा...अपने बाहर किसी महत के प्रति, इसे तो दोनों पर लागू होना चाहिए था।"

"मगर पुरुष का समर्पण है देवत्व के प्रति। वह भगवान के प्रति जहाँ समर्पण करता है, वहीं भगवान होना भी चाहता है और उसकी यह अपेक्षा स्त्री से, कि स्त्री उसे अपने से महत माने...अपनी आहुति दे।"

"मगर क्यों? किसलिए? और जब आहुति देनेवाला अपनी कीमत माँगता है तो उससे कहा जाता है कि निःस्वार्थ, शर्तहीन प्यार की कोई कीमत नहीं होती।

लेकिन मुझे यह प्यार तो अपनी दाई माँ से मिला। बाकी तो हर जगह केवल होड़, प्रतियोगिता, प्रथम पंक्ति में बने रहने की जी-तोड़ कोशिश। क्यों जूडी, पुरुष हमेशा जीतना ही क्यों चाहता है?''

''नहीं प्रिया, वह जानता है कि वह हारता जा रहा है। मालिक बने रहने की, सत्ता को थामे रहने की, इसकी भी अपनी अलग पीड़ा होती है। पर वह भी क्या करे? उसकी स्थिति का कोई सही विकल्प भी तो सामने नहीं?''

''यानी स्त्री-पुरुष का सम्बन्ध वही मालिक और गुलाम का? भोक्ता और भोज्य का? व्यक्ति और वस्तु का? कब तक यह द्वन्द्व चलेगा?''

''प्रिया! तुम बुरा न मानो तो एक बात कहूँ। मैंने और फिलिप ने इस पर प्रायः बहस की है और मेरी ग्रुपथेरापी में भी यही बात होती रहती है। आज की सभ्यता संक्रमण के एक दौर से गुजर रही है। तुमने जितनी भी पीड़ा झेली पर तुम्हारी चेतना का विकास ही हुआ है, तुम्हारे भ्रम टूटे हैं, सीमाओं से बाहर आकर तुमने पारस्परिकता का सम्बन्ध स्थापित किया है। पर नरेन्द्र की पीड़ा देखो, उसकी चेतना तो मालिकाना अहम में ठस होती जा रही है। धन और सत्ता का मद उसे कितना अहंकारी और पागल बनाए रखता है। वह सोचता है कि पैसे से वह सबकुछ हासिल कर सकता है। पर जरा सोचकर देखो, उसने क्या हासिल किया? किसको उससे सहानुभूति है? कौन उससे प्रेम करता है? उसकी मुट्ठियों में बन्द संजू क्या खुली हवा में साँस लेने के लिए नहीं छटपटा रहा? और नरेन्द्र ने संजू को कौन से मूल्य दिए?''

''हाँ, जूडी, इस एक जगह मैं कभी-कभी अपने को भी अपराधी पाती हूँ, जब मैं स्वयं को संजू के प्रति बिलकुल नरेन्द्र जैसा तो नहीं, मगर काफी कुछ उसी परम्परा का हिस्सेदार पाती हूँ। मैंने संजू को नरेन्द्र से छीनकर अपने पास क्यों नहीं रखा?''

''क्या वह रह जाता? यदि वह दो-चार वर्ष रह भी जाता तो वापस नरेन्द्र के पास चला जाता।''

''तुम ठीक कह रही हो जूडी! शायद ऐसा ही होता, शायद नहीं भी होता। पर माँ होना भी एक भूमिका है, जैसे और बहुत-सी भूमिकाओं में मैं असफल रही वैसे ही यहाँ भी। कभी-कभी सोचती हूँ कि क्या संजू मुझे कहीं अपराधी तो नहीं मानता? कि मैंने अपनी महत्त्वाकांक्षा के लिए उसकी अवहेलना की?''

''तुमने जब काम शुरू किया था, तब वह कितने वर्ष का था?''

''बारह।''

''और बारह वर्ष के लड़के को माँ की जरूरत ज्यादा होती है या पिता की?''

"पिता की, शायद दोनों की। लेकिन क्या करूँ जूडी?"

वालवाइक से करीब-करीब चालीस मील दूर जंगल के बीच एक बड़ा-सा खूबसूरत रेस्टोरेंट था। फिलिप की कोशे अपनी गति से चली जा रही थी। मैंने धीरे से सीट को थोड़ा और नीचे किया और अधलेटी होकर ऊपर आकाश और पीछे छूटते दरख्तों की कतारें देखने लगी। फिर आँखें बन्द कर लीं। कभी-कभी दोस्तों का साथ कितना सुख देता है? फिलिप और जूडी, कितनी प्यारी है यह दोस्ती! न कभी जूडी ने मुझसे पूछा कि तुमने फिलिप से क्या बातें कीं और न फिलिप ने कभी मुझसे पूछीं जूडी की बातें। अच्छा किया कि मैं यहाँ चली आई।

"प्रिया, तुम्हारा व्यापार कैसा चल रहा है? तुम्हारी शिकागो की प्रदर्शनी कैसी रही? कुछ ऑर्डर मिले?" फिलिप की आवाज से मैंने ऊँघती पलकें खोलीं।

"अच्छा चल रहा है फिलिप। काफी सेटल है और फिर हर व्यापार की अपनी एक व्यवस्था होती है।"

"अच्छा प्रिया, एक बात पूछूँ? तुमने व्यापार क्यों शुरू किया? किसलिए? तुम्हारे पास तो पैसे की कमी नहीं थी?"

"सच कहूँ फिलिप, पैसे की कमी थी। अमीरी के आवरण में छिपे गरीब मन का ओछापन झेलते-झेलते मैं थक गई थी। हर चीज के लिए नरेन्द्र से पैसा माँगना और फिर हिसाब देना। रोज की झकझक।"

"वह कैसे?"

"नरेन्द्र से रुपया माँगने में हमेशा चोट लगती। मेरा आहत अभिमान और उसके ताने—रुपया उड़ाओ, तुम्हें तो रुपया बुकने ही से मतलब है और हिसाब माँगते ही रानीजी कह देंगी—मेरे से दो-दो रुपए का हिसाब नहीं लिखा जाता। आखिर पाँच हजार रुपए मैं तुम्हें हाथ खर्च के लिए देता हूँ। जाते कहाँ हैं? वहीं मम्मी का अपना रुपया, घर-खर्चा से बचाया हुआ, लाखों मेरे पास जमा है।'...

—नरेन्द्र! पाँच हजार में संजू की पढ़ाई-लिखाई का खर्चा नहीं है क्या?

—वही तो पूछ रहा हूँ, हिसाब दो।

—मैं तुम्हारी पत्नी हूँ नरेन्द्र, हिसाब नौकरों से माँगा जाता है।

—क्यों? मम्मी के पास घर के आलू-परवल तक का हिसाब लिखा हुआ मिल जाएगा। आखिर रुपया जाता कहाँ है? तुम तो कपड़ों पर भी खर्च नहीं करती हो। संजू को भी तो तुम दो ही कपड़ों में रख देती हो। मम्मी न सम्हाले तो संजू भिखमंगे का बेटा लगे।

"उफ्! इस आदमी से मुँह लगना और बहस करना! मैंने तो कभी अम्मा को

आलू-परवल का हिसाब लिखते नहीं देखा। बाबूजी से कभी अम्मा ने रुपए नहीं माँगे। जो आया उसमें खर्चा चला, नहीं तो कम खा लिया। अम्मा ने थिगली लगी धोती पहन ली, पर माँगा नहीं। क्यों माँगे? स्त्री का कोई स्वाभिमान नहीं? नरेन्द्र कभी समय से महीने का रुपया नहीं भिजवाता। कहलवा देता, रुपया नहीं है। संजू के स्कूल से रिमाइंडर आ जाता और सासूजी का स्वभाव मैं समझती हूँ। शायद ऐसे ही लोग व्यावहारिक कहलाते हैं।''

''लेकिन व्यक्ति का कोई तो निजी कोना होना चाहिए? पॉकेटमनी पर तो तुम्हारा अधिकार होना चाहिए? वह तो खर्च करने के लिए ही दी जाती है।'' फिलिप ने मेरी ओर देखते हुए कहा।

''नहीं फिलिप, हमारे घर में अजीब हिसाब था। मेरी सासूजी चौके में जाकर कह देतीं—महाराजजी! आज तो छोटे बाबू नहीं खाएँगे। बस हम तीन ही लोग हैं... भरवाँ परवल बना लीजिए। और सासूजी आठ परवल गिनकर दे देतीं, पाव-भर तुरई और आधा किलो भिंडी...नौकरों की सब्जी...आलू, साथ में कोई और साग-पत्ता। यहाँ तक कि यदि कभी मैं उनसे किसी काम के लिए रुपए लेती, तो दस रुपए हों या सौ, तब भी पुर्जा लिखकर पकड़ा देती—प्रिया! तुम्हारे नाम से इतना रुपया निकलता है! कहने को मैं बड़े घर की बहू थी। नौकरों-चाकरों में भी किसी को आफत-विपत में सौ-दो सौ रुपए उधारी—बिन्नीजी, सौ रुपया दीजिएगा। कभी किसी का घर बह गया—बिन्नीजी! आपसे ही माँग सकते हैं। न माँजी देंगी और न छोटा बाबू। केवल बड़ा बाबू चुपचाप दे देते थे। मुझे तो उन गरीबों को रुपए पकड़ाने पड़ते...कहाँ जाएँगे? किससे माँगेंगे? और फिर किसी नौकर को सौ रुपया दे भी दिया तो उसका हिसाब रखूँ? तनख्वाह में हर महीने बीस-बीस रुपए काटूँ? छिः! छिः! मेरे से यह नहीं होने का। यह काम सासूजी ही कर सकती हैं। दर्जी की सिलाई दो सौ साठ रुपए होती तो वे बड़े मजे से दर्जी को कह देतीं—ले ढाई सौ रख! मन चीत्कार उठता—अरे मम्मी! इस बिचारे ने ढाई हजार का कपड़ा सिलकर दिया और अब दस रुपए काट लेने से आपकी ऐसी कौन-सी बचत हो जाएगी? मेरा एक और बड़ा खर्चा था किताबों का और नरेन्द्र की निगाहों में सबसे बड़ी फिजूलखर्ची यही थी।''

''पर तुम्हारा पति तो एम.बी.ए. है ना? वह भी अमेरिका से पढ़कर आया हुआ! उसके मन में किताबों के प्रति निरादर?''

''तुम सुन लो। किताबों के लिए नरेन्द्र का कहना रहता था कि तुम लाइब्रेरी में जाकर क्यों नहीं पढ़तीं? मैगजीन पर सौ-दो सौ का खर्च तो समझ में आता है पर यह दो हजार की किताबें? हाँ, सबकुछ याद है। पुस्तक-मेले से खरीदी हुई

किताबों का ढेर रखा हुआ था और मेरी आँखें चमक रही थीं—कब मैं इन किताबों को पढ़ूँ? लेकिन नरेन्द्र का वह चुभता हुआ वाक्य—तुम किताबें केवल दिखावे के लिए खरीदती हो, मेरी समझ में उनमें आधी किताबें तुम कभी पढ़ोगी नहीं।"

मैं चुप होकर ऊपर नीला आकाश देखने लगी थी। क्या-क्या याद करूँ। घर का पुराना ठाकरा, पच्चीस वर्ष की नौकरी पूरी करके रिटायर्ड होकर जा रहा था। वह भी मेरे पास ही आकर रोया था—बहूजी! आप ही घर की लक्ष्मी हो। छोटा बाबू तो आ, हजार रुपया पकड़ा दिया। बस बात खतम। आज बड़ा बाबू होता।

—नहीं ठाकराजी...जी मत दुखी करिए। छोटे बाबू को तो आपने गोद में खिलाया है।

—सब भूल गया, सब भूल गया छोटा बाबू।

मैंने आलमारी में से दो हजार रुपए और नरेन्द्र के दो पुराने सफारी सूट, अपनी कुछ पुरानी साड़ियाँ, संजू के कपड़े, ठाकराजी को दिए।

—भगवान थान सुखी राख बहूजी...राजलक्ष्मी हो...वह बोलता जा रहा था और गठरी बाँध रहा था। तब तक कमरे में नरेन्द्र। मेरा कलेजा तो धक से हो गया और ठाकराजी खुशी-खुशी बोले—छोटा बाबू, बहूजी को जिसो दिल तो कोई को नई...आ देखा मन दो हजार तो रुपया दिया...अर आ सब लीरा (कपड़े)...

ठाकराजी के जाते ही बम का गोला फटा और वह भी सासूजी के सामने—

—तुममें कब बैलेंस आएगा प्रिया! दो हजार रुपए पकड़ा दिए और किससे पूछकर तुमने मेरे सफारी सूट भी पकड़ा दिए? तुम क्या सबकी मालकिन हो?

—बिणनी, थोड़ी समझदारी रखनी चाहिए।

मन-ही-मन मैंने कहा—हाँ मम्मी, क्या करूँ, आपकी तरह बक्सा भर-भरकर सामान नहीं रख सकती।

सासूजी चुप थीं। उनके बदले बेटा जो बोल रहा था—लुटा दो, खोल दो सदाव्रत। माँ, अब से संजू का खर्च और सारा हिसाब आप रखिए। इसे मैं एक हजार हाथखर्चा के लिए अलग से दे दूँगा।

मुझे काठ मार गया था। मैं एकदम से फूट पड़ी थी—क्या मैं बच्ची हूँ? मेरा कोई उसूल नहीं, सिद्धान्त नहीं, कोई मानवीय भावना नहीं? तुम सब इसलिए बोल रहे हो क्योंकि तुम कमाते हो।

—हाँ, हाँ, इसीलिए। कमाकर लाओ तो पता चलेगा!

मैं हिचकियाँ भरती हुई पलँग पर जा गिरी थी। घर के नौकर-चाकर, सबके सामने इतना अपमान! मालकियत का यह अहंकार! कल ही पार्टी में शंकर भैया के सामने फाँक मार रहे थे—पापा क्या छोड़कर गए थे, आज दस करोड़ रुपया

है मेरे पास! रुपया खा लो, रुपया पहन लो। मेरा मन किया जाकर कहूँ—नरेन्द्र जब तुम मरो तो संजू से कहना रुपए की चिता सजाए।

घुटन बढ़ती जा रही थी। मानसून के पहले जैसे हर चीज उफनने लगती है, एक खारे नमकीन पसीने में भीग उठती है। हर आती-जाती साँस आकाश की ओर देखती हुई कहती है—कहाँ हैं बादल? कब आएँगे, कब बरसेंगे? कुछ राहत मिले।...मुझे रोने की इतनी आदत पड़ गई थी, लेकिन आज मैं उफन रही थी। आँखों में उमस थी पर बारिश का कहीं नामोनिशान नहीं था। कहाँ गए मेरे आँसू...आज एक कच्चा घाव था, जो अभी-अभी लगा था और जिस पर खून की पपड़ियाँ जम गईं, जो दर्द से नीला हो गया था। मुझे अपना पूरा अस्तित्व दर्द से टीसता हुआ लगा। मन चीत्कार कर उठा...पैसा...पैसा...पैसा...जन्म से आज तक वैभव के बीच। हाथ में कभी कुछ नहीं रहा और ससुराल...यहाँ छप्पनभोग परोसकर आप भूखे बैठे रहिए। इनका स्थायी ढाँचा है। खर्च करने के बँधे-बँधाए तरीके हैं। आत्मग्रस्तता की सीमा से परे...ये लोग कितने ग्रस्त हैं पैसे से? मेरी सासूजी की आलमारी में लाखों का सामान है, पर गिनकर, सम्हालकर देना। कम-से-कम अम्मा स्वभाव से भावुक तो थीं। ठीक है, सन्तुलन का अभाव सही लेकिन मन करता तो उठाकर सबकुछ दे डालतीं। अम्मा की पीड़ा तो यह थी कि सारी आहुति के बाद वे देवी नहीं बन पाईं, न परिवार की नजर में, न समाज की नजर में। पता नहीं क्यों उस दिन जिन्दगी में पहले-पहल अम्मा को थोड़ा-बहुत मैंने समझने की चेष्टा की। पर मेरी सासूजी, सबकी नजरों में देवी थीं। आत्मदाह और वेदना की प्रतिमूर्ति। किसी को कभी कुछ नहीं निकालकर देंगी, लेकिन फिर भी प्रशंसा पा जाती हैं। क्या ऐसी ही स्त्रियों को लोमड़ी के स्वभाववाली कहा गया है? इन्होंने पापा को अपराधी महसूस करवाया और हमेशा करवाती रहीं। सासूजी की मौन सम्मति और दयनीय चेहरे को देखकर पापा हमेशा क्षतिपूर्ति की कोशिश में लगे रहे। छोटी माँ ने अधिकार माँगा नहीं। छोटी माँ के हिसाब से माँ काली के सामने पापा ने सिन्दूर लगाया था। यह विवाह नहीं तो और क्या था? मैं भी भटक जाती हूँ। कहाँ से सोचना शुरू करती हूँ और पहुँच कहीं और जाती हूँ। पर विचारों, खयालों का झुंड...उनमें से क्रमबद्ध रूप से बातों को छाँटना सम्भव हो नहीं पाता।...

गाड़ी झटके से रुकी। आँखें खोलकर देखा, हम लोग जंगल में एक छोटे-से रेस्टोरेंट के सामने थे। ऊँचे-ऊँचे बर्च और पाइन के पेड़...कुछ गाड़ियाँ और खड़ी थीं। रेस्टोरेंट के भीतर कोने की मेज पर बैठते हुए पूछा, "फिलिप, तुमने कुछ पूछा था?"

"हाँ, घंटे-भर पहले, मगर तुम खयालों में खो गई थीं।" फिर अपनी तर्जनी से मेरा माथा छूकर कहा, "रिलैक्स...आई से रिलैक्स।"

"नहीं, तुमने कुछ मेरे व्यापार के सम्बन्ध में पूछा था?"

"कुछ नहीं पूछा था। बाहर देखो, कितनी अच्छी धूप है। खाना खाने के बाद हम लोग टहलने चलेंगे। क्या लोगी? अच्छी बवारियन वाइन मँगवाऊँ? तुम्हें मीठीवाली डेसर्ट वाइन पसन्द है ना?"

"मन नहीं कर रहा।"

"प्रिया!" उसने गहरी आँखों से मेरी ओर देखते हुए कहा, "तुम एक बहादुर स्त्री हो, ऐसे मत टूटो। नहीं, नहीं प्रिया...अब तो तुम स्थापित हो। पुरानी बातों को याद करने से फायदा?"

"फायदा तो नहीं है। मैंने चाहा भी नहीं था मगर जूडी ठीक कह रही थी। शायद बीमारी की वजह से या फिर व्यस्तता के कारण पिछले पन्द्रह वर्षों में कभी एक मिनट सोचने का वक्त भी नहीं निकाल पाई।"

हम लोग धीरे-धीरे ग्रेप जूस पी रहे थे। उसमें मिंट छोटे-छोटे पत्तों और सन्तरों के छिलकों की कतरनें तैर रही थीं। स्टूआर्ड ऑर्डर लिख रहा था। फिलिप को मेरी रुचि का पता था। डेनमार्क में आलू के इतने नए-नए व्यंजन मिलते हैं कि क्या बताऊँ? मक्खन, आलू, चीज और दूध, साथ में गरम रोल्स, हरी सब्जियाँ, मक्खन और चीनी में छौंकी हुई, ऊपर से नमक और काली मिर्च तथा नींबू... साथ में वाइन... मेरे लिए ठंडा कोकाकोला था। खाना खाकर हम लोग बड़ी देर तक टहलते रहे। फिलिप ने पूछा, "हॉफमैन का ऑर्डर कितना है?"

"करीब-करीब दो-तिहाई।"

"केवल हैंडबैग या और चीजें भी?"

"नहीं, सबकुछ मिला-जुलाकर।"

"प्राफिट?"

"दाम बहुत कसता है, मगर हॉफमैन के साथ तीन बातें अच्छी हैं। वक्त पर एल.सी. खोल देता है, क्वालिटी थोड़ी गड़बड़ हो जाए तो चिल्ला-चिल्ली करता है पर क्लेम नहीं माँगता और तीसरे, रेगुलर ऑर्डर। मगर मार्जिन बहुत कम देता है।"

"वह तेज आदमी है। ऐसे खरीदार कम हैं। लेकिन प्रिया, जूडी की जिद के कारण मैंने अपना एक अच्छा सप्लायर खो दिया। जूडी का कहना था कि फिलिप, हम लोगों को सप्लायर और मिल जाएँगे और प्रिया को ग्राहक भी, मगर दोस्ती? वास्तव में जूडी दोस्ती को बहुत ऊँची निगाहों से देखती है।"

"तुम नहीं?" मैंने हँसते हुए पूछा।

"ईमानदारी से कहूँ तो जब कलकत्ता या दिल्ली से वक्त पर ठीक माल नहीं मिलता तब पछताना होता है कि तुम्हारे जैसे एक अच्छे सप्लायर को मैंने हॉफमैन के हवाले कर दिया।"

"फिलिप! शायद यह अच्छा हुआ। तुमने भी उस समय नया-नया काम शुरू किया था और तुम एल.सी. नहीं खोल पा रहे थे और नरेन्द्र मुझे तुम्हारे साथ काम करने देता नहीं। कम-से-कम चमड़े का काम शुरू करके मैं कह तो सकती हूँ कि हाँ, यह काम मैंने खुद शुरू किया है।"

"तुम ठीक कह रही हो प्रिया! मुझे क्रेडिट पर माल चाहिए था और तुम क्रेडिट पर माल नहीं दे पा रही थीं। बैंक से रुपए लेने के लिए हॉफमैन जैसे बड़े व्यापारी का हवाला देना जरूरी था।"

"और हाँ, नरेन्द्र ने तुम्हें धमकी दी थी? तुम्हारी बैंक गारंटी वापस ले ली थी। उसके पाँच-सात दिन बाद ही तो हम लोग कलकत्ता पहुँचे थे और तुमने माल नहीं बनाया था तुम्हारे पास सप्लायर को देने के लिए पैसे नहीं थे।"

"लेकिन उस वक्त तुमने लाख रुपए एडवांस दिया था, और मैंने तुमसे सारी बातें साफ-साफ कही थीं।"

"मेरे पास लाख रुपए ही थे, नहीं तो मैं और दे देता। और तभी मैंने तुमसे चमड़े का अलग व्यवसाय शुरू करने के लिए कहा था। लेकिन प्रिया! दैट बास्टर्ड! मैं उसे कभी समझ नहीं पाया, पुरुष होकर भी नहीं।"

"ठीक कह रहे हो फिलिप! ओह! मेरा मन भी तो नरेन्द्र को इसी तरह कभी-कभी गाली देने को करता है। जानते हो फिलिप? उस बार लन्दन से लौटने के बाद उस घर में रहते हुए भी मैं नहीं रह रही थी और नरेन्द्र से आखिर में मुझे कड़ाई से पेश आना पड़ा था।"

"वह कैसे?"

"उसने मुझे ब्लैकमेल करने की कोशिश की और मैंने अन्त में हारकर उसको धमकियाँ दी थीं।"

"वह सब तो पुरानी धमकियाँ हैं।"

"एक बार वह चुप हो गया था। पर बाद में जब उसने देखा कि मैं उसके बिना भी काम कर सकती हूँ तब वह सच में खूँखार हो गया। यों ही वह इतना अहंकारी, फिर एक औरत उसके बिना काम कर ले? ओह! फिलिप तुम कल्पना नहीं कर सकते उसकी नीचता के बारे में।" कहते-कहते फिर गला रुँध गया। पेड़ की ऊँचाई नापते हुए मेरी आँखें ऊपर आकाश तक को छूकर लौट आईं।

पैरों के नीचे सूखे पत्तों की मरमराहट। मन कर रहा है फिलिप के कलेजे से लगकर जी भरकर रो लूँ। बहुत दिन हो गए, आँसू भी सूख गए हैं...लेकिन क्या मेरी निगाहें हमेशा जिन्दगी में एक पुरुष की उपस्थिति चाहती हैं? जूडी कहती है—इसमें गलती क्या है? पुरुष भी तो स्त्री की उपस्थिति चाहता है। हाँ, याचक बनकर नहीं।

मुझे नरेन्द्र के समाज से एक चीज मिली। अकारण आक्रामकता और निर्ममता में आकंठ डूबी हुई शूल-सी चुभती हुई व्यंग्योक्तियाँ। यह बीसवीं शताब्दी का समाज है या फिर अठारहवीं शताब्दी का, मुझे पता नहीं, लेकिन मैं किसी भी पार्टी में जाती, सीधे मुँह पर, दस औरतों के बीच तड़ाक से एक जबान चाबुक मारती हुई पूछ बैठती—

—आजकल आप नरेन्द्रजी के साथ कहीं आतीं-जातीं नहीं?

—नहीं।

—क्यों?

इस 'क्यों' का क्या उत्तर दूँ? मैं दुविधा में पड़ जाती मगर उत्तर के पहले कनखियों से देखती हुई आँखें और होंठों के किनारों से छलकती हुई जहर बुझी हँसी देखती। मैं घबराकर कह बैठती—जी, यह मेरा व्यक्तिगत मसला है। इसका उत्तर वाक्य पूरा होने के पहले कोई एक और जबान सड़ाक से चाबुक का सोंटा पीठ पर मार जाती—अरे, तो हमारे हसबैंड लोग क्या व्यापार नहीं करते प्रियाजी? आप कुछ ज्यादा ही व्यस्त हो रही हैं! दूसरी जबान—क्यों भाभीजी? आप ही बोलिए ना?

—भई हम इस पंचायती में नहीं पड़ते। जब मियाँ-बीवी साथ नहीं रहते तो अगले की मर्जी। फिर एक और चाबुक—क्यों नहीं? देखिए, समझौता तो औरतों को ही करना चाहिए। ऐसे कैसे जिन्दगी चलेगी? मैं चाबुकों की मार गिनती रहती—एक, दो, तीन, चार, दाहिने-बाएँ, आगे-पीछे घूरती हुई आँखें...प्रश्नों का उत्तर पूछती हुई आँखें—हाँ, क्यों नहीं साथ रहते? किस बात की लड़ाई? बोलो, हमें बताओ। क्यों नहीं? आखिर क्यों नहीं?

उफ्! मेरा सारा शरीर झनझना उठता। शर्म से गाल लाल हो जाते। माथे पर पसीने की बूँदें छलक उठतीं और वहीं पर मेरी सासूजी मूक, निरुत्तर, शहीदाना भाव से पत्थर की प्रतिमा-सी सामने बैठी रहती थीं। सबकुछ सुनते हुए भी बिलकुल चुप। नहीं, कोई सहायता नहीं मिली। उनकी ठंडी उपेक्षा को शब्द देना असम्भव है। और जब वे मेरे लिए इतनी पाषाण हो रही थीं तो छोटी माँ के प्रति उनमें हमदर्दी कैसे हो सकती है? मैं परम्परा की लकीर से हटकर चल रही हूँ।

मैं घर की बहुओं जैसी क्यों नहीं रहती? उनके मन में सवाल थे, पर उनकी चुप्पी में सौ-सौ बिच्छुओं के डंक छुपे होते। हालाँकि आरोप और घृणा तथा उपेक्षा अपने बेटे के प्रति होनी चाहिए थी, जिसकी निर्मम व्यवस्था की शिकार वे खुद भी थीं। छोटी माँ भी और मैं भी। नहीं, मेरी सास में बहनापे का भाव आ पाना असम्भव। उनसे दोस्ती हो नहीं सकती। समझौता? समझौते का मुखौटा भी तभी लगाया जाता है जब आप उन पारम्परिक बातों का ढोल पीट रहे हों, टुच्चे स्वार्थों की पूर्ति करते रहें। हो सकता है, ऐसा बहुत अधिक स्त्रियों के सम्पर्क में आने के कारण हो; हो सकता है, दुनिया में ज्यादा एक्सपोजर के कारण ऐसा हो, या पठन से, पता नहीं कौन-सा कारण है पर मुझे क्रोध पुरुषों पर ही आता। खासकर वे, जिनके पास शक्ति और सामर्थ्य सबकुछ है। शुरू के दस वर्ष मैंने हर अपमान और वंचना, सबकुछ सहा। इन बातों को लिखने का मन नहीं करता। डरती हूँ खुद से कि मेरी कलम भी वही शहीदाना रवैया न अपना ले। खुद को बचाने के लिए मैंने धीरे-धीरे नरेन्द्र से अपने गठजोड़ की गाँठें खोलनी शुरू कर दीं। जहाँ-जहाँ वह जाता, वहाँ-वहाँ मैं अपने को कटे हुए हाथ-पैरवाला घिसटता हुआ एक पंगु शरीर पाती। पार्क स्ट्रीट के मोड़ पर ऐसे ही एक दिन घिसटते हुए भिखमंगे को मैंने देखा था। क्या मैं भी वही नहीं? समाज से स्वीकृति की भीख माँगती हुई? कहाँ, कब और कब तक अपने को अपनी नजर से देखती, जबकि सच्चाई तो यह थी कि मेरे और नरेन्द्र के एकान्त क्षणों में, अन्तरंग बातचीत में, दो और दो चार नजरों के बीच व्यवस्था की एक जहरीली लहर हर समय मौजूद रहने लगी थी। मैं उससे भयभीत और कुंठित रहने लगी। नरेन्द्र कहीं नाराज न हो जाए। मेरी सफलताओं से कहीं उसे जलन न होने लगे। वही बासी रूटीन। सुबह आठ बजे घर से निकलना, सारे दिन काम में व्यस्त रहना, पढ़ना, घर-गृहस्थी के ढेरों काम सुलटाना और आधी-आधी रात तक आँखों में नींद का अभाव।

"क्या तुम्हें समाज से डर लगता था?"

"नहीं फिलिप, नरेन्द्र की सर्कल से डर लगता था। उस सर्कल की जलती हुई आँखों का पता नहीं क्यों मैं सामना नहीं कर पाती? मैं उनके सामने अपने को अपराधी पाती थी।"

"बेकार की बात है, और तुम व्यापार ही तो कर रही थीं। इसमें अपराधी महसूस करना? सुनो, दुनिया बहुत बड़ी है।"

"यह सच है पर इसे समझने में आधी से अधिक जिन्दगी बीत गई। पता नहीं यह कैसा राजसिंहासन था जिसका पाया थामे मैं अपनी हथेलियों को लहूलुहान कर रही थी।"

“प्रिया! सम्मान कोई देता नहीं, खुद अपने को अर्जित करना पड़ता है।”

“फिलिप? सच बताओ, मैं क्या-क्या अर्जित करती? क्या आदमी इतना अकेला होता है, इतना उपेक्षित कि किसी को उसकी परवाह ही न रहे? मैं अपनी नजरों में कोई त्याग नहीं कर रही थी। क्या अपने त्याग की कहानी पीठ पर चिपकाकर घूमूँ? और किससे फैसला करवाऊँ कि त्याग मैंने किया या फिर मुझे सहन कर मेरे पति ने किया? हाँ, एक बात और समझ में आई। जिन्दगी में एक गलत समझौता आपसे सौ गलत समझौते करवाता है। आप एक आदमी के पैरों तले अपनी हथेलियाँ बिछा दीजिए। सम्पर्क में आनेवाला हर व्यक्ति आपको पाँव-पोंछ समझ लेता है।”

“तुम ठीक कह रही हो प्रिया।”

एक गहरी साँस लेकर मैं चुप हो गई।

वह कैसा अतीत था? कभी क्षोभ, कभी दुख और पीड़ा, कभी अधैर्य, निषेधक भावनाओं के थपेड़े खाती मैं जिन्दगी को विधेयक कैसे बनाऊँ, यही सोचती रहती थी। सही और गलत क्या होता है, यह नैतिक विवाद का विषय नहीं, मैं बस अपनी जिन्दगी की गुणवत्ता पर सोचती। यह कैसी जिन्दगी मैं जी रही हूँ? यह कैसी तस्वीर है और इसे कैसे सजाऊँ, ताकि व्यवस्था की निगाहें बदलें और वह मेरी तस्वीर को स्वीकार करे? आह! कैसी अन्धी जिद? कैसी असम्भव कल्पना और व्यवस्था की चुनौती! चट्टानों से टकराने का, टकराते रहने का निरन्तर प्रयास! यह संघर्ष बड़ा लिजलिजा था और मेरे हथियार भोथरे। और जब तक मुझे बात समझ में आई, तब तक बहुत देर हो चुकी थी। मैं खुद से पूछती—‘सच कहो प्रिया! किसे तुम्हारी जरूरत है?’ विवेक कहता—‘किसी, को नहीं।’ और अहम? एक ठोस, एक टन लोहे के सख्त ईगो जैसी कोई चीज मुझसे कहती—‘नहीं, मैं हार नहीं मानूँगी, और बड़ी कीमत दूँगी...और बड़ी आहुति। देखूँ, कैसे कोई मेरी उपेक्षा करता है? मैं जरूरी हूँ। इस समाज का, अपने परिवार का बहुत जरूरी खम्भा हूँ, नींव का पत्थर हूँ। मेरे बिना सबकुछ ढह जाएगा।’ मन के ही दो हिस्से, एक पूरी तरह स्वतन्त्र, पूरे प्रश्नों के साथ, दूसरा कदम-कदम पर जी-जान से अपने को बचाने में लगा हुआ। शिकायतें और चारों ओर शिकायतें। प्रश्न पूछती हुई आँखें, व्यंग्य से देखती हुई आँखें, घृणा से जलती हुई आँखें।...इस औरत को हम कैसे अपने घर बुलाएँ? कैसे सम्मान दें? कल हमारी भी बहू-बेटियाँ ऐसे ही कदम उठाएँगी। गलत उदाहरण है, बिलकुल गलत। मैंने समाज के एक प्रतिष्ठित खम्भे पर हाथ उठाया था।

मैं खुद से पूछती—‘प्रिया, क्या तुम कोने में घुसती जा रही हो?’ मेरे कदमों

के नीचे जमीन थरथराने लगी थी।

यह मैं कैसा निष्कासन झेल रही हूँ? खुला अपमान, सीधी-सपाट लाँछना, बिना किसी विशेषण के, बिना किसी बात के लोगों के ताने, व्यंग्य? यह मैं क्या सुनती हूँ अपने बारे में दोस्तों के मुँह से? समाज के ये फिकरे कि नरेन्द्र की पत्नी बिलकुल आवारा हो गई है। यह क्या मैं हूँ? यह मेरा मैं है? धीरे-धीरे मुझे समझ में आने लगा कि यह बहिष्कृत जिन्दगी नहीं चल सकती। कुछ करना होगा। मगर क्यों? मैंने अपने समाज में अपने पापों का पूरा प्रायश्चित कर डाला था। सम्पर्क में आनेवाले लोग एक दिन स्वीकारते और दूसरे ही दिन दी गई स्वीकृति को बड़ी निर्ममता से छीन लेते। मुझे समझ में आने लगा था कि व्यवस्था अपनी दी हुई स्वीकृति बड़ी निर्ममता से छीन रही है। मेरे परिवारवालों, नाते-रिश्तेदारों, यहाँ तक कि मिलनेवालों के चेहरों पर एक अजीब भाव होता–'नहीं, तुम भीतर मत जाओ, तुम हमारा परिवार नहीं, परिवार का कलंक हो।' इस सारे तनाव का बोझ बेचारे संजू पर पड़ता। किसकी तरफदारी करे? पापा की या माँ की? मोर्चे पर डटे रहकर धर्मयुद्ध में जीतना है, इस परिवार को पूरी तरह जीतना है। ये मुझे कैसे नहीं स्वीकारेंगे? मैंने घर बनाया है, बिगाड़ा नहीं। मेरी सफलता से नरेन्द्र को क्यों शिकायत है? मेरा अन्त मेरी समझ में आ रहा था। एक पूरी हीन ग्रन्थि, खंडित आत्म-तस्वीर, एक टूटा हुआ अक्स, जिसमें मुझे कभी मेरा चेहरा साफ नहीं दिखा। मैं न्यूरोटिक होती जा रही थी। और एक बात मैं जानती हूँ। कोई यदि पूरा पागल हो तो उसका इलाज किया जा सकता है मगर जिसने सयानेपन का हँसता हुआ मुखौटा चढ़ाया हो, जो भली-भाँति अपने न्यूरोटिस को समझता हो, जो अपने ऊपर समय-समय पर पड़नेवाले हिस्टिरिक दौरों में हिंसक आक्रोश के कारण स्वयं को मारता-चीखता हो कि मुझे मार डाल भगवान...मुझे मार डाल, उसका क्या इलाज है? क्या करूँ मैं अपनी इस जिन्दगी नाम की चीज का जो दूसरों की सम्पत्ति है, धरोहर है, सिंहासन का पाया है पर अपनी नजर में बस वक्त-जरूरत पर काम आनेवाला बड़ा लायक स्वामिभक्त गुलाम या आँगन में बँधा हुआ कुत्ता है, या फिर नींव का पत्थर?

किस चीज से उपमा दूँ मैं अपनी? बस निर्मम सच तो यह था कि बाहरी जगत की सफलता और काम-काज जहाँ एक ओर मुझे मेरी क्षमता का न केवल आश्वासन ही देते, बल्कि यह एहसास भी भरते जा रहे थे कि मैं स्वयं अपना दुरुपयोग कर रही हूँ। लोग तो कहेंगे ही। पारम्परिक शिकवे-शिकायतें मुझे और अधिक व्यर्थता के बोध से भर देतीं।

यदि मैं व्यापार कर सकती हूँ, रुपया कमा सकती हूँ, तब अपने इस निहायत

व्यक्तिगत मसले का हल क्यों नहीं ढूँढ़ सकती? इतना पढ़ने-लिखने और मनोविज्ञान समझने के बावजूद आक्रामक औदास्य और डिप्रेशन मुझे घुन की तरह खाए जा रहे थे। हर बार दौरा पड़ता। महीने में एक-दो बार तो जरूर ही। ट्रिगर पाइंट तो नरेन्द्र था और उसकी ईर्ष्या? किसी ने पूरे परिवार को निमन्त्रित किया था, पर नरेन्द्र मुझे लेकर अब कहीं नहीं जाता था। पूछने पर कह देता—वे इन दिनों बड़ी व्यस्त हैं, या धीरे से मुस्कुरा-भर देता। जिसे जो अन्दाज लगाना है, लगा ले। मैं सोचती रह जाती। दूसरी औरतों को घर लानेवाला यह पुरुष मुझे थप्पड़ मार सकता है, लोगों के सामने जलील कर सकता है, लेकिन फिर भी वह मेरा पति है। यह मेरी गलती है कि मेरी संवेदनाएँ गहरी हैं, कि मेरे मूल्यबोध अलग हैं। भीतर की इस प्रेतलीला से मैं खुद दहशत खाने लगी थी।

रोज-रोज की छोटी-मोटी त्रासदी मन के अँधेरे कोनों में अपने पैशाचिक पंजे गड़ाए बिना नहीं मानती। क्षत-विक्षत बहता हुआ खून देखकर मैं अचानक चौंक उठती—अरे, यह खून कहाँ से? कब चोट लगी और कौन-सा मरहम लगाऊँ अपने इस घायल हिस्से पर? मुझे एक ही मरहम पता था—मेरा काम। फिर खुद से पूछती—क्या व्यवसाय ही मेरे दुखों की जड़ नहीं? क्या इसके कारण इतना अपमान, वेदना, दाह-जलन...पर इसे छोड़ भी तो नहीं सकती। छोड़ने का सवाल ही नहीं उठता।

''प्रिया तुम फिर अपने में डूब गईं।''

''सॉरी फिलिप! बात यह है कि...''

''आखिर तुम सोच क्या रही हो?''

मैंने फिलिप की ओर मुँह घुमाकर पूछा, ''लेकिन क्या इस व्यवसाय के कारण ही हम दोनों में दूरी नहीं बढ़ गई थी? तुम क्या सोचते हो फिलिप?''

''देखो प्रिया! नरेन्द्र जैसे पुरुष स्त्री की महत्त्वाकांक्षा को समझ नहीं सकते। वे एक सफल स्त्री की ओर आकर्षित जरूर होते हैं, मगर उनके भीतर का पुरुष बस उस स्त्री को दबोचना चाहता है, यानी उसके अहम को सन्तुष्टि मिलती है कि देखो ऐसी औरत भी मेरे वश में है।''

''क्या तुमने भी जूडी को इसी रूप में देखा है फिलिप?''

''सच कहूँ प्रिया? पता नहीं जूडी ने तुम्हें बताया या नहीं, पर हम दोनों इलोना के घर से जाने के बाद दोस्त अधिक हैं, पति-पत्नी कम। हम लोगों को एक-दूसरे का साथ अच्छा लगता है। एक-दूसरे के काम के प्रति हमारे मन में सम्मान की भावना है, मगर हम एक-दूसरे को एक्सप्लायट नहीं कर सकते, जबकि नरेन्द्र तुम्हारे प्रति मालिकाना भाव रखता था। वास्तव में विवाह की सारी व्यवस्था

ही इस भाव पर आधारित है और जहाँ स्त्री की चेतना विकसित होने लगती है, वहीं यह व्यवस्था चरमराने लगती है।''

मैं बिलकुल चुप हो गई थी। बात ईमानदारी से कही गई थी और मुझे भी समझ में आ रही थी। मेज पर भोजन परोसा जा चुका था। हम दोनों चुपचाप खा रहे थे। मैं बीच-बीच में फिलिप की ओर देख-भर लेती, मगर बार-बार सपने में डूब जाती। खयालों का सिलसिला...चाहकर भी मैं दिमाग में चलते टेप-रेकॉर्डर को बन्द नहीं कर पा रही थी।

मैंने नरेन्द्र के अधीन रहकर जो कुछ भो किया, वह सब स्वीकृत था, मगर कार्य-जगत में जब मैं स्वतन्त्र निर्णय लेने लगी, मुझसे उसकी निगाह में पत्नी की भूमिका नहीं निभ सकी थी, मेरी हर बात में उसे सौ-सौ खामियाँ नजर आने लगी थीं। मुझे अपने काम से बाहर जाना रहता और नरेन्द्र उसी दिन घर में पार्टी दे डालता, वह भी उसी दिन सुबह मुझसे कहता। उसे मेरे सम्पर्क में आनेवाले हर व्यक्ति से जलन होती, चिढ़ मचती। फिलिप और जूडी उसे फूटी आँखों नहीं सुहाते थे। उसे हक था मेरे दोस्तों पर फिकरे कसने का, वह कभी मुझसे मेरे काम के बारे में बातें नहीं करता, पर अपने बारे में घंटों बोल सकता था। जब पहले-पहल हॉफमैन से मुझे बड़ा ऑर्डर मिला था, मैं कितनी खुश थी। मैंने कहा था, ''नरेन्द्र, अब तो तुम स्वीकारोगे कि मैं अपने स्तर पर भी बड़ा काम कर सकती हूँ।''

''अकेले कैसे किया? हॉफमैन से परिचय तो वह तुम्हारा दोस्त...क्या नाम है उसका? फिलिप, हाँ उसी ने करवाया था।''

''क्या महज एक परिचय से काम हो जाता है?''

''बिलकुल।''

उसका जहर बुझा हुआ ठंडा उत्तर सुनकर मैं चुप हो गई थी। असम्भव, इस आदमी के साथ संवाद असम्भव है। मेरे और नरेन्द्र के बीच एक बड़ी ही सोफियाना किस्म की लड़ाई छिड़ गई थी। मैं नहीं कहती कि मैं सम्पूर्ण हूँ, कि मुझमें कोई कमी नहीं है। मैं एक दब्बू लड़की थी, जिसकी मुँह खोलकर कुछ कहने की हिम्मत कभी नहीं हुई। फिर बहादुरी का कौन-सा मुखौटा लगाऊँ? मैं नहीं कहती कि मुझे पार्टी, भीड़ और सामाजिक मंच अच्छे लगते हैं। नहीं, वहाँ मैं हमेशा और अकेली हो जाती। मेरी आँखें बार-बार नरेन्द्र को खोजने लगतीं। कहाँ है नरेन्द्र? जैसे बच्चा भीड़ में माँ को खोजता है। इन सारी प्रतिक्रियाओं का सबसे बड़ा कारण मेरी अत्यधिक संवेदनशीलता थी या फिर आत्मविश्वास की कमी। हाँ, अपने स्वभाव की यह कमजोरी मैं स्वीकारती हूँ, लेकिन क्या करूँ? नरेन्द्र

कहता है–'प्रिया! अपने को बदलो।'–'हाँ नरेन्द्र! चेष्टा कर रही हूँ, पर क्या करूँ यदि मैं नहीं बदल पाती? क्या करूँ? सबके होते हुए भी मैं अपने को इतना असहाय पाती हूँ। ईमानदारी से कहूँ तो नरेन्द्र, यह बड़े आदमियों का सोशल सर्कल, शादी-ब्याह की दावतें, कॉकटेल पार्टियाँ! ओह, मैं एकदम थक जाती हूँ।' पहले एक घंटा तैयार होने में, फिर डरते-डरते पतिदेव के सामने, जो कुछ-न-कुछ खामी निकाले बिना नहीं मानते। सारे रास्ते झकझक–'शऊर नहीं...सलीका नहीं...गहने क्यों नहीं पहने? यह कार्टियारवाली घड़ी का क्या अचार डालोगी? मोटी होती जा रही हो!' और मैं कह नहीं पाती कि नरेन्द्र, ऐसे ही मैं हीनभाव से ग्रसित हूँ, दाई माँ की बेटी हूँ, अम्मा की नहीं। पर मेरी ही नजर में मुझे और मत गिराओ। मैं स्वीकारती हूँ कि मैं तुम्हारे मन लायक नहीं। मैं क्या नहीं समझती कि पार्टी में कैसे तुम्हारे ऊपर तितलियाँ मँडराती हैं? कि तुम जिन लोगों के बीच जाते हो, उनमें से किसी को किताबों में रुचि नहीं...कि कोई भी व्यक्ति वहाँ किसी दूसरे के हृदय में नहीं झाँकता, कि तुम्हारे सर्कल में दस मिनट भी एक विषय पर कोई टिककर बात नहीं कर सकता, फिर भी मैं ही असहज हूँ? अव्यावहारिक हूँ? पढ़े-लिखे तो सभी हैं। तुम नहीं हो क्या अमेरिका से लौटे हुए? मुझमें ही सारे अवगुण भरे पड़े हैं। मैं नहीं तुम्हारे लायक बन सकी, पर चेष्टा कर रही हूँ नरेन्द्र! आखिर जो भी हूँ इंसान हूँ, जो अपने घायल अतीत को भूलने की चेष्टा कर रहा है। तुम कुछ पूछते नहीं, न कभी एक घंटा शान्ति से बैठकर तुमने बातें कीं। क्या मैं दौड़ते-दौड़ते तुमसे दो शब्दों में अपना अतीत कह दूँ? क्या यह सम्भव है? मेरी ईमानदारी की तुम्हारी निगाह में क्या कोई कीमत है? यह मेरी व्यक्तिगत समस्या है। इसके लिए मैं कैफियत भी नहीं माँगती। तुमसे इसलिए भी नहीं कहा कि तुम फट से मेरे कुंठित व्यक्तित्व को एक नाम दे दोगे। अतिसाधारणीकरण कर दोगे। नरेन्द्र, तुम्हारे तर्कों में दो और दो चार ही सुसंगत है। दो और दो पाँच कभी होता है? कभी हुआ है?...'असम्भव प्रिया! भगवान के लिए प्लीज बी लॉजिकल'...यही तो तुम हमेशा कहते रहे। नहीं, मैं तुम्हें बता नहीं सकती कि नरेन्द्र, मेरे मानस की गढ़न अजीब है, वह तर्कों से परे कुछ और खोजता है। हाँ, आज इतने वर्षों बाद अपने अतीत को समझ पा रही हूँ। समझ ही सकती हूँ, अतीत को बदल तो सकती नहीं? कभी-कभी अपनी अति भावुकता से मैं चिढ़ती भी हूँ। कभी-कभी मेरी साफगोई मुझे बिना वजह के झमेलों में भी फँसा देती है। मैं जानती हूँ कि समझ-बूझकर चुनी गई झूठ की झालरें एक चौकोर कपड़े को बड़ा कलात्मक रूप दे सकती हैं, पर क्या करूँ नरेन्द्र, यदि कपड़ा अपने दाग और धब्बों सहित चौकोर ही रह गया और इसका तुम्हारी जिन्दगी में कुछ भी उपयोग नहीं हो पाया।

हाँ नरेन्द्र, तुमने मुझे अहंकारी समझा मगर विश्वास करो ये मेरे अपने विरोधाभास थे, मैं अपनी ही विरोधी भूमिकाओं से जूझ रही थी कि व्यापार शुरू करने के बाद जहाँ बाहर सफलता मिली, वहीं तुम्हारी तस्वीर फीकी होती गई।

वेटर फिलिप की प्लेट उठा रहा था। मैंने जल्दी-जल्दी भुने हुए आलुओं के कुछ टुकड़े मुँह में रखे और प्लेट को अलग सरका दिया।

"बात यह है फिलिप कि मेरे भीतर एक जबरदस्त विरोधाभास शुरू हो गया था। मैंने नरेन्द्र से कहा था—नरेन्द्र! थोड़े दिन का समय मुझे और दे दो। जिन्दगी का यह एक खास दौर है। मैं अपने को सम्हाल नहीं पा रही हूँ। घर में आते ही मुझे लगता है मैं सासूजी की अच्छी बहू नहीं, तुम्हारी अच्छी पत्नी नहीं, संजू की अच्छी माँ नहीं। तुम्हारे ही दोस्तों की बीवियों के पास वक्त ज्यादा था। वे अपने मुरब्बे-से रस में पगी हुई थीं। मुझसे तो वह भी दूर हो गया था, क्योंकि मेरे पास वक्त नहीं था और पत्नी की भूमिका में मेरा असफल होना? तुम्हारे समाज की नजर में मुझे औरत होना ही नहीं चाहिए था। उसने कब मुझे दोस्त बनाकर स्वीकारा?"

"हाँ तुम्हारे कार्य-जगत ने तुम्हें बहुत कुछ दिया। एक व्यक्तित्व दिया जो अपने लिए निर्णय लेता है। क्यों, तुम्हें ऐसा महसूस नहीं होता प्रिया?"

"होता है फिलिप, पर सारी सफलताओं के बाद भी कहीं एक कच्चा घाव रह गया है, रिसता हुआ। कभी लगता है, मैं बासी रोटी का एक टुकड़ा हूँ, कि जिन्हें मैंने अपना समझा था, वही अपने नहीं रहे। एक वक्त ऐसा भी आया जब समाज की हर नजर केवल सलीब की ओर थी। वे चाहते थे कि ऐसी घरफोड़ औरत को सजा मिलनी चाहिए, क्योंकि कहीं-न-कहीं उन्हें मेरी सफलताओं से भय था। शायद वे मठाधीश सोचते हों कि एक औरत लड़कर कुछ हासिल कर लेती है तो दूसरी औरतें भी तो उन्हीं रास्तों पर चलेंगी। और तमाम बातें शब्दों से ही नहीं कही जाती थीं। बहुत कुछ लोगों के हाव-भाव से मैं समझ जाती थी। मेरा अन्तर चीत्कार कर उठता था—झूठ, सब झूठ। मेरे बारे में जो भी, कुछ भी कोई कहता है, सब झूठ। नरेन्द्र के भीतर एक छुपी हुई मिडियोक्रिटी थी। स्वभाव से वह किसी पर विश्वास नहीं करनेवाला, पर वह ऐसा क्यों बना? पापा तो ऐसे नहीं थे। खैर, मुझे क्या करना? मुझे इस निषेधक सीमाबद्धता से परे होना था।"

"क्या हम लोग थोड़ी देर रुक जाएँ? मुझे प्यास भी लगी है।" फिलिप ने कहा।

"हाँ, हाँ, क्यों नहीं?"

गाड़ी से उतरते हुए मैंने कमर सीधी की।

पाइन और बर्च के लम्बे-लम्बे पेड़। पैरों के नीचे चरमराते पत्ते। एक गुनगुनी दोपहर, हल्की ठंड। फिलिप धीरे से मेरे कन्धों पर अपना कोट डाल देता है। एक दोस्त की गर्म संवेदना...उसकी निःस्वार्थ चाहत...ऐसी दोस्तियों से जिन्दगी कितनी सुन्दर हो जाती है।

''शायद ये दोस्तियाँ न रहतीं तो मैं कब की एक खारी औरत हो जाती। अपने ही घरौंदे में कैद।''

''नतीजा?'' फिलिप ने धीरे से पूछा।

''मृत्यु या पागलपन।''

''और आज?''

''लगता है मैंने अभी-अभी जीना सीखा है। धरती पर मेरी जरूरत के मुताबिक धूप है, हवा है, पानी है। मेरी अपनी एक गति है और उस गति से दौड़ रही हूँ।''

''कहाँ पहुँचना चाहती हो?''

''हमेशा कहीं पहुँचने के लिए ही नहीं चला जाता फिलिप! यों चलते चले जाने का भी अपना आनन्द है।''

''मैं तुम्हारी भाषा कम समझता हूँ। थोड़ी ज्यादा दार्शनिक है।''

''जिस अनुभव से तुम कभी गुजरे नहीं, उसे तुम कैसे समझोगे फिलिप? जब अपने भीतर उठती हुई रुलाई को दबाते-दबाते आँसू सूख जाते हैं और...''

''और क्या?''

''लगता है हृदय पर रखी चट्टानों के बोझ तले साँसें घुटकर रह जाएँगी। अँधेरी रातों को एक-एक कर पुराने सपनों को याद करते हुए सिर्फ कमरे की छत की ओर ताकती रहती हूँ।''

''तुम कविता में बहुत जी रही हो और तुम जानती हो मैं कविता बिलकुल नहीं समझता।''

मैं खिलखिलाकर हँस पड़ती हूँ।

''तब इतनी देर से तुम क्या कुछ भी नहीं समझ रहे थे? मुझसे कहा क्यों नहीं? कम-से-कम मेरा एकालाप तो नहीं चलता?''

''नहीं, बुरा मत मानो। तुम्हारा अतीत, तुम्हारा समाज, ये सब अब भी तुम्हारे ऊपर हावी हैं।''

''जूडी कहती है मैं अपराधबोध से ग्रसित हूँ।''

''कैसा अपराधबोध? तुमने तो किसी का खून नहीं किया? कहीं चोरी नहीं की?''

"फिलिप! अपने पैरों पर खड़ी एक औरत को स्वीकार कर पाने में अभी हमारे समाज को समय लगेगा। चलो, घर चलते हैं। चार बज रहे हैं। जूडी आ गई होगी।"

मैं गाड़ी में चुप थी। फिर अचानक मैंने ही कहा, "फिलिप! सच कहूँ मृत सम्बन्धों को ढोने में जितनी ताकत लगती है, उससे एक-चौथाई ताकत में व्यापार किया जा सकता है। लिखना-पढ़ना या फिर कोई नया काम किया जा सकता है। बस यही सोचती हूँ कि नरेन्द्र को समझने में मुझे इतना वक्त क्यों लगा?"

"लगता है, सबको लगता है। तुम सोचती हो कि मेरे मन में द्वन्द्व नहीं खड़ा होता?"

मैं फिर शाम के घिरते अँधेरे को देखने लगती हूँ। दूर जाती हुई खाली सड़क, खुला आकाश, मन बड़ा हल्का लग रहा है। ऐसे क्षणों में क्या सोचना? एक विस्मृत अतीत को और कितना खरोंचूँ? क्या सिर्फ मेरी ही जिन्दगी में दर्द है? जूडी ठीक ही कहती है। फिलिप और जूडी के मन में क्या कोई दर्द नहीं? एक लम्बे समय तक आपसी तनाव को उन्होंने भी झेला। ये दौर हैं, आते हैं, चले जाते हैं समुद्री लहरों की तरह। आकाश में घिरते बादलों की तरह।

"लेकिन इतना भावुक होने की क्या जरूरत थी? तुम्हारे पास तुम्हारा काम था।" फिलिप ने फिर बात कुरेदी।

"मेरे लिए तो मेरा अतीत कट चुका था और वर्तमान में पराए कब प्राणों से अधिक करीब हो गए, पता नहीं चला। मैं आखिर किसकी बेटी हूँ, मेरी समझ में नहीं आता। माँ के बदले दाई माँ ने पाला और सास के बदले छोटी माँ ने सम्हाला। छोटी माँ ने मुझे अपने गहने बेचकर रुपए दिए, जिनसे मैंने दमदमवाली फैक्ट्री की जमीन खरीदी थी। और तब जाकर उस जमीन पर फैक्ट्री लगाने के लिए बैंक के रुपए मिले। काम में मेरा मन हमेशा लगता था। काम करना मुझे आता है और अब तो द्वन्द्व भी खत्म हो गया था।"

"इसके बाद फिर कभी कोई परेशानी नहीं हुई? कभी तुम दुखी नहीं हुईं?"

"बस एक बार फिलिप, संजू की शादी के दिन। मुझे संजू बुलाने आया था और वह भी बाप से लड़-झगड़कर।"

"तुम गई थीं शादी में?"

"नहीं।"

"क्यों?"

"जिस घर में छोटी माँ और नीना नहीं जा सकतीं, वहाँ मेरे जाने का सवाल ही नहीं उठता था।"

''लेकिन तुम्हें बहुत दुख हुआ होगा और संजू के मन में शिकायत?''

''हाँ हुआ था। इसके बाद संजू ने कभी पलटकर मेरी ओर देखा भी नहीं। पर अपनी ईमानदारी पर मुझे फख्र भी हुआ था।''

''तब तुमने पहली बार अपनी बहू को कब देखा?''

''निधि एक दिन सबसे छुपकर अपने बेटे को लेकर हम लोगों के पास आई थी और मैंने उसे सोने के वहीं कंगन दिए थे, जो छोटी माँ ने मुझे कभी दिए थे। संजू से निधि ज्यादा ईमानदार है, ज्यादा संवेदनशील। लेकिन सच कहूँ फिलिप, मेरे लिए दुनिया अब पराई नहीं रही। वह, जो अपने कहे जानेवाले रिश्तों का घेरा था, जिसे एक शाश्वत सच मानकर मैं बड़ी हुई थी, बस उसी का सम्मोहन खत्म हो गया है।''

''तुम्हें इसका दुख है?''

''नहीं, आज नहीं। पर जिन दिनों मैं उस सीमित परिधि के बाहर निकलने के लिए संघर्ष कर रही थी, उन दिनों बार-बार अपने उस परिवेश के भयानक दबाव में यों लगता था मानो मैं हर रात सीने पर चट्टानों को रखकर सोती थी।''

''चट्टानों से तुम्हारा अभिप्राय क्या है? क्या मैं पूछ सकता हूँ? बात यह है कि मैं सांकेतिक भाषा जरा कम समझ पाता हूँ।''

''चट्टान यानी अपराधबोध।''

''ओ! अब समझा।''

''हाँ फिलिप, पूरी दो-तिहाई जिन्दगी खत्म हो गई इस अपराधबोध से मुक्त होने में। मेरे सपने टूट गए थे और मैं चाहती थी कि वापस नए सपने देखूँ। मेरा शरीर किसी का स्पर्श चाहता था। नहीं, नरेन्द्र का नहीं...पर एक पुरुष का।''

''क्या जिससे कभी कॉलेज के दिनों में तुम्हारा अफेयर था, उसकी याद?''

''नहीं फिलिप! ऐसा कोई खयाल इतना स्पष्ट और इतना आवेगमय नहीं था। बस अकेलेपन से भय लगता था। क्या होगा बिना पुरुष के इस जीवन का? छोटी माँ, मैं और नीना साथ खाना खाते और मैं सोचती—यदि एक पुरुष भी उपस्थित होता...पापा ही होते या फिर नीना ही किसी से विवाह कर लेती? शुरू में लगता था मानो हम तीन लावारिस स्त्रियाँ हैं, जिन्हें समाज नहीं स्वीकार सकता।''

''लेकिन बाद में?''

''पर अपने पैरों पर खड़ी स्त्री के लिए अपनी पारम्परिक सीमाओं को तोड़ना आसान भी तो होता है।''

गाड़ी घर के सामने खड़ी थी। गैराज का दरवाजा धीरे-धीरे ऊपर उठ रहा

था। दरवाजे पर चाभी घुमाते हुए फिलिप ने पूछा, "कहाँ बैठोगी प्रिया?"

"ऊपर टेरेस पर चलें?"

"हाँ, जरूर चलो, मैं कॉफी लेकर आता हूँ।"

हवा में ठंडी महक, घिरती हुई शाम और अतीत को याद करती हुई मैं।

"बैठो!" फिलिप ने कॉफी का मग आगे बढ़ाते हुए कहा।

"ओ..." मेरी आवाज कहीं दूर से थी।

"हाँ, अब बोलो क्या बोल रही थीं?"

"यही कि बाद में एक दिन मैंने सोचा कि एक पुरुष पैसे कमाता है और दो-चार लोगों को पाल देता है, लेकिन स्त्री यदि सीमाएँ लाँघ जाए तो वह पारम्परिक समाज उसके लिए खत्म हो सकता है। पर मानव समाज तो बहुत बड़ा है। औरत होकर मैं जो समाज को दे सकती हूँ, वह नरेन्द्र पुरुष होकर कभी नहीं दे सकता।...

"पुरुष भूमि है, आकाश है, हवा है, अग्नि है, जल है, लेकिन स्त्री बीज बनकर धरती के नीचे दबना जानती है, वक्त आने पर अंकुरित होती है और फिर शाखा-प्रशाखाओं में फैलती हुई पूरा जंगल हो जाती है।...

"हर व्यक्ति अपने-आपमें एक इकाई अवश्य होता है पर उसमें सच्चे स्त्री और पुरुष वही हो पाते हैं जो पुरुषप्रधान समाज की सीमाओं को पार करके अपने स्वभाव में स्त्री की करुणा को संचित कर पाते हैं, वे ही जीवन का सच्चा सृजन कर पाते हैं।"

"तुम ठीक कह रही हो प्रिया," फिलिप कहने लगा, "जिन्दगी में तुम्हें ऐसे पुरुष भी मिल जाएँगे मगर स्त्री की समस्या इसलिए अधिक जटिल है कि उसके सामने कोई जीवित मॉडल नहीं होता। बिना पुरुष के वह अधूरी मानी जाती है। मगर पुरुष के कुछ पक्ष ऐसे हैं जिन्हें स्त्री को भी स्वीकार करना चाहिए। ज्यादातर स्त्रियाँ वही नहीं स्वीकार पातीं। मेरी बात समझने की चेष्टा करो...स्वीकार में तुम्हारे अपने स्व का रिजेक्शन नहीं है, बल्कि इस स्वीकृति से तुम कुछ और अधिक संवर्धित हो रही हो, जोड़ रही हो, आनेवाली पीढ़ी को दे रही हो। अन्तिम सुख सृजन में है, स्व के विलयन में है। व्यापार करते हुए भी तुम बिलकुल मर्दाना तरीके से व्यापार कर रही हो तो, या फिर तुम अपनी सृजनात्मक ऊर्जा से इस जगत को भी सुन्दर बना सकती हो।"

"मैं समझती हूँ फिलिप! सारी बातें समझती हूँ।"

"तब फिर तुम क्यों बार-बार अन्धड़ की चपेट में आ जाती हो और सूखे पत्तों-सी इधर-उधर उड़ने लगती हो?"

"लेकिन हमेशा तो ऐसा नहीं होता? ऐसे भी तो दिन होते हैं, जब अपने मन को हरी-भरी डाल के कोमल पत्तों-सा ताजा और करुणा की ओस में भीगा हुआ पाती हूँ। हाँ, ईमानदारी से कहूँ तो ये दोनों ही बातें सच हैं। अपने स्वभाव का यह उतार-चढ़ाव...जूडी से मैंने पूछा—जूडी! क्या मेरा व्यक्तित्व असन्तुलित है? क्या इसे कोई मानसिक रोग कहा जाएगा?

"जूडी ने क्या कहा?"

"उसका उत्तर था—डोंट बी सिली प्रिया! तुम बिलकुल सहज और स्वाभाविक हो। औरत पत्थर तो नहीं होती? वह बालू का समतल मैदान नहीं कि सदा हर मौसम में एक-सी रहे। यदि वह इंसान है तो कभी हँसेगी, कभी रोएगी। क्या तुम यह कहना चाहती हो कि पुरुष को मूड के दौरे नहीं पड़ते? यदि नहीं तब वह क्यों शराब पीता है? क्यों रोज एक नई औरत का साथ भोगकर खुद के पौरुष को बार-बार स्थापित करना चाहता है? क्यों वह मासूम निहत्थे लोगों पर तोप के गोले बरसाता है? तुम, तुम हो प्रिया!"

"पर मैं तुमसे पूछना चाहता हूँ कि तुम्हारे जीवन में भराव के क्षण कितने हैं और सबसे अधिक सन्तुष्टि तुम्हें किसमें मिलती है?"

"सच कहूँ फिलिप? वह एक अतीत था जो मुझे याद तो आता है, पर जिसे मैं पीछे छोड़ आई हूँ। उसका प्रभाव मेरे वर्तमान स्वरूप पर है। लेकिन मेरा अपना काम, जिसमें मुझे सृजन और अभिव्यक्ति का सुख मिला है, मेरा सबसे बड़ा आलम्बन है, यही वह एक बालिश्त जमीन है जिस पर कभी मैंने मुट्ठी-भर बीज रोपे थे। यह पौधा छोटा ही सही, पर इसे मैंने सींचा है। बिना किसी लगाव के औरत जी नहीं सकती। मेरी अम्मा का लगाव केवल अपने-आप से था, मेरी दाई माँ का लगाव एक पराई बेटी से था, मेरी आत्मीयता का घेरा उन लोगों से ज्यादा बड़ा हुआ है, यही मेरी उपलब्धि है। और सच कहूँ फिलिप, मैं विशिष्टता के बोझ के नीचे दबना नहीं चाहती और न ही अब ज्यादा गम्भीरता से अपने को ले पाती हूँ। मेरे सामने नीना है...मेरी अगली पीढ़ी, मुझसे ज्यादा सशक्त, ज्यादा ईमानदार। मैं चाहती हूँ कि अब नीना इस काम को सम्हाले। मुझे उसकी शादी की चिन्ता नहीं। अपने मन लायक साथी वह खुद जुटा लेगी और नहीं मिला तो अपनी समूची उपलब्धि को व्यर्थ नहीं मानेगी।"

"तुम्हें उस पर इतना विश्वास है?"

"हाँ फिलिप! मैं एक अस्त होती हुई शताब्दी का परिणाम हूँ और नीना तथा निधि जैसी हजारों-लाखों स्त्रियाँ हमारे भविष्य का उजाला हैं। मैं, बस, चाहती हूँ कि अब मैं धीरे-धीरे और लिखना शुरू करूँ। हमारे समाज में हर बेटी की माँ

अपने को हीन भाव से देखती है और हर लड़की जब बड़ी होती है तो समाज, परिवार, स्वजन, परिजन उसको अनाम गुनाहों के बोझ तले दबाते चले जाते हैं। मेरी माँ मेरे जन्म के बाद न अपने को माफ कर सकी और न मुझे। मेरी सास ने मेरे ससुरजी की तो पूजा की, पर छोटी माँ को नीची निगाहों से देखा। अपराधी कौन था फिलिप? पापा या छोटी माँ? और नतीजा क्या हुआ? नरेन्द्र ने औरत से नफरत करना ही सीखा, उसे इस्तेमाल की वस्तु ही माना।''

''प्रिया! आदमी तो आखिर आदमी है, सारी भूमिकाओं से परे, उसके उस रूप की उपेक्षा करना क्या हमें मनुष्य की कोटि में बैठने का हक देता है? प्यार मैंने भी किया है, बहुतों से किया है। कभी कुछ क्षण, कभी सपनों की खुमारी में कई-कई दिन, पर अन्त में यही समझा कि स्थायी प्यार की समतल जमीन पर खड़े रहने की चेष्टा अपने-आपमें बड़ा कठिन, प्रायः एक असम्भव प्रयास है।''

''ऐसा क्यों फिलिप?''

''प्रिया! मैं तो कई बार सोचता हूँ ये शाश्वत प्यार, स्थायी रिश्ते और गहरे सम्बन्ध जैसे तमान शब्द केवल मिथक-भर होते हैं और एक बार जब अपने इस मिथक को अनावृत किया, फिर क्या बचा रहता है जीवन में? शायद विश्लेषण तुम्हारा स्वभाव है, बिना चीर-फाड़ किए तुम रह ही नहीं सकतीं, मगर बातों को जरा समझने की चेष्टा तो करो।''

''मगर ऐसी सच्चाई क्या जीवन को वीरान नहीं कर देगी?''

''क्या तुम्हें यह महसूस हुआ कि अच्छा होता, यदि तुम अपने भ्रमों को बनाए रखतीं? क्या अब पुरुष मात्र के इस पक्ष से तुम्हारा विश्वास नहीं उठ गया?''

''हाँ फिलिप! लेकिन स्त्री-पुरुष के इस सम्बन्ध की अपनी परम्परा है और इस परम्परा से विश्वास उठने का अर्थ यह कतई नहीं कि मेरा जिन्दगी से विश्वास उठ गया। ज्यों-ज्यों मैं अपने काम में स्थापित होती गई, त्यों-त्यों प्यार की जरूरत, प्यार के माध्यम से स्वयं को किसी भी पुरुष की नजर में स्थापित करने की चेष्टा और चाहत भी खत्म होती गई। पहले अपने लोगों की प्रशंसा नहीं मिलने से मैं खुद की चीर-फाड़ करने लगती थी कि मैं कहाँ गलत हूँ, पर अब लगता है कि तुम स्वीकारो या न स्वीकारो, यह तुम्हारी मर्जी। तुम इस सच को नहीं नकार सकते कि यह सीमित दुनिया मेरा अन्तिम सच नहीं है, कि मेरे स्व का घेरा वृहद् से वृहत्तर की ओर अग्रसर हो रहा है। नहीं, मैं दुनिया में असुरक्षित नहीं। मेरे पास मेरा व्यवसाय है। इस व्यवसाय के माध्यम से मैं नित्य नए लोगों से मिल रही हूँ। पर हाँ, एक दिन मैंने यह निश्चय जरूर किया कि अब और नहीं। पत्थरों

के बीच रोने-चिल्लाने से कोई लाभ नहीं। मेरे आसपास लोगों की नहीं, भूरी चट्टानों की बस्ती है जो या तो जड़ है या फिर पहाड़ों-सी गड़गड़ाती हुई नीचे लुढ़क रही है। उनका अपना ही शोर इतना अधिक है कि उन तक मेरी सिसकियाँ पहुँच ही नहीं सकतीं। और मैंने सबको भूल जाना चाहा। अतीत को दफना दिया। गैर-जरूरी लड़ाइयों की चुनौतियों को अनदेखा किया। हाँ जीऊँगी, अच्छी तरह जीकर दिखा दूँगी। अपने होने का एहसास ही कितना सुखद लगता है? भविष्य की आधार-भूमि भी मेरा वर्तमान ही होगा।''

फिलिप ने पूछा, ''और कॉफी पीओगी?''

''नहीं, फिलिप! फिर नींद गड़बड़ा जाती है।''

अँधेरा घिरता जा रहा था। एक अजीब-सी शान्ति। हृदय और उसकी धड़कनें जब तक मेरे साथ हैं तभी तक मेरी दुनिया है। यह अँधेरी रात, धुन्ध से लिपटी हुई पीली बत्तियाँ, हल्की-फुल्की आहटें और बगल में बैठा हुआ यह आदमी। क्या यह मेरा दोस्त है? मेरा मन कहता है—'हाँ...हाँ।' वालवाइक छोटा-सा खुशनुमा शहर, बिलकुल अलग तरह की व्यवस्था।

जूडी काम से वापस लौट आई थी। दोनों हाथों में सम्हले बड़े-बड़े थैलों में खाने-पीने का सामान भरा था।

''अरे, तुम दोनों इतने चुप क्यों हो? झगड़ा हो गया क्या?''

''नहीं, मैं प्रिया की जिन्दगी की धुनों को समझने की चेष्टा कर रहा हूँ।''

''फिलिप! तुम अपनी सिम्फनी सुनते रहो, वही ठीक है।''

''ओ.के., मैं चला।''

फिलिप घंटों अकेले बैठकर गाना सुन सकता है। हम लोग अपने-अपने कमरे में लौट गए। पिछले तीन घंटों से मैं बातें करती रही थी। पर बातें क्या खत्म हुईं। क्या मेरी बातें कभी खत्म होंगी? नरेन्द्र ने कितनी टुच्ची लड़ाई लड़ी थी? क्या सारे पुरुष एक-से होते हैं? पलँग पर लेटे-लेटे मैं सोच रही थी।

आखिर तक नरेन्द्र ने मेरे साथ सही साझा नहीं किया। उसने समाज में मुझे जलील किया, लेकिन नरेन्द्र का समाज बड़ा छोटा है। वह सिर्फ दो-ढाई सौ पैसेवाले घरानों का समाज है, और मानव समाज इससे बहुत बड़ा है और जब से मेरे कदम इस वृहत्तर समाज की ओर उठे, मैं रुक कहाँ पाई? मैं जितना ही अपने काम में सफल हो रही थी, उतना ही नरेन्द्र से किए जानेवाले रोज-रोज के टुच्चे समझौते मुझे खलते थे। मेरे व्यापार की एक दुनिया थी, जहाँ काम करके मेरा आत्मविश्वास बढ़ता था। मैं एक स्वतन्त्र व्यक्ति की तरह व्यापार में दस सम्भावनाओं के बीच किसी एक का चुनाव करती थी। अपने चुनाव पर डटे रहना

भी मेरे लिए कठिन नहीं होता है, जबकि नरेन्द्र का प्यार? वह तो मेरे जीवन में अंकुरित होती सम्भावनाओं को देखकर ही सहम जाता था। उसके पास दस करोड़ रुपए थे, लेकिन मेरे पास दस लाख ही उसे चुभते थे। वह सोचता—इतनी महत्त्वाकांक्षा? अरे यह औरत कैसे वश में रहेगी? वह मुझसे पूछता, 'तुम्हें अब भी सन्तोष क्यों नहीं?' वह मालिक था। बढ़ते हुए पौधे की जड़ काट दो, उसे बौना ही रहने दो। उसे मेरा विस्तार अखरता था। गुलाम की नजर मालिक की कुर्सी पर क्यों? नरेन्द्र की आँखों में वे चिनगारियाँ? पहली बार मुझे कुर्सी पर ऑफिस में बैठी देखकर, कैसे चुभते हुए शब्द—ओह हो सीगल एक्सपोर्ट की मैनेजिंग डाइरेक्टर हैं? अब आपको मुझसे पैसे माँगने की जरूरत ही क्या रही और अब आपको क्यों हमारी लाई हुई चीजें पसन्द आएँगी? श्रीमतीजी पैसा जो कमा रही हैं...

—नरेन्द्र मैं पैसों के लिए काम नहीं कर रही।

—फिर किसलिए काम कर रही हो? सुबह से रात तक फिरकी की तरह नाचती हो, किसलिए? हाँ, बोलो, जवाब दो?

—अपनी आइडेंटिटी, व्यक्तित्व के विकास के लिए...

—रात-दिन पोथे पढ़-पढ़कर और पगला गई हो। आखिर तुम ऐसी कौन-सी जीनियस हो प्रिया? तुम क्या मदाम क्युरी हो या फ्लोरेंस नाइटेंगल बन जाओगी? एक घर-गृहस्थीवाली साधारण औरत हो। ऐसा तो कोई रूप भी नहीं...दो अक्षर पढ़ क्या लिए...?

—मैंने कब कहा कि मैं जीनियस हूँ। कब मैंने अपनी प्रशंसा की? मगर क्या एक साधारण औरत को साधारण तरीकों से भी जीने का अधिकार नहीं? काम की दुनिया मुझे ताकत देती है। काम के कारण मेरा आत्मविश्वास बढ़ता है। नरेन्द्र, तुम हर समय मेरे आत्मविश्वास को क्यों तोड़ते रहते हो?...कहते-कहते मैंने होंठ काट लिए थे। मैं और भी बहुत कुछ कहना चाहती थी उससे—नरेन्द्र तुम ही कौन बड़े महान व्यक्ति हो? पापा के कमाए हुए धन में करोड़-दो करोड़ और जोड़ दिया और लोगों के बीच तीसमारखाँ बने फिरते हो? मैंने तो गली-गली घूमकर अपना काम बड़ा किया है। तुम कर पाओगे? क्या तुम्हारे सफेद सफारी सूट पर कीचड़ का दाग नहीं लग जाएगा? तुम, जिसे एयरकंडीशंड मर्सीडिस में बैठे-बैठे पसीना आता है, तुम्हें क्या मालूम कि अपनी सैम्पलों का बक्सा लिए मैं किस-किस जगह घूमी हूँ? तुम्हें क्या पता कि कारखाने में मजदूरों के संग बैठकर कैसे काम किया जाता है? और पसीने की एक अलग गन्ध होती है नरेन्द्र, वह मुझे अच्छी लगती है। पर तुम? तुम मुँह पर महकता रूमाल रख लोगे और वापस

अपने ऑफिस की मेज पर लौट जाओगे।

—बहुत अहंकार है अपने मैं पर?...वह फिर शब्दों को चबा रहा था।

—हाँ नरेन्द्र! तुम्हारे ये दोहरे मापदंड, अपने अहं को आत्मसम्मान की संज्ञा देना और मेरे अहं को अहंकार कहना? तुम कहते हो कि मुझे सबकुछ चाहिए... घर, परिवार, पैसा, समाज में स्थान...क्या तुम नहीं चाहते सबकुछ? मैं यह भी समझती हूँ नरेन्द्र कि सबकुछ किसी को नहीं मिलता, पर मेरा सबकुछ चाहना तुम्हें इतना गलत क्यों लगता है?...कहते-कहते मेरा स्वर थोड़ा ऊँचा हो गया था और नरेन्द्र का उत्तर कड़वे जहर जैसा—चीखो मत, यह मेरा ऑफिस है। बाहर लोग सुन रहे होंगे। मैं भी भला किस औरत के सामने कुछ कहने बैठ गया? वह, जिसकी पैसों की हवस कभी मिट ही नहीं सकती।...

—पैसों की हवस और वह भी मुझमें? परसी हुई थाली के सामने भूखा बैठा आदमी यही तो जीवन जी रहा है? पैसे-पैसे का हिसाब। यह करो, यह मत करो...हाँ, गहने थे...न केवल पाँच हीरे, बल्कि मुट्ठियों में न समाएँ, इतने हीरे। पर कितनी सफाई से तुमने कह दिया था—यह गहने अम्मा के नाम में हैं और इनमें से कुछ संयुक्त परिवार की थाती हैं। इन गहनों को अग्रवाल हाउस की बहू पहन सकती है, घर छोड़कर जाती हुई औरत नहीं।

—तुम्हारे रंग-ढंग तो मैं पहचान गया था। मैंने बहुत पहले गहने तुम्हारे एकाउंट से निकाल लिए थे।

—बिना मेरी अनुमति के?

—नहीं, मेरे पास प्रूफ है। यह रहा तुम्हारा ही सही किया हुआ कागज।

इतना बड़ा विश्वासघात! मन-ही-मन सोचा—मैंने तो कभी इस पर अविश्वास नहीं किया। ऑफिस से जब जो कागज भेजता, मैं आँख बन्द किए सही कर देती थी।...खैर, छोड़ो उन पुरानी बातों को।

मगर इतना तो मैं समझ चुकी थी कि इस आदमी से उलझना एक बेहद गैर-जरूरी ही नहीं, घातक लड़ाई होगी। पहले व्यवस्था का हिस्सा बनने की पूरी चेष्टा में एक जिन्दगी बिता दी। अब जो बाकी वक्त बचा है, उसे नरेन्द्र से लड़ने में बिता दूँ? प्रेम हो या घृणा, सन्दर्भ-बिन्दु तो नरेन्द्र ही रह जाएगा। कोई लाभ है? क्या मिल जाएगा? चाँदी के कुछ सिक्के? क्या अपना पेट भरने लायक मैं खुद नहीं कमा सकती? जब प्यार ही नहीं बचा तब इस विषधर साँप से टकराने से फायदा? क्या मैं कायर नहीं? यों हार मानना? मन का ही उत्तर था कि प्रिया, नरेन्द्र की व्यवस्था के सामने हार मानने का अर्थ यह नहीं हुआ कि तुम सारे मुकामों पर हार गईं। उसे वहीं छोड़ दो, जहाँ वह है। तुम खुद अपनी व्यवस्था

बन सकती हो, अपनी जमीन।

अब तक उधार के धन पर अपने को अमीर समझ रही थी, सही जमीन पर चलकर तो देखा एक बार। दुनिया इतनी बेदर्द नहीं, और न ही इंसानियत से रीत गई है।

क्या संजू की याद मुझे नहीं आई? क्या हृदय का वह सूना कोना हाहाकार नहीं कर उठा था, जब पिता की मुट्ठी में बन्द बीस वर्ष के संजू ने नीना को बुआ और छोटी माँ को दादी कहने से इनकार कर दिया था? सच्चाई तो यह है कि नरेन्द्र के आतंक में संजू की आवाज गले के भीतर ही घुटी रह गई और फिर दादी की अत्यधिक ममता, लाड़-दुलार। पगडंडियों पर चलते हुए मेरे लहूलुहान कदमों के पीछे संजू के कोमल कदम नहीं उठ सकते थे। उन कदमों को राजमार्ग पर चलने की आदत पड़ गई थी। नहीं, आज संजू को दोष नहीं दे सकती। संजू मेरे साथ रहता तो शायद अब तक वापस पिता के पास चला गया होता। विरासत में केवल धन नहीं मिलता, स्वभाव भी मिलता है। संजू को पिता का विलासी स्वभाव भी मिला था।

नींद कब आई, पता नहीं चला।

कल मैं वापस भारत लौट रही हूँ। क्या करूँ, क्या नहीं? तब तक देखा--जूडी ट्रे में गरम मफिन और ब्लैक कॉफी लिए आ रही है।

"गुड मार्निंग प्रिया!"

"गुड मार्निंग स्वीटहार्ट! ब्रेकफास्ट ऊपर लाने की क्या जरूरत थी?"

"इसलिए कि हम दोनों रजाई में दुबककर कॉफी पीएँगी और बतियाएँगी।"

"मैं अभी ब्रश करके आती हूँ।"

"हाय, मेरी कॉफी ठंडी हो जाएगी। अच्छा मैं फिलिप से कहती हूँ कि एक कप गरम कॉफी वह ऊपर थोड़ी देर बाद दे जाए।"

"नहीं, मैं ही ले आऊँगी जूडी। क्यों उस बेचारे को परेशान कर रही हो?"

"ओ.के.।"

जूडी अब तक मेरे बिस्तर में घुस रही थी और हाथों में कॉफी का मग पकड़े कुछ सोच रही थी।

"मैं अभी आई।"

चाहे जो भी हो, नित्यकर्म किए बिना मुझसे कुछ खाया नहीं जाता और अभी यदि जूडी को कुछ कहूँ तो वह मानस के अनुकूलन पर एक अच्छा-खासा भाषण शुरू कर देगी।

अपनी कॉफी लेकर जब मैं लौटी, तो जूडी को बड़े ध्यान से अपनी ओर देखते पाया।

"तुम कितनी यंग लगती हो!"

"जूडी! मुझे बुढ़ापा अच्छा लगता है।"

"यू आर क्रेजी प्रिया! तुम अब भी चालीस के ऊपर नहीं लगतीं।"

"जूडी! मैं लगती हूँ या नहीं, इससे फर्क नहीं पड़ता। पर मेरे भी बाल पकने लगे हैं, घुटनों में कभी-कभी दर्द भी हो जाता है, और अब सैम्पलों के भारी-भारी बक्से उठाकर एक एयरपोर्ट से दूसरे एयरपोर्ट तक उतने हल्के उड़ नहीं पाती। थकान लगती है और इमिग्रेशन और कस्टम के कागजों को पढ़ने के लिए भी चश्मे की जरूरत पड़ती है। और सच कहूँ जूडी...नीना की आँखों में तैरते सपने, काम के ऊपर उसकी वह लौह पकड़...उसका यह कहना कि भाभी! हम अपने इस माल का उत्पादन बीस प्रतिशत और बढ़ा सकते हैं, बिना अधिक लागत के। तब बहुधा मैं सोचने लगती हूँ कि क्या मैं नीना के लिए दौड़ रही हूँ। मेरा मन शान्ति और विश्राम चाहता है। वह व्यापार की दुनिया से बाहर और बड़ी चाहत है।"

"उस दुनिया को तुम क्या देना चाहती हो?"

"कुछ नहीं जूडी, सिर्फ अपने अनुभव। इन पचास वर्षों का एक औरत होने का अनुभव।"

"तब तुम किताब लिखोगी, प्रॉमिस?"

"प्रॉमिस।"

अक्टूबर का महीना। पतझड़ का मौसम। कलकत्ता में हवा में खुनकी आ जाती है। त्यौहारों का मौसम शुरू हो जाता है और मैंने अपनी किताब की भूमिका लिखनी शुरू कर दी है। सैंतीस वर्ष की नीना हॉफमैन के बेटे से शादी कर रही है और अपना देश छोड़ रही है।

"भाभी! छोटी माँ क्या जर्मनी में नहीं रह सकतीं?"

"नीना! छोटी माँ पैंसठ की इस उम्र में और वह भी जर्मनी में?"

"भाभी, माँ का उदास चेहरा मुझे अपराधी क्यों बना रहा है? माँ को नहीं पसन्द है, ठीक है, मैं शादी नहीं करती।" मेरी आँखों के सामने छोटी माँ के चेहरे पर बढ़ती झुर्रियाँ, काँपते हुए हाथ और सफेद साड़ी में लिपटा हुआ मँझोला कद तैर जाता है। अपने लड्डू गोपाल का भोग लगाती हुई छोटी माँ।

"नीना! तुम जाओ। बेटियाँ तो हमेशा ससुराल ही जाती हैं।"

"पर भाभी, एंड्रू सच में चाहता है कि माँ हम लोगों के साथ ही रहे...क्या

वह माँ का बेटा नहीं?

"नीना! मैं तो हूँ ना?"

"और व्यापार आप अकेली सम्हाल लेंगी?"

"जितने दिन इसकी उम्र होगी, उतने दिन चलेगा।"

"भाभी! मुझे लगता है कि मैं तुम सबको दगा देकर जा रही हूँ।"

"नीना प्लीज! भगवान के लिए अपने को अपराधी मत महसूस करो। जो कुछ भी घट रहा है, वह बड़ा सहज और स्वाभाविक है।"

"कैसे भाभी? माँ के हिसाब से मुझे एक भारतीय लड़के से विवाह करना चाहिए था।"

"नीना! जो काम तुम नहीं कर सकीं, उस पर चर्चा करने से फायदा?"

"लेकिन मैं अपने को अपराधी पाती हूँ, बेहद अपराधी।" और मैं सोच रही थी कि नीना की जगह यदि छोटी माँ के बेटा होता, तब क्या वह अपने को इतना अपराधी महसूस करता? यदि करता तो या तो अपनी जर्मन पत्नी को लेकर कलकत्ता रहता या फिर अपनी माँ को वहाँ ले जाता या फिर...हाँ, इस तीसरी सम्भावना से पुरुष की एक परम्परा सामने आती है जिसे नीना कभी नहीं कर सकती—वह शायद एक पत्नी जर्मनी में रखता और दूसरी पत्नी पति पर जान छिड़कनेवाली और दिन-रात सास की सेवा और परिवार सम्हालनेवाली होती, मगर वह अपने को अपराधी नहीं मानता...और मानता तब भी क्या इतनी ईमानदारी से अपना अपराध स्वीकारता? क्या कहूँ? नीना से मुझे डर है कि यह अपराधबोध कहीं उसे घुटन से न भर दे।

औरत कहाँ नहीं रोती? सड़क पर झाड़ू लगाते हुए, खेतों में काम करते हुए, एयरपोर्ट पर बाथरूम साफ करते हुए या फिर सारे भोग-ऐश्वर्य के बावजूद मेरी सासूजी की तरह पलँग पर रात-रात-भर अकेले करवटें बदलते हुए। हाड़-मांस की बनी ये औरतें...अपने-अपने तरीके से जिन्दगी जीने की कोशिश में छटपटाती ये औरतें! हजारों सालों से इनके ये आँसू बहते आ रहे हैं।

मेरे आँसू सूख गए हैं और मेरे हृदय में, मेरी धमनियों में, नमक जमता जा रहा है। नमक की डली, साबुत होते हुए भी एक लहर से भीग जानेवाली, दस मिनट में पिघलकर बह जानेवाली, फिर भी वापस वैसी ही, जैसी थी। नमक का पहाड़ जमता चला जाता, जमता चला जाता। बाहरवालों को मैं बड़ी ठोस, कड़वी या खारी लगती हूँ। लगने दो। मुझे कौन-सी इन लोगों की परवाह है? मुझे बेहद प्यास लगी है। पानी...मुझे पानी चाहिए।

नींद झटके से टूट गई थी। कैसा अजीब सपना था! जीभ सच में तालू से

सट गई थी। थर्मस से ठंडा पानी गिलास में उड़ेला और पूरा पी गई।

कहाँ हूँ मैं इस वक्त? कलकत्ता में, अपने फ्लैट में, बगल के कमरे में छोटी माँ की गाय जैसी कातर आँखें।

नीना जर्मनी से आई थी। महीने-भर रहकर लौट गई। गोद में दस महीने का प्यारा-सा बच्चा। जर्मन और भारतीय खून का मिक्स्चर। गोरा रंग, भूरी आँखें और भूरे बाल। छोटी माँ कुछ कहतीं नहीं, पर कहीं-न-कहीं उन्हें नीना से शिकायत जरूर है। ''मेरी तो बेटी प्रिया है। यही करती है जो करना है। बेटियों का क्या? बेटियाँ तो पराया धन होती ही हैं।''

नीना रो पड़ी थी, ''भाभी! मम्मी मुझे बार-बार अपराधी क्यों साबित करना चाहती हैं? जो मुझे चाहिए था, वह मैंने हासिल किया। मैं सच में बहुत सुखी हूँ।''

''नीना! तुम्हारा सुख मेरा सुख है।''

''भाभी! आपको अकेला नहीं लगता?''

''नहीं नीना! कभी अकेलेपन से खौफ खाकर मैंने गलत समझौते किए थे। परिणाम भी मुझे भोगने पड़े। किए गए समझौतों ने मुझे और अधिक अकेला बनाया, जबकि आज? यों देखो, मेरे पास कोई नहीं फिर भी दो-चार लोग जरूर ऐसे हैं, जिन पर मैं सच में भरोसा कर सकती हूँ। आदमी के प्रति यह आस्था ही तो हमें जिलाए रखती है।''

वह कौन-सी नायिका है जो अभिमानिनी हो, स्वतन्त्र विचारों की हो, फिर भी संयमित हो, जिसमें सुरुचि भी हो, जिसकी बातों में मौलिक चिन्तन हो, जो पुरुष की हर ज्यादती को हँसकर सह ले, फिर भी उसे हृदय से लगाकर आँखों में करुणा की बूँदें भी ले आए? होगी कोई। बहुत-से उपन्यासों की नायिकाएँ ऐसी होंगी क्योंकि पुरुष लेखक की कल्पना ऐसी ही नायिका को गढ़ने में समर्थ है... लेकिन परिस्थितियों का दास कौन व्यक्ति नहीं हो जाता? क्या अमानवीयकरण के चरम में भी स्वयं को साबुत बचाए रखना हर किसी के लिए सम्भव होता है? शायद किसी के लिए सम्भव हो, मुझसे तो नहीं हुआ। जिन्होंने भी मुझे चोट मारी, आहत किया, मैं उन्हें भूल नहीं पाती। हाँ, इन स्मृति-दंशों के प्रति मन में उपेक्षा जरूर आ गई है और सच कहूँ तो पुरुष की कोई भूमिका मुझे अब अपने जीवन में लगती नहीं। वह क्या दे देगा? मैं अहंकार नहीं कर रही पर आज मैं चाहे जो खर्च करूँ, मुझे उसका हिसाब नहीं देना पड़ता...नीना की शादी की...मेरे अधूरे अरमान उसकी जिन्दगी में तो पूरे हों। संवेदना, दोस्ती, प्यार, यह सब पारस्परिक होते हैं, मालिक गुलाम पर दया कर सकता है, मगर प्यार नहीं। क्या नरेन्द्र मुझे यह सब करने देता? उस करोड़पति के घर में मुझे पैसे-पैसे का हिसाब देना पड़ता

था। पेट में दो ही फुलके तो समाएँगे, फिर खाने के लिए इतना तामझाम क्यों? नहीं, जो हुआ, अच्छा हुआ। नरेन्द्र से चोट लगी, अच्छा हुआ...नहीं तो मैं शायद कभी कोई प्रगति कर पाती? और सारे मुखौटों के भीतर...हाँ, इस्पात में ढलाई किया गया मुखौटा और उसके भीतर मोम-सी पिघलने को तैयार औरत। बस, जरा-सी पुरुष के प्यार की गर्मी। धत! यह भी कोई कल्पना हुई? हजारों सालों से पुरुष की कल्पना वहीं-की-वहीं ठहरी हुई है, बल्कि हम आधुनिकाओं की भूमिका की सूची में नित्य नई भूमिका जुड़ जाती है। पुरुष के क्षेत्र में आगे बढ़ती हुई हम। यह क्यों नहीं मैं स्वीकार कर पाती कि कुछ पाने के लिए कुछ खोना पड़ता है? हो सकता है संजू के मन में तल्खी हो कि मैं एक अच्छी माँ नहीं बन सकी। नहीं बन सकी तो क्या करूँ? क्या अम्मा ने मुझे जन्म देकर अपने मातृत्व की भूमिका ठीक तरह से निभाई थी? उनमें तो मैंने कभी कचोट नहीं देखी...संजू को मैंने बारह वर्ष की उम्र में नरेन्द्र के पास छोड़ दिया था। संजू एक उगता हुआ पौधा था, सम्भावनारहित ठूँठ नहीं। और कानून भी तो नरेन्द्र का ही साथ देता? और फिर जरूरत क्या थी उस नादान बच्चे से आहुति माँगने की? हम लोग समर्थ ज्यादा थे और जो समर्थ होता है, वही कुछ देने का माद्दा भी रखता है। फिर अपना-अपना स्वभाव होता है। मेरी जगह कोई और स्त्री नरेन्द्र को सुखी रख सकती थी। मैं नहीं रख पाई, क्या करूँ? मैं अपने सपनों का गला घोंटने को तैयार नहीं थी। और मेरे आँसू? इन आँसुओं की परम्परा कब खत्म होगी? क्या प्रशान्त महासागर का पानी कम खारा है? क्या समन्दर को समन्दर बने रहने के लिए औरत के आँसुओं की जरूरत है?

नीना चली गई। मेरे काम का एक ही सहारा थी वह। लेकिन बढ़ती हुई उम्र के बावजूद मेरी जिन्दगी में अब भी कुछ सपने बचे हैं, ताजा फूलों के रस में डूबे हुए, शहद की तरह मीठे, ओस से भीगे, गुलाब की खुशबू से तर, भोर के आकाश की तरह नीले और स्वच्छ। हाँ, मेरी जिन्दगी के सपने मेरे अपने हैं। केवल रोमान्स के ही सपने नहीं हुआ करते और न प्यार के जुनून से ही जिन्दगी का हर खाली कोना भर जाता है। हाँ, मैंने पिछले दो सालों में ही गाड़ी चलानी सीखी है। मेरा मन है, मैं अकेली सारा हिन्दुस्तान घूमूँ। मेरा मन करता है, मैं किसी आदिम शहर की अकेली यात्रा करूँ। उन आदिम गुफाओं में अंकित स्त्री-मूर्तियों से पूछूँ—'क्या तुमने भी वही दर्द झेला है जो हम झेल रही हैं?' हृदय की जड़ता कम हुई है। कुंठाओं की बर्फ पिघली है और मुझे सच में जिन्दगी बहुत खूबसूरत कविता लग रही है।

हाँ, मैं जिन्दा हूँ, खुश हूँ, बार-बार अजानी पुलक से रोम-रोम सिहर जाता

है। इतनी हल्की, तरल, पारदर्शी जिन्दगी जीने के और भी बहुत-से तरीके हैं। मैंने उन्हें भी सीखा, उन रास्तों पर भी चलकर देखा, लेकिन मैं कहीं समझौता नहीं कर सकी। बस, नहीं कर सकी। क्या जरूरी है कि आदमी अपनी हर असमर्थता का विश्लेषण करे? तर्कों से स्वयं का औचित्य स्थापित करे और इस प्रक्रिया में दूसरों को गलत साबित करे? बिना ऐसा किए भी पृथ्वी अपनी धुरी पर घूमती रहेगी। सूरज निकलेगा और डूब जाएगा। चाँद के बढ़ते-बढ़ते पूर्णिमा की चमकती रात होगी और चाँद के घटते-घटते काली अमावस्या। मौसम बदलते रहेंगे, नदी बहती रहेगी, क्या ये सब हमारे विश्लेषण की अपेक्षा रखते हैं? मैं यह कभी नहीं समझा पाई कि मैं कौन हूँ, क्या चाहती हूँ? बस यही शिकायत करती रह गई कि क्या नहीं मिला। मेरे भीतर केवल आवाजें और आवाजें...यह मिला, वह नहीं मिला। अभी खुश हूँ, दूसरे ही क्षण उदास। क्या सबकुछ ऐसे ही चलने दूँ सहज गति से? यह मैं हूँ, अभी कुछ आदर्शों के सहारे आगे जाती हुई, कभी निराशा से पीछे लौटती हुई।

मैं सारा अतीत भूल चुकी हूँ। पीछे से पुकारती हुई आवाजों के लिए मैंने कानों पर हथेलियाँ रख ली हैं और जिन्दगी की लड़ाई में सक्रिय हूँ। हो सकता है, ऐसे ही एक दिन चुपचाप मृत्यु मेरा दरवाजा खटखटाए। मैं बेझिझक उसकी आहों की घाटियों में सो जाऊँगी। अपनी छोटी-सी जिन्दगी के बारे में, हाँ, मैं उससे बातें करूँगी।

●●●